JN121215

アメリカ教育長職の役割と職能開発

八尾坂 修 編著

風間書房

目　次

序章　本研究の目的と方法

八尾坂　修

1.　本研究の目的

わが国における近年の中央教育審議会答申「チームとしての学校の在り方と今後の改善方策について」（2015年12月21日）は、新教育委員会制度（2015年4月1日）のもと、教育委員会の教育長の果たす役割は大きく、教育長のリーダーとしての資質や能力を高めるためには、研修の充実を図り、「学び続ける教育長」の育成を提言する。しかも「学び続ける教育長」としては、現在教育行政部局だけでは処理しきれない分野横断的な行政課題が多くなっていることから、教育の専門的知識だけでなく、福祉、雇用、産業、環境等様々な分野に関する知識の習得が求められるとしていた（中央教育審議会答申「今後の地方教育行政の在り方について」2013年12月13日）。

しかし、国や大学における教育長等教育行政リーダーを対象とした力量形成方策は緒についたばかりであり、今後資質向上支援方策の充実が期待されてくる。この点、アメリカではすでに1930年当時から教育長の免許資格と養成・研修が機能しつつあった。

また、新教育委員会制度のもとで、首長、教育委員会との連携が期待されているのは確かであり、その機能を発揮するために、首長が教育長と充分な意思疎通を図ることはもちろんのこと、教育委員会との間で定期的に議論を行うことにより、地域の教育課題、地域の教育のあるべき姿を共有し、それぞれの役割と責任を果たして行くことが期待されている。

しかもわが国では2017年度校長のリーダーシップ基準（校長の育成指標）を各自治体で決定しているが[(1)]国内で統一された指標はない。むろん教育長としてのリーダーシップ基準は存在していない。教育長がコミュニケーターとしてリーダーシップを発揮する役割が一層求められている。

さらにわが国における女性教育長の位置づけに目を向けると、調査実施依頼過去最高になったとはいえ、都道府県教育長47人中女性教育長４人（8.5％)、市町村教育委員会でも全教育長1723人中、女性教育長は87人（5.0%）に留まることが報告されている(2)。アメリカでは女性の学区教育長は十分とはいえないが、漸次増加しており、その割合は25％まで増加しつつある(3)。

このような課題意識を踏まえて、本書は「アメリカ教育長職の役割と職能開発」という視座において、大別して以下の３つの領域について考察しようとするものである。

第１に、アメリカの教育長職の歴史的進展過程を５つの役割期待（「教師―学者」、「組織管理者」、「民主的・政治的指導者」、「応用社会科学者」、「コミュニケーター」）から明らかにする。その際、教育長の職務として第一義的に重要と考えられる“高度なコミュニケーション能力”についてその専門性から分析しようとする。また、教育長のリーダーシップ実践を教育・変革・政治・社会正義の視点から具体的に検討しようとする。さらに優れた教育長とはどのような要件で認定されるのかを教育長の専門職基準を踏まえつつ探ることにする。

第２に、教育長の養成・免許制度に関し、免許制度の基盤をなす免許資格構造要因（特に等級・効力としての更新制・上進制、取得要件としての教育水準・学位・行政・教職経験、インターンシップ等）に視点をあて、しかもそれらの要因の推移に着目しつつ、現状と改革の方向を探ろうとする。また教育長の離職・他区への異動（turnover）もネガティブな影響を及ぼしかねないことから、離職の構造要因を探るとともに、新任教育長へのインダクション（導入研修）の先導事例を探ることにする。さらに教育長養成・研修の視点とともに、採用・評価システムについても検討を加えることにする。

第３に、教育長の役割をマイノリティ、ジェンダーの視点から捉え、キャリア支援、不均衡是正に向けた対応策を検討する。

なお、現行の日本の教育長養成・研修施策の動向を踏まえつつ、アメリカから学び得る点を探ることにする。

2.　本研究の方法

本研究は「アメリカ教育長職の役割と職能開発」を視座に置き、主に実態に則して体系的に考察しようとするものである。実証的研究の場合、内容分析上の方法として量的に把握することはもとより重要であるが、それとともに具体的に事例を検討することも肝要となる。この点、本研究は一連の関連文献の検討を基盤においた文献研究であるが、文献資料の収集として文献の性格に応じ、以下の方法に依拠した。

本研究にあたり、著書、学位論文、教育の専門職団体・連邦政府・州政府関連報告書、州教員・教育長免許規定、研究論文を収集した。

また第５章の新任教育長のインダクションの事例については州（ケンタッキー、マサチューセッツ、テキサス）担当者にメールインタビュー調査（2019年12月～2020年１月）を実施して、内容分析上の深化を図った。

用語の統一に関わって、本国アメリカにおいても、教育長職の免許制度や職能開発に関わる学位論文において用語の定義を示しているのを散見するが、本書では原則各執筆者の判断に委ねることにした。ただ使用頻度の高い専門職団体、例えば「American Association of School Administrators : AASA」については、「アメリカ学校行政職協会」に統一した。同様に「No Child Left Behind Act : NCLB法」は「どの子も置き去りにしない法」として統一した。

そのほか表記上の統一として原則、人名、大学名の仮名表記、組織団体の訳語をあてて表記している。図表については原典を尊重しつつも、訳語に統一した。

3.　代表的な先行研究の検討

「アメリカ教育長職の役割と職能開発」に関わって各執筆者の引用論文等において特に示唆を受けた文献に焦点を絞りつつ、アメリカとわが国における研究の点から検討してみる。

(1) アメリカにおける先行研究

本テーマである「アメリカ教育長職の役割と職能開発」に関わって体系的に論及した著書は少ない。アメリカ国内でも、日本でも引用されている代表的な著書としては、次のとおりである。

①Kowalski, Theodore J., 2013, *The School Superintendent : Theory, Practice, and Cases,* Third Edition, Sage.

②Björk, Lars G., Kowalski, Theodore J., 2005, *The Contemporary Superintendent : Preparation, Practice, and Development,* Corwin Press.

①は教育長職に関わる数々の著書論文を発表し、自らも教育長経験者であるデイトン大学（Univ. of Dayton）教授コワルスキー（Kowalski, Theodore J.）によるものである。教育長の役割、学区や教育委員会の特性・施策、教育長と教育委員会との関係、教育長のリーダーシップとマネジメントの特性、教育長の免許・養成、採用、処遇等に視点をあて、理論と実践ケースを統合する方途で分析・考察したものである。②は、ケンタッキー大学で教育行政を担当しているブジェルク（Björk, Lars G.）とコワルスキーの共編著である。①の著書と同じ項目について論じているものの、効果的なコミュニケーターとしての教育長を養成すること、また女性や黒人の教育長に視点をあて役割支援、キャリア開発について論じているのが特徴である。

また本書の各章に関わる個別の研究テーマについての著書および博士論文としては以下を挙げることができる。

③ Townsend, Rene S., Johnston, Gloria L., Gross, Gwen E. and Others, 2007, *Effective Superintendent-School Board Practices,* Corwin Press.

④ Marzano, R. J., and Waters, T., 2009, *District Leadership that Works,* Solution Tree.

⑤ King, Sue A., 2010, *Pennsylvania Superintendent-Preparation : How Has I Changed?* (Doctoral Dissertation, Section Hall Univ.), UMI.

⑥ Tina, Woolsey, 2013, *A Study of the Mentoring Program for First Year School Superintendent in Missouri* (Doctoral Dissertation, Saint Louis Univ.), UMI.

⑦ Strong, Ronald Anthony and Caldwell, Rhonda, K. A., 2015, *A Guide to Kentucky's Next Generation Leadership Series for Onboarding New Superintendents*, Kentucky Association of School Administrations (Doctoral Dissertation, Northern Kentucky University), UMI.

⑧ Smith, Robert L., 2019, *Kentucky's Superintendent Induction Program : Participants' Perceptions of Competency and Longevity* (Doctoral Dissertation, University of Louisville).

⑨ Webb, Ginger, 2018, *Perception of Gender Equity in Educational Leadership in Practicing Female Superintendents in Kentucky* (Doctoral Dissertation, Northern Kentucky University).

⑩ Baptist, June, E. J., 1989, *Public School Superintendent Certification Requirements* (Doctoral Dissertation, University of Virginia), UMI.

⑤～⑩は博士論文である。⑤はペンシルベニアで教育長養成プログラムを開設している26の公立・私立大学の大学院において、プログラムの目標・哲学、入学選抜、コースカリキュラム、インターンシップ、テニュア教員の存在等において差異がみられることから教育長養成プログラムの質保証をめぐる課題が明らかにされている。⑥は全国的にみて１年目の新任教育長に対してメンタリングシステムを導入している州が20州存在するが、参加が自主的の場合が多く、しかも実施プログラムの形態が異なることを指摘し、一定の共通観点に基づくプログラムの必要性を提示している。

⑦はケンタッキー州における先導的な新任教育長インダクションプログラムである「次世代リーダーシップシリーズ」の特徴をプログラム構造デザイン、支援チームの役割、専門学習の内容、スタンダードに基づくパフォーマンスの評価、インダクションプログラムの評価の観点から考察したものである。今後アメリカのみならず、わが国においても新任教育長や新任学校管理職インダクションプログラムを検討する上で示唆的である。また⑧はケンタッキー州の新任教育長インダクションプログラムの受講者、指導者（メンター）双方からみた有効性評価をインタビュー調査を踏まえて、多面的に探ったものである。高

水準の評価結果が示されている。⑨も主にケンタッキー州を対象としているが、女性教育長が少数である現実を踏まえつつ、現職女性教育長の職務上のジェンダー均衡についての意識を探り、キャリア支援を提示している。

⑩は1980年代末における全州的な教育長免許資格構造要因を、養成要件、更新・上進要件等の観点から実証的に考察した研究として、21世紀前半における教育行政職免許・養成・研修のあり方を探る上での手がかりともなる。

そのほかアメリカ学校行政職協会が1923年から戦後、今日に至るまで定期的に教育長職の地位に関する調査報告（1923年、1933年、第二次世界大戦前後の1940年代は実施なし、1952年、1960年、1971年、1982年、1992年、2000年、2010年）を刊行している。特に本書で引用されているものとして以下を列挙できる。また⑮のように1939年当時、アメリカ全州の教育長免許資格要件の萌芽・確立期を克明に検討した報告書も看取できる。

⑪American Association of School Administrators, 1952, *The American School Superintendency* (30th yearbook).

⑫Glass, T. E., 1992, *The 1992 Study of the American School Superintendency: America's Education Leader in a Time of Reform.*

⑬Glass, T. E., Björk, L., and Brunner, C. C., 2000, *The Study of the American School Superintendency.*

⑭Kowalski, Theodore J., McCord, Roberts S., Petersen, George J., Young, I. Phillip and Ellerson, Noelle M., 2014, *The American School Superintendent : 2010 Decennial Study,* American Association of School Administrators, and Rowman and Littlefield Education.

⑮American Association of School Administration, 1939, *Standards for Superintendent of Schools,* A Preliminary Report, 63pp.

特に⑭はアメリカ学校行政職協会による近年の報告書であるが、データ収集における1923年当時からの経緯を捉えつつ、例えば1982年に女性教育長の比率は1.2％に過ぎなかったが、漸次1992年6.6％、2000年13.2％、2010年に24.1％と女性の地位の向上が示されている。特に66の大都市学区全体では女性教育長は34％である。その中で黒人女性20％、白人女性12％、ヒスパニック系女性２％と大都市学区におけるマイノリティ女性教育長の比率が高いのが今日的特徴といえる。このAASA報告書は学区教育長の属性、教育長の専門養成、連邦・州・学区の教育政策、ガバナンスについての動向が具体的にデータに基づき提示されている。

また先述の⑮において、1939年当時の教育長免許資格要件としては、学士号取得か、修士号取得のなかで一定の学校行政の履修を求めているに過ぎない状況であった。特に2015年以降、博士論文を求める博士号取得を、教育スペシャリスト学位との代替であれ、求めるようになったことを考えると、養成要件の変遷・発展を捉えることができる。

なお、本書「アメリカ教育長職の役割と職能開発」に関する研究論文(journal)についても、各章において第一義的な論文が多く見出された。具体的な論文名は、各章の引用文献を参照されたい。

(2) わが国における関連先行研究

本書に関わりわが国の関連先行研究に目を向けると、まず各章執筆者の研究論文を基に執筆されている場合や新たな書きおろしがある。本書執筆に影響を与えた関連論文、関連図書を示せば、次のとおりである。

①小松茂久、2012、「アメリカ現代地方教育統治の再編と課題―教育長職の理念と実態を中心に―」『早稲田大学大学院教育学研究科紀要』第22号。

②西東克介、2008、「アメリカ教育長のアドミニストレーション能力―アメリカ教育長職と伝統医的専門職との専門性の違い―」『弘前学院大学社会福祉学部研究紀要』第８号。

③西東克介、2016、「米国の個人主義・革新（進歩）主義・専門職・行政官僚制の関係」『弘前学院大学社会福祉学部研究紀要』第16号。

④露口健司、2019、「米国における教育長のリーダーシップ実践―教育・変革・政治・社会正義―」猿田祐嗣『「次世代の学校」実現に向けた教育長・指導主事の資質・能力向上に関する調査研究報告書』国立教育政策研究所。

⑤八尾坂修、2018、「アメリカにおける校長・教育長免許・養成政策の新たな展開に関する一考察」アメリカ教育学会『アメリカ教育研究』第28号。

⑥エリザベス・A・シティ、リチャード・F・エルモア、サラ・E・フィアマン、リー・ティテル著、八尾坂修監訳、2015、『教育における指導ラウンド—ハーバードのチャレンジ—』風間書房。

⑦八尾坂修、2020、「アメリカ合衆国における教育長養成・免許資格の特徴と質保証をめぐる課題」『開智国際大学紀要』第19号。

⑧藤本駿、2019、「全米教職専門職基準委員会（NBPTS）による資格認定システムの制度的位置づけとその課題」アメリカ教育学会『アメリカ教育研究』第29号。

⑨津田昌宏、2020、『アメリカの学校管理職の専門基準—生徒の学習を核とする専門職への展開—』東京大学学位請求論文。

また本書の執筆者で直接教育長職に焦点をあてた論稿ではないが、研究視点として参考になる学術図書として以下の3点がある。

⑩小松茂久、2006、『アメリカ都市教育政治の研究—20世紀におけるシカゴの教育統治改革—』人文書院。

⑪藤村祐子、2019、『米国公立学校教員評価制度に関する研究—教員評価制度の変遷と運用実態を中心に—』風間書房。

⑫住岡敏弘、2015、「ジョージア州における黒人リテラシー教授禁止法制の展開」『宮崎公立大学人文学部紀要』第22巻第1号。

⑬八尾坂修、1998、『アメリカ合衆国教員免許制度の研究』風間書房。

特に⑬はアメリカの教員免許制度に関し、その成立と展開・発展過程、さらには現状と改革の方向について実証的に考察したものである。「第4章校長・教育長免許制度の現状と方向」において、第4節として1990年代までの教育長の免許資格と専門養成、教育長職への生涯キャリアルート、教育長の免許資格の更新・上進と現職教育の対応について考察した。知見として、各州個別に「校長免許状」と「教育長免許」を比較すると、最初の取得要件（養成要件）は異なるものの、それらの免許状の種類、有効期間、更新・上進要件においてほとんど差異はなく、同一州で同一の形態を導入していることを指摘できる。

そのほか、本書執筆に関わって本書執筆者以外の学術著書、論文として以下を挙げることができる。

⑭佐々木幸寿、2006、『市町村教育長の専門性に関する研究』風間書房。

⑮河野和清、2007、『市町村教育長のリーダーシップに関する研究』多賀出版。

⑯坪井由実、1998、『アメリカ都市教育委員会制度の改革―分権化政策と教育自治―』勁草書房。

⑰牛渡淳、1987、「1930年代末アメリカにおける教育長免許・養成制度の実態―全米管理職協会（AASA）による調査報告書の分析を中心に―」木村力雄編『日米教育指導職の比較史的研究』(科学研究費報告書)。

⑱長嶺宏作、2015、「アメリカ・ケンタッキー州における教育制度改革―学区教育長の復権―」『比較教育学研究』第51号。

⑲レイモンド・E・キャラハン著、中谷彪、中谷愛訳、2007、『アメリカの教育委員会と教育長』晃洋書房。

4.　本書の構成

本書はアメリカにおける教育長の役割と職能開発について、歴史的視点を捉えつつも、主に現代的特徴と課題に焦点をあてている。また日本における教育長養成・研修政策の現状と課題を捉えようとした。

本書は序章、本論として第１章から10章、終章（総括と日本への示唆）から構成されている。

第１章では、アメリカの社会的、政治的、経済的な変動に応じて教育のあり方が見直され、その教育のあり方に専門職として中心的に責任を負う教育長は、具体的にいかなる役割が期待されてきたのか、その歴史的発展過程を明らかにしている。21世紀の新たな社会にふさわしい教育を模索し、その教育の実現に必要な教育長の役割期待を検討する一助としている。

第２章では、教育長の職務として何よりも重要なコミュニケーション力について、その専門性から分析するとともに、アメリカの教育行政、教育行政学を理解するのに不可欠なテクニカル・タームであるガバナンス、アドミニストレーション、アカウンタビリティ、個人主義（集団主義）との関係を捉えつつ、教育長と教育委員、地域と連携・葛藤を探った。

第3章では、アメリカ教育長の特性としての基本属性・学歴・異動・処遇等を踏まえた上で、教育長のリーダーシップ実践を対象とする研究の動向を教育・変革・政治・社会正義の視点から検討した。特に教育的リーダーシップ、分散型リーダーシップ、変革的リーダーシップ、政治的リーダーシップ、社会正義リーダーシップについて探っている。

第4章では、今日的教育長免許資格構造の特徴を州間の同質性・異質性を踏まえながら、かつ若干の歴史的経緯を捉えつつ探ろうとした。まず免許資格の特徴としての免許状の特性、教育長資格としての博士号取得への方向、教育経験・行政経験重視の傾向、インターンシップ充実への課題、教育長独自のテスト要求の特徴について考察した。次に、継続職能開発としての教育長免許資格の更新・上進制の特徴を州間比較を通して分析するとともに、伝統的な大学院養成プログラムに対するオルタナティブプログラムの特徴を考察した。最後に、教育長養成プログラム質保証をめぐる課題を探った。

第5章では、まず教育長の離職（turnover）の状況はどのような状況にあるかを探るとともに、離職のもたらすネガティブな影響を捉えた。そして教育長離職の構造要因の複合性を代表的な研究成果に依拠しつつ探った。

次に、新任教育長を含む現職教育長の研修機会はどのような状況にあるかを教育長職能団体や、歴史的に教育長職（教育行政幹部職）の養成・研修の充実に貢献してきた先導的な大学（例えばハーバード大学）のプログラムの特徴について検討した。

さらに、教育長の職能成長の機会は、免許資格の更新・上進制と連結している場合が多いことから、新任教育長のインダクションと免許資格が連結しているマサチューセッツ州、テキサス州、ケンタッキー州のケースを探った。とりわけケンタッキー州については、インダクションカリキュラムの体系的な内容、コーチやメンター等による協働的サポート体制、リーダーシップ基準（スタンダード）に基づくエビデンス重視の評価システム、実施方法としての対面式とともにオンライン活用など、他州への波及効果も高いと考えられることから、担当者へのメールインタビューをも踏まえて、具体的な検討を行った。

第６章では、教育長に期待される一般的な役割モデル（変革的リーダー、開発促進者、現状維持）を捉えた上で、教育長の採用人事について、採用アプローチ、教育長のテニュアとキャリアアプローチ、採用をめぐる現状と課題、ロサンゼルス学区の教育長選出プロセス事例の観点から明らかにした。次に教育長の評価システムについて、教育長の評価システム導入をめぐる背景、教育長の能力基準の設定、教育長評価の方法と手段とともに、事例としてマサチューセッツ州の教育長評価システムを明らかにした。

第７章では、まず優秀教育長が求められる背景を整理した上で、優秀教育長の特性を明らかにした。次に、アメリカ学校行政職協会の具体的な取り組みを検討し、全米レベルの優秀教育長施策の特徴を探った。またカリフォルニア州を事例に、州レベルの優秀教育長施策の特徴を明らかにした。カリフォルニア州を事例にした理由は同州がアメリカ学校行政職協会とは別に、カリフォルニア学校管理職協会（The Association of California School Administrators : ACSA）という独自の団体を創設しており、州レベルの取り組みを検討する上で有効と考えたためである。

第８章では、マイノリティ教育長（特にアフリカ系アメリカ人・黒人）に焦点を当て、人種差別と分離のなかで生まれた黒人教育長の歴史的背景を踏まえ、マイノリティ教育長が置かれている現状や彼らに求められる資質能力を明らかにし、教育長職の民族的多様性、すなわちマイノリティの集中した学区の教育長からカラーラインを超えていく多様な学区で教育長に就くこと、に向けての展望について考察した。

第９章では、女性教育長に焦点をあて、日本も同様であるが、アメリカで現在においても教育長職に女性が少数である原因について、代表的な研究者の論議を踏まえて、その分析結果を検討した。その上で女性少数の現実に対して、ジェンダー不均衡を是正するためにどのような支援策が提案・実施、例えば、メンタリングプログラムの実質化、教育長養成プログラムの改善、教育委員会と社会全体へのジェンダー・バイアス防止の教化がなされているかを明らかにした。

第10章では、2015年に全米教育行政政策委員会（National Policy Board for Educational Administration : NPBEA）によって、「教育上のリーダーのための専門職基準（Professional Standards for Educational Leaders : PSEL）が発表されたが、このPSELが教育長の力量形成にどのように反映されて行くのかを次の３点から検討した。

まず、連邦教育省の諮問委員会による『危機に立つ国家』と題する報告書の発表から始まった「波」にも例えられる一連の教育改革の中での教育長の役割期待の変容と、それに対応して取られた施策の全体像を明らかにした。

次に、PSELについて分析し、そこで求められる教育長や校長のリーダーシップ像を探った。PSELは、専門職によって、教育長や校長など専門職のためにつくられた、初めての専門職基準であるとされる。

さらに、NPBEAは、PSELの内容に準拠して教育長と校長向けに、それぞれ異なる、その養成者向けの基準を作成したが、教育長の場合、それは学区レベル全国教育リーダーシップ養成プログラム基準（National Educational Leadership Preparation Program Standards－District Level : NELP）であった。このNELPの内容分析と、PSELとの関連性を検討した。

最後に、終章において、本研究において明らかにされた知見を以下の視点から総括することにした。

教育長職の歴史的進展をコミュニケーション力などの今日的役割期待、教育長に求められるリーダーシップ実践の特徴、教育長養成・免許資格構造の特徴と質保証課題、教育長の離職の構造要因と職能開発の新たな方向、教育長の採用人事と評価、さらには優秀教育長の特性と施策特徴、民族的多様化のなかでのマイノリティ教育長の位置、女性教育長の今日的位置とキャリア支援、2015年NPBEA専門職基準に基づく教育行政専門職（教育長、校長）力量形成の特徴を捉えた。その上で日本の教育長養成、研修政策の現状を踏まえた上で、本研究から捉えた今後の日本における教育長職能開発への示唆を提示した。

〈注〉

（1）　八尾坂修、2018、「教員・校長育成指標の全国的な特徴と教員研修計画」『Synapse』Vol.65, pp.30-37。

（2）　文部科学省令和元年度教育行政調査（中間報告、2020年6月18日発表）によると、2019年5月1日時点の女性教育長の割合は都道府県で4人（8.5%）、市町村で87人（5.0%）（前回2017年調査より各々2.0ポイント、0.8ポイント上昇）と過去最高となっているものの、いまだジェンダー・バイアスの状況にある。教育委員は都道府県で101人（43.2%）、市町村で2967人（40.7%）が女性で、それぞれ過去最高を記録している。

（3）　American Association of School Administrators（AASA）, 2015, *The Study of the American Superintendent, 2015 Mid-Dacade.*

第１章　教育長職の歴史的進展と役割期待

小松　茂久

はじめに

本章は、アメリカの州と学区の教育長について、その歴史的発展過程を役割期待の側面から明らかにすることを目的としている。社会的、政治的、経済的な変動に応じてアメリカの教育のあり方が見直され、その教育のあり方に専門職者として中心的に責任を負う教育長には、具体的にいかなる役割が期待されたのか、その変遷を明らかにする。それらの役割期待のいずれも今日の教育長に引き継がれており、歴史的な教訓を踏まえて、21世紀の新たな社会にふさわしい教育を模索し、その教育の実現に必要な教育長の役割期待を検討する一助としたい。

1.　アメリカの教育長職

2017-18学年度でみると、全米でおよそ１万４千の公立初等中等学校を管轄する地方学区が設置され、管轄する学校数は約13万校、生徒数は約５千万人である(1)。これらの学校の統制と責任を負う行政機関は連邦と州と学区からなる三層構造をなしている。わが国をはじめアジア諸国やヨーロッパの多くの国々では国家的で単一の教育行政機関が集権的に教育に関する権限を掌握して、その指示の下で下位政府が実際の学校の行政や運営を担うのが一般的である。アメリカの場合、中央政府である連邦政府は教育省をはじめとしていくつかの機関が教育全体に影響を及ぼす余地はある。たとえば、学校における人種、障害などに基づく差別を禁止する最高裁判決や連邦議会の制定した公民権法による人種統合教育の推進や全障害児教育法にもとづく障害児への適切な公教育の提供などに典型的なように、公教育の運営に大きな影響を及ぼしている。また、学力をはじめとした教育水準の向上や学校や学区のアカウンタビリティー・システムの導入のために、連邦法の制定や補助金プログラムを通してやはり影響を及ぼしてもいる。さらには、連邦政府が主導して設置した各種委員会の教育改革報告書を通して世論を喚起し改革に方向性を与えることによって教育改革への関与を行っている。

しかしながら、合衆国憲法の修正第10条の規定である、憲法によって「合衆国に委任していない権限または州に対して禁止していない権限は、各々の州または国民に留保される」ことから、教育に関わる権限は州に留保されている。州は州議会で教育関連の州法を制定し、州教育委員会と州教育委員会事務局を設置し、それぞれの機関には教育委員並びに教育長が置かれている。教育委員会は州民や学区民の教育に関わる意思を尊重し、政策を策定し、実施し、評価する権限と機能を有する行政機関であり、これらの行政機能の遂行に責任を負う主席行政長官（chief school administrator）が教育長（superintendent）[(2)]である。

州教育長について概観すると[(3)]、2019年時点で、50州の全教育長のうち13州は州民の投票によって公選され、残りの37州は任命制を採用している。任命制の37州のうち18州は州教育委員会によって、17州が州知事によって、残る２州は州立大学理事会によって任命される。さらに、州教育長の年収は最高額がミシシッピ州の30万ドル、最低額がアリゾナ州の８万５千ドルと千差万別である。選出するに際して教育長職の資格として、博士号、修士号に相当する学位の所持や有効な教員免許の所持を条件としている場合がある。

学区の運営に必要な教育費のおよそ３割強は州からの交付金であり、この財政的な統制をはじめとして学区の境界制定権や学区の教育委員会規則制定権などを通して州は学区の統制権を有しており、州はアメリカの公教育に責任を負う第一義的な教育行政機関であることは紛れもない事実である。にもかかわらず、全米でおよそ１万４千設置されている学区に置かれる教育委員会に実質的な公立学校に関する行政機能が委譲されている。学区の持つ権能は、運営費のおよそ６割を学区が徴収権を持つ学校税（固定資産税）によって賄われていることからも裏付けられる。地方教育行政機関としての教育委員会はアメリカの植民地時代から設けられ、学区内の教育組織、教育管理、教育費の調達と配分の権限を有している。これは州内の個別のコミュニティが自主的・自律的に地元の公立学校を開設・運営してきた歴史や、広い州内を統一的に統治することができないための現実的な学校管理運営の方法として定着してきたものであり、学区制度ならびに地方教育委員会制度は機能し続けている。学区は、連邦や州で制定される法律や規程に従うことを義務づけられているが、地方教育委員会は、保護者や学区民の意思を尊重する制度的手続きを保障しながら、学区独自の教育の理想像と教育目標を掲げて、固有の教育政策を制定し実施することも可能である。かくして他の国と比較すると、きわめて地方分権的な教育統制がアメリカの教育システムの特徴を生み出している。

学区レベルの教育長の属性や勤務条件について概要を押さえておきたい(4)。教育長の多くは６～７年の教員経験を有し、前職として校長や副校長が多い。学区が大規模になると教育委員会事務局経験者が多くなり、小規模学区であると学校管理職から直接に教育長に就任する場合が多い。また、教育長職に就任するために大学院教育を受けて博士や修士の学位を有していることが推奨されている。

性別から見るとほぼ一貫して８割から９割前後を男性が占めており、全米の人種構成に比してマイノリティの教育長比率は著しく低く、平均年齢は50歳台前半である。また、教育長として最初は学区と３年の雇用契約を結び、同学区で平均的には8.5年在職し、キャリア全体の中で教育長として２～３の学区に務めて通算在職年数の平均は15～18年である。2012年度の教育長の基本給（base salary）をみると、学区規模が大きくなればなるほど報酬も高くなり、在籍児童生徒数が２万５千名以上の学区であると男女平均で最少額が13万２千ドルで最高額が30万ドルまでの幅がある。在籍者数300名以下の小規模学区だと最低額２万８千ドルから最高額14万８千ドルまでの幅がある(5)。

2.　教育長職の設置

アメリカにおいて、植民期の学校の創設と同時に教育委員会や教育長職が設置されていたわけではなかった。州と地域コミュニティであるタウンの一般行政機関が学校の設置・運営に強い影響を及ぼしていた。先に触れたように、連邦政府に委任されていないか州に禁止されていない権限は州または国民に留保されており、教育の提供に関心が高まった際には、州が公教育に責任を負うと見なされた。州議会は公教育に関係する法律を制定し、州内のコミュニティの教育ニーズを満たすために、わずかではあるが州資金をコミュニティに配分し始めていた。19世紀の初期にはこうした資金の配分にかかわる会計業務や学校に関する情報の州議会への報告や教育機会の提供を促進する業務を担当する機関として、州に教育委員会および教育長職が設置されていった。

タウンは学校を設置し教員を雇用し、学校の日常的な管理運営を担う機関として、当初はタウンの住民によって選出された代議員に行政権限を委ね、これらの代議員がタウンのあらゆる業務に責任を負う体制が作り出されていった。しかしながら、住民数、児童生徒数、学校数、教員数等の増加に応じた教育業務の複雑化に直面して、教育だけを担う委員会すなわち教育委員会が創設され、これが地方の教育行政機関として全米に浸透していった。その先駆はマサチューセッツ州であり、植民期の1647年にすべてのタウンがその管轄内に公立学校を設置することを義務づけている。これらの学校を運営するために委員会が創設され、その後1820年代にはタウンなどの地方自治体から独立した特別な行政機関として学区が州議会によって承認され、州は多くの教育運営に関わる権限を学区に委譲した。その結果、学区はアメリカの公立学校の行政や財政に関して最も多くの権限と責任を持つ行政機関となったし、地方分権的システムを支える橋頭堡となった。

タウンに素人からなる委員会を立ち上げて一般行政とは別に教育に特化した機能を果たす特別な政府形態である学区制度の成立過程はマサチューセッツ州も含まれるニューイングランド地方で典型的であり、このニューイングランドモデルはその後他の多くの州も倣った。それに対して学区の南部モデルもある。中部大西洋側と南部諸州は英国国教会の影響力が強く、教育行政機関は教会区（parish）ごとに組織され、その後教会区は郡（county）の行政機関として教育行政をも担うようになり、郡と学区の同一区域での並行的行政が維持されている(6)。

マサチューセッツ州ではコミュニティごとに学校の設置を義務づける命令を発していたり、ニューヨーク州やペンシルベニア州では慈善学校に州の資金を配分したりしていたものの、州全体の教育システムを監督する機関は設置されていなかった。ようやく1812年にニューヨーク州で最初の教育長職が設置され、1820年代には他の州でも教育長職と州教育委員会事務局の設置が続いた。公立学校への州による監督と組織化は1830年代に推進され、この推進に寄与したのは「コモンスクールの父」と称される1837年のマサチューセッツ州初代教育長のホレース・マンであった(7)。

学校が設置されるようになった当初、教員の雇用、教科書の購入、学校の建築と修繕、授業実施の管理など学校の日常業務は素人教育委員が担っていた。ところが都市化の進展による人口増や、学区統合による規模の拡大によって、在籍する生徒数が増加していった。また、都市化のみならず、各州での義務就学法の制定も生徒数の急増に拍車をかけた。マサチューセッツ州の1852年の義務就学法は、きわめて規制はゆるいものの、義務就学該当年齢と年間の就学日数を定めていたし、20世紀初頭において子どもの福祉と社会の最善の利益を目的として子どもの教育を受ける機会を保障するよう州に命じる判決がインディアナ州最高裁判所で出されてもいた(8)。

ところが、無給で非常勤の教育委員にとって、常勤職を持ちながら複雑化してきていた業務を遂行することは過重な負担となっていた。そこで、1837年に最初の学区教育長職がニューヨーク州バッファローとケンタッキー州ルイビルに設置された。ただし、教育長職が設けられたからといって、当初から専門性を背景として教育行政業務の遂行にリーダーシップを発揮したわけではなく、教育委員会の事務職員的な地位として見なされていた時期もあり、教育長自身がその地位の向上に努めたことは言うまでもない。行政ニーズの多い大都市部を中心として設置が進められ、19世紀末にいたるまでは、ほとんどすべての学区で普遍的に設置される職として教育長職が確立されていった。

3. 教育長の歴史的進展

前節で考察したように、学区教育長に関しては、教育委員会制度が設置されて後に業務の複雑化に応じて素人教育委員ではなく専任職としての教育長が設置されていったのであるが、その教育長の果たすべき重点的・中心的な役割に関しては歴史的に変遷を経ている。それらのいずれの役割も、程度の差はあれ、連綿と今日の教育長の役割に受け継がれていることだけはここで確認しておきたい。以下では、アメリカでの教育長の役割の変容に関する先行研究の成果を踏まえて考察を進めていく(9)。

19世紀後半から20世紀初頭にかけて、アメリカ社会は農業経済から工業経済・産業経済に移行し、人々は農村部から都市部に移住し、そして外国からの移民が大挙してアメリカに押し寄せることで人口動態が大きく変化していった。また、義務教育法の制定や教育財政規模の拡大や教育費の効率的運用や教育支出の説明責任の強化などとも相まって教育行政の構造と機能の両面にわたって大幅な組み替えが求められていった。20世紀に入ると世界大戦や大恐慌によってアメリカの生活様式や産業構造のみならず教育観も変化していった。国防教育や科学教育の強化・重点化が強く求められたり、1960年代の公民権運動の影響で教育における公正性や平等性が重視されたり、学力の向上・改善のためのカリキュラム改革がいくどとなく断行され、さらには20世紀末から21世紀にかけてはテスト中心主義教育が全米を席巻するようになった(10)。

このようにわずか200年ほどを概観しても、社会的、経済的、政治的、技術的な変動に対応させるべく大規模で抜本的な教育改革が進められてきており、実はこうした教育改革の最前線に立つひとりとして教育長は重要な位置を占め続けている。ただし、教育長の果たすべき役割や機能に関しては時代の変化と共に変遷してきている。以下では、時代の経過とともに力点が変化してきている教育長の役割を５つの側面に分けて検討しておきたい。教育長の５つの役割のうち、最初の４つの役割は1960年代までの研究で明らかにされており、「教師―学者」が1850-1900年代初期、「組織管理者」が1900年代初期-1930年、「民主的・政治指導者」が1930-1950年代半ば、「応用社会科学者」が1950年半ば-1970年代半ばである。そして2000年代以降の研究で付け加えられたのが第５番目の役割である「コミュニケーター」であり1970年代半ば-2010年代である[(11)]。

(1) 教師―学者

教育長職が設置された当初の職務は州の定めるカリキュラムを学校は実施しているのかどうか、教師が適切に授業を実施しているかどうかについて監督することであり、こうした任務の背景には、公立学校に統一的な科目を設定し授業を実施して生徒をアメリカ文化に同化させようとする教育目的があった。つまり州と郡と学区の各レベルの教育長を媒介とした統制と標準化によってこうした教育目的の達成を目指していた。

初期の教育長はその職に就いているとしても学校の条件整備的な管理業務に関しては教育委員が引き受けたり、場合によっては教育委員会事務局の部下に任せたりして、教育長自身は学校の管理者であったり行財政に関与することを望まず、自治体の首長や議会議員と意見対立があっても政治的活動を避けて、専門職者として行動することを望んだ。

また、南北戦争後には都市学校システムが発展し、その発展に規範性や基準性を持たせるために授業指導における監督やカリキュラムの統一性に腐心した。つまり、当時の教育長は学校の行財政的な管理運営の側面よりもむしろ、教授活動面に注力した「指導的教師（master teacher）」の役割が期待された。また、当時の有力な都市教育長は大学院で学位を取得し、教育長としての職務に従事したり、研究者としても活躍しており、当時の歴史や哲学や教育学の著名な専門雑誌に論文が頻繁に掲載されていた。典型的な例としてE.カバレーがおり、彼はカリフォルニア州サンディエゴで教育長を務めその後スタンフォード大学に迎えられ、20世紀の初めにはコロンビア大学から教育行政学分野で博士号を取得し、スタンフォード大学の教授・学部長を担い、数多くの教育行財政に関する大著を著わしている[(12)]。

「教師―学者」としての役割は20世紀に入って弱まったものの、その後も学校の管理面と並んで、教授面における教育長のリーダーシップへの期待は連綿と続いた。たとえば、1980年代以降の全米的な学力向上を目指した学校改革運動において、学区教育行政の最高執行責任者である教育長こそ専門的指導性を発揮すべきであるとの期待が強く寄せられていることは調査によっても明らかにされている(13)。

(2) 組織管理者

19世紀末から20世紀にかけて、学区の中でも大都市学区の管理に関して、とりわけ教育長の経営的な知識・技術の不足に関して深刻な懸念が投げかけられるようになっていた。つまり従来の教育長の役割である教授面を重視した都市学校の運営に加えて、都市化、産業化した社会における大規模な組織の運営に産業化社会で重視されていた科学的な管理の手法の導入が強く求められた。科学的管理法とは現代の経営学や経営管理や生産管理にも強く影響を及ぼしている基本的には労働者管理の方法論である。それまでのアメリカの労使関係は一貫した考え方の下で管理されていなかったことの反省に立って、この方法論は管理に関する基準を設けて労働側と使用者側の協調体制を作り出し、ひいては生産性向上をはかることを主眼としていた。

教育においては、時間と業務の効率的運営によって学校の管理業務の効率化を図るべきとの考え方が広まっていった。こうした考え方の代表者は先に紹介したカバレーであった。この要請と歩調を合わせるかのように、代表的な大学、たとえばコロンビア大学などでは教育行政学のコースが創設され、学校財政、ビジネス手法、予算編成、組織論などが教授され学校管理の分野で博士号の授与がなされるようになった。

しかるに、こうした教育長の役割を組織管理者ないしはビジネスマネージャーとして見なす考えは円滑にもたらされたわけではなかった。それ以前の教育行政は、教育長が授業の内容と方法等の教授的側面を中心に関与していたのに対して、学校の施設設備の維持管理、教員の採用、学校運営予算の編成と執行にかかわって、教育委員会の委員が密接に関与しており、それが教育と市政一般との癒着や贈収賄の温床ともなっていた。しかしこのような条件整備に関する業務を教育委員から教育長に移し替えることで、政治的野心や金銭的利得を阻害され、自身の影響力や権力や地位が弱体化することを怖れる政治家や教育委員からの抵抗があった。

また、教育委員会制度は住民の教育意思を教育政策や教育行政に反映させるための制度として成立してきたのであり、学区教育委員会の圧倒的多数は住民による直接選挙で構成される。これは教育の住民自治のみならず教育の民衆統制の制度として価値づけられてきたのであるが、やはり、教育長という教育専門職者に教育および学校の管理面の多くを委ねることは、企業運営や民間事業で重視される価値を公立学校や民主主義を重視する学校教育に安易に適用することであり、教育の民主的統治が阻害されることを懸念する勢力による抵抗にも遭遇した。

いずれにしても、組織管理者としての教育長観が抵抗勢力を押しのけて優勢となり、1900年代初期から1930年頃までは、教育予算の編成と管理、人事行政の標準化、施設設備の管理などの職務を教育長が中心的に担う体制が構築・整備されていった。

(3) 民主的・政治的指導者

1929年に始まった株価の大暴落に端を発した経済恐慌は長期に深刻で広範囲にわたる影響をアメリカのみならず世界に及ぼした。アメリカの産業界・経済界がいかにもろいものであったのかを白日の下に晒すこととなった。19世紀の産業革命の渦中で経済成長を牽引し産業界を席巻した企業や組織の経営手法としての科学的管理の栄光が急激に色あせることとなった。教授の側面のみならずビジネスマネージャーとして学区の行財政管理運営の全般にわたって権限を掌握していた教育長に対しても、その権限や権威に対して批判的なまなざしが注がれることになった。当時の進歩主義的な教育学者であったG. S.カウンツらは公教育の運営に浸透していた科学的管理法を代表とする産業界の価値に対して、民主主義社会の政治的価値観と矛盾することを指摘して、専門職者としての教育長の業務遂行に批判を強めた(14)。具体的には公教育運営に関わる業務が全面的に教育長に委ねられていたことで、学区住民による教育政策や教育行政への参加や関与の道が著しく閉ざされていたことであり、教育の民主的統制、教育の住民自治が形骸化していたことへの批判がわき起こってきたのである。

教育長に民主的な指導者であるとともに政治的な戦略家としての役割をも期待する傾向が強まった背景には、州政府内の行政分野間の希少資源をめぐる争いがあり、それがひいては1930年代における教育の財源不足をもたらしていたことである。必要な財源が不足していたために、学区や学校は州政府からの資金提供を増大させるため州議会でのロビーイング活動を活発化せざるを得なかった。教育長はこのロビーイングという政治活動の最前線に駆り出されることとなった。それまでの教育長は専門家として効率的で効果的な教育行政の推進に邁進し、政治的活動が専門職者の守備範囲を超えることから自制していたのであったが、大幅な役割の変化が生じたことになる。

また、州議会から補助金を引き出す手腕のみならず、学区運営費の圧倒的部分を学区民から徴収した学校税に頼っていた当時において、増大する教育費支出を賄うための学校税の確保と税率の引き上げが不可欠であった。そのために、教育長は自らの職務遂行に関して教育委員会や保護者からは無論のこと、学区民全体からの支持や支援も不可欠であった。教育長が産業界で根強かった組織運営方法を導入することによって、結果的に学区住民への配慮を軽視することになると見なしていた人々は、教育長が自らの専門性を駆使しながら教育委員や納税者に教育運営への支持を調達するために、教育長自身が民意をくみ上げながら意思決定を行っていく民主的な政治家として、あるいはロビイストとして、そして政治戦略家として活動することを期待するようになった(15)。

以上のように、20世紀の半ばにおける教育長は、政治的・民主的指導者としての役割を期待され果たしていた。素人からなる教育委員会は教育長の円滑な業務遂行を支援し、承認することが中心的な任務となっていた。教育委員会の専権事項としていったん教育長を選出すると、教育委員会は専門職としての教育長が教育行政権限を掌握することを是としていた。教育長は外部からの干渉を受けることなく、学区全体の教育リーダーとしての地位を不動のものにしていた。

(4) 応用社会科学者

1960年代は公民権運動や学生運動等の様々な社会運動の強い影響の下で、新たな社会像が模索されるようになった時期である。以前は専門職組織と見なされていた教員組合は労働組合としての性格を強め、団体交渉権を得て雇用者である教育委員会と激しく対立し、教育政策の形成過程で強い政治的な影響力を行使するようになった。教員組合対策は教育長の重要な業務のひとつに加えられるようになった。

公民権運動はマイノリティである黒人が憲法で認められている個人の権利の保障を求めた運動であり、教育においては黒人と白人の分離教育が徹底的に批判され、最高裁判決の後押しもあって地方学区の責任で人種統合教育が推進された。公民権運動と密接に結びついて1965年に連邦政府が初等中等教育法を制定し、それまでとは著しく異なって連邦が地方の教育への関与を強化してきた。これらの社会運動の活発化によって、新たに着任する教育委員には権利擁護の主唱者が着任するようになったり、マイノリティの発言権を積極的に保障することや生徒の発言権の確保も強く求められるようになったりしたことなど、学区での意思決定の質が変化していかざるを得なくなった[16]。

特に1950年代前後は社会科学がめざましく発展した時期でもあった。社会の大きな変化とこの分野の学問の進展とは密接不可分であった。たとえば、人種差別の排除や強制バス通学による人種統合教育の推進、都市の人口が中心密集地から外縁の住宅開発地域に移動し生産や消費活動が移転する郊外化の急速な進展、マイノリティ貧困層の都心部での滞留による都市教育問題の深刻化、当時のソビエト連邦による世界初の人工衛星の打ち上げ成功によって生じたアメリカの宇宙開発の遅れへの懸念から1958年の国防教育法の制定を通した社会政策の見直しと理数系教育の重点化を中心としたカリキュラム改革など、果敢に課題解決を図るべき諸問題が学区に押し寄せていた[17]。

このような社会変動の渦中で、民主的・政治的指導者としての教育長の役割に対して異議申し立てされるようになった。すなわち、これまでのように、もっぱら教育長に民主的な教育行政の遂行を委ねようとする役割期待だけでは、以下の二つの側面を実現するにはあまりに迂遠であると見なされた。つまり、一方での社会変動への教育面での対応、すなわち新しい時代に即した教育改革・学校改革と、他方での平等で公正な社会の実現、すなわち社会正義を実現するという両面での改革の実現である。

教育長は教育の直面する課題を調査し、課題解決のために必要な専門知識を持つことが期待され、その専門知識は様々な社会科学の諸分野、つまり教育学のみならず、社会学、政治学、法学、経済学、経営学などの既存の学問分野や、人種差別問題、貧困問題、犯罪や暴力対策などの社会問題解決の理解なども含めた幅広い知識を持ち活用できることが求められた。すなわち、応用社会学者としての教育長が強く要請されたのが、1950年代から1970年代にかけてであった。

(5) コミュニケーター

1983年にアメリカ教育の危機的状況を厳しく告発し、全国的な教育改革運動を喚起した連邦政府報告書の『危機に立つ国家』に特徴付けられるように、1980年代以降のアメリカの教育課題はもっぱら学力の向上によって特徴付けられる。1980年代と90年代に州は学力基準を設定し学力評価システムを開発して教育改革におけるプレゼンスを高め、制度的には教育に関与しないことになっている大統領が、ブッシュ父子やクリントンらに代表されるように教育改革に力を注いだ。

学力の向上が国家的な至上命題となり、そのために学区や学校や教員が懸命に努力を重ねたとしても、歴史的に学校や学区は教師や教育長が個別に活動する閉鎖的な文化であると指摘されてきた。教育長を企業の経営者になぞらえて、指揮系統に沿って指示と命令を発する一方的で非人道的なコミュニケーションの時期が19世紀末から1930年代頃まであった。1950年代頃からは教育長が学校の状況や生徒の学習成果について学区民に知らせ、教育資源を調達するべく、教育長が学区民への説明責任を意識した活動を行うことで、民主的な政治リーダーとして教育長の役割が理解されていた時もあった。1980年代最初に展開された教育改革は、教育長が幅広い利害関係者とコミュニケーションを図り教育の内容と方向性を人々に理解してもらう必要性が生じた。教育長のコミュニケーションの方法として伝統的なトップダウンのモデルによれば、学校や教師の職務遂行の満足度に悪影響を及ぼし組織全体の有効性を低下させるとの認識が広く共有されるようになった。このようなコミュニケーションのトップダウンモデルではなく、オープンで双方向的で相互に利益を生み権限や権力を最小限に抑えることを特徴としたコミュニケーションのリレーショナルモデルに取って代わるようになった(18)。

幅広い関係者との密接なコミュニケーションを重視するコミュニケーターとしての教育長という見方は社会が情報化社会に突入することで強められたとも言える。新しい社会としての情報化社会やグローバルな経済競争社会で生き残っていくためには、これまでの社会が培ってきた文化を大きく変えなければならない。先述のように学校教育の世界が閉鎖的なままであり、新たに立ち現れてきた社会に適応するためには、学校文化の変容が不可欠になる。組織の研究では文化とコミュニケーションの両者は相互的な関係であることが分かっている。コミュニケーションは組織のメンバーの信念、行動、態度などを調整して全体的な傾向を方向づける。つまりコミュニケーションは新たな文化の構築や維持や変更に有用である。教育文化や学校文化の再編において教育長はリーダーシップを図る必要があることから、教育長は有効なコミュニケーターとしての役割を果たすべきであるとの考えは1980年代以降強くなってきている(19)。

小括

従来、多くの州では教育長として任用されるためには基礎的資格として大学院で所定の課程を修了し、州の発行する免許証ないしは資格証明書を取得して、なおかつ学校での教職経験を経た後に教育長に就任することが州の法律や規定で定められていた。ところが21世紀の末頃から資格取得基準を緩和したり臨時資格証明書を発行したりする州が増えてきており、ある州では資格要件として学士号だけが残るといった事例も出てきている。教育長の養成と資格授与に関する規制緩和の主張と、規制を強化するべきであるとの主張が厳しく対立している。実際にいくつかの州では教育長資格を廃止したりしているし、都市部において顕著であるが、教育分野と接点を持たない領域で仕事をしてきた人が教育長に着任する事例が目立ってきている。また、教育長の養成と資格に関して大学以外の場での財団による短期間の養成も進展を見せている。

教育長の教育専門職者性に関する見直しが進められつつある状況の中で、これまで歴史的に教育長に期待されてきた役割と、実際に果たしてきた役割を振り返っておく必要があろう。21世紀の多難な社会を切り開いていける人材の育成に必要な教育のあり方を明確にし、その教育の推進に必要な教育長の役割は何であるのか、抜本的に検討されなければならない。

〈注〉

（1） United States, *The National Center for Education Statistics, Digest of Education Statistics*.（https://nces.ed.gov/programs/digest/d19/tables/dt19_105.50.asp）（2020年8月3日閲覧）。

（2） 教育長の英語表記はsuperintendent以外にもいくつかあり、次の用例が頻出している。superintendent of schools、superintendent of education、superintendent of public instruction。

（3） 州教育長の概要については、以下のアメリカの政治と選挙に関するデジタル百科事典を参考にした。（https://ballotpedia.org/Superintendent_of_Schools_(state_executive_office)（2020年8月3日閲覧）。

（4） 詳しくは拙稿を参照されたい。小松茂久、2012、「アメリカ現代地方教育統治の再編と課題―教育長職の理念と実態を中心に―」『早稲田大学大学院教育学研究科紀要』第22号。

（5） 教育長の全米組織であるAmerican Association of School AdministratorsのHPより。（https://www.aasa.org/uploadedFiles/Publications/Salary_Survey_Public_2013.pdf）（2020年8月3日閲覧）。

（６）　Guthrie, James E., 2003, "State Educational System," in Guthrie, J. E., *Encyclopedia of Education,* (2nd Ed.) Vol.6, Macmillan, p.2332.

（７）　Spring, J., 1997, *The American School :1642-1996, (4th Ed.),* The McGraw-Hill Companies, p.97.

（８）　Cave, C. A., "Compulsory School Attendance." in Guthrie, J. E., *op. cit.,* p.465.

（９）　代表的な先行研究としては、以下の文献があり、本文の記述はこれらの文献を参考にしている。Callahan, R. E., 1962, *Education and the Cult of Efficiency: A Study of the Social Forces that Shaped the Administration of the Public Schools,* The University of Chicago Press. Tyack, D. and E. Hansot, 1982, *Managers of Virtue: Public School Leadership in America, 1820-1980,* Basic Books Inc.. Björk, L. G. and T. J. Kowalski, (Eds.), 2005, *The Contemporary Superintendent: Preparation, Practice, and Development,* Corwin Press.

（10）　アメリカの教育改革の全般的な動向に関する邦語文献として以下の文献が参考になる。北野秋男他編、2012『アメリカ教育改革の最前線―頂点への競争―』学術出版会。ダイアン・ラヴィッチ（末藤美津子他訳)、2008『学校改革抗争の100年―20世紀アメリカ教育史―』東信堂。

（11）　Björk, L. G. et al., 2014 , "The Superintendent and Educational Reform in the United States of America." *Leadership and Policy in Schools,* Vol.13, No.4, p.452.

（12）　Kowalski, T.J., "Evolution of the School District Superintendent Position." in Björk, L. G. and Theodore J. Kowalski, (Eds.), *op. cit.,* p.4.

（13）　Glass, T. E. et al., 2000, *The Study of the American School Superintendency 2000 : A Look at the Superintendent of Education in the New Millennium,* American Association of School Administration, (ED 440475).

（14）　Callahan, R. E., *op. cit.,* pp.248-249, Kowalski, T. J., *op. cit.,* p.7.

（15）　Kowalski, T. J., *ibid.,* p.8.

（16）　Houston, P. D., "Superintendent of Schools." in Guthrie, J. E., *op. cit.,* Vol. 7, pp. 2416-2417.

（17）　Kowalski, T. J., *op. cit.,* pp.9-10.

（18）　Björk, L. G. et al., *op. cit.,* pp.455-456.

（19）　Kowalski, T. J., *op. cit.,* pp.11-13.

第２章　教育長の職務と教育委員会・地域との葛藤・連携

西東　克介

はじめに

本章では、教育長の職務として何よりも重要なコミュニケーション能力について、その専門性から分析したものである。また、併せて、ここ３、40年ほどのアメリカの教育行政や行政学を理解するのに不可欠なテクニカル・タームである、ガバナンス、アドミニストレーション、アカウンタビリティ、個人主義（集団主義）との関係やその解説も行った。

1.　２つの専門性から教育長の職務を考察

(1)　専門職資格に値する学力と実践能力

米国の教育長のほとんどは、大学院の修士課程以上の学歴を有する者が多い。また、博士号を有する者もかなり多くなっている(1)。これは、専門職に就くには、義務として学ばなければならない側面があるということだ。米国及び世界中のあらゆる専門職には、こうした義務的側面が避けられない。

ただ、1980年代の全米の教育長を研究したアメリカ教育行政官連盟の著作には、大都市では、こうした高学歴を有する教育長の能力には、教育委員や住民との対話能力がかなり不足しているとの指摘が多くなり、必ずしも、高学歴や博士号を有していなくとも、教育長に採用される事例が大都市で増えつつあるとの指摘があった(2)。高学歴の教育長が大学院で学び研究してきた学問的合理性にあまりに固執することに原因があるのではないかということであった。

これは、単なる学力はもちろん、社会科学と学歴を教育長という地位に絡めて、歪んだ権威を持ち過ぎたのではないか。我が国でも、バブル経済崩壊前までは、国民の学力・学歴指向があまりに強すぎた。人間の能力をすべて形式的なもので見ようとする傾向であった。しかしながら、すでに米国でも、そうした学力のみでは、如何ともしがたい領域が存在していることがわかったのである。それは、1970年前後から学校統合（それまでは白人と黒人の通う学校は分離されていた。）が進み、学区によっては、黒人たちへの配慮への困難が生じていたのだ。

それゆえ、経営者等の経験をしてきた柔軟性のある判断力を有する者が、大都市では、教育長として採用されることが増えていったという。ここで求められた能力は、ガバメント能力ではなく、ガバナンス能力、あるいはマネジメント能力ではなく、アドミニストレーション能力ともいえよう[3]。ここでガバナンスとアドミニストレーションについて簡単に説明しよう。

まず、ガバナンスについてである。ガバナンスは、ガバメントのように、統治者による被治者の支配という縦の権力関係（上に立つ者が下の者を従わせる）を重視するのではなく、政府以外の諸アクター（住民、NPOなどボランティア、町会、企業など）も公共性を担う主体として認め、アクター間の相互の関係やネットワーク（人と人とのつながり）を重視する。これにより、公私（行政と住民・民間団体）の役割を再編しようとする考え方で、その実現を目指す。そして、こうした協働のために、情報公開を促進させていく、というものである。

次に、アドミニストレーションについてである。C.I.バーナードの著作『経営者の役割』（原著は1938年出版）からの引用を短くまとめて紹介しよう。組織人としての能力には2つがあり、一つは一般的な機敏さ、広い関心、融通性、適応能力、平静、勇気などを含んだ、かなり一般的な能力であり、他の一つは、特殊的な資質とか習得技術にもとづく専門能力である。

第一の一般能力は全般的な経験を経て成長した天性に依存するために、評価がかなり困難だ。それは直接に教え込むことはできない。第二の専門能力は、分業すなわち組織自体が、自動的に育成可能だし、また、訓練と教育によって（費用をかければ）発展させうる。我々は、多くの専門家（本章でいう専門職。このカッコ内は西東。）を作り出しているが、特別に努力をして全般管理者（general executives）を十分に育成していないし、またいかに育成すべきかをほとんど知らない、とバーナードはいう。彼は、第一の能力こそ、アドミニストレーション能力であるとした[4]。

その意味において、全般経営者たるアメリカ教育長の大学院での教育もこうした立場に即しての教育ができていなかったということになろう。我が国では、教育長養成志向の大学院も現状では兵庫教育大学以外存在しない。いずれにしても、こうした全般管理者は、先進国ですら、理論はともかく、実践力のある専門職としての全般経営者を育成する大学院は整っていないといえよう。

また、行政職のジェネラリスト、民間企業の総合職についても、大学院や組織内部でその育成方法はまったく確立していない。すでに数年前英国では、国家公務員に、我が国でいうジェネラリストを専門職として制度化した。我が国では、「優れたリーダーがなかなか出てこなくなった」と言われて久しいが、我が国でも議論を始めるべきであろう。こうしたリーダーをあらゆる活動を通じて育成しようとすれば、かなりの長期にわたる議論が不可欠である。その場合、「天性」という側面をいかにして現実化するかであろう。「天性」は、刺激されずに表面化していないだけかもしれない。それゆえ、100％確実な実践的教育方法はないかもしれないが、「天性」をもった優れたリーダーが出てこなくとも、多くの「優れた」リーダーが出てこよう。

(2) 専門職の期待を常に超えようとする努力ができる人物

専門職の能力にも限界は存在する。だが、同じ業界の専門職であっても、常にこの限界を超えようと努力し続ける人たちがいる。2006年１月から放送されているNHK総合テレビのドキュメンタリー「プロフェッショナル—仕事の流儀」という番組がある。この番組に登場するあらゆる分野の専門職の人々は、ときに高学歴を有していない者もいる。その中には、師匠の下で働いたことすらない例外的な者もいるが、(1)の義務的な指導は、まず、受けている。

前述した番組の中で、ある手術を専門とする外科医を取り上げたものを何種類か見た。一般の外科医では、成功率の低い手術を引き受ける確率は低いと思われるが、こうした手術を本人や家族とも相談し、彼らが納得した上で引き受け、かつその高い成功率を維持し続ける外科医のものを何度か見た。その中のある外科医が言及した。手術の成功は、手術前、手術中、手術後のコミュニケーションにあるというのだ。

手術の成功には、言うまでもなく、手術担当責任者である外科医の知識・技術・経験が豊かで高度なものであることは重要である。ただ、その能力も絶えず努力の積み重ねにより、磨き上げねばならない。この延長線上で、外科手術は複数の専門職によるチームで取り組む。それゆえ、チーム内の忌憚のないコミュニケーションが極めて重要である、と。もちろん、実際の手術中は、細かな配慮をしたうえでの最小限のコミュニケーションとなろうが。

教育長職の(2)の専門性は、このコミュニケーション能力と深い関係がある。米国では、日本と異なり、教育長職を勤める学区を変わることが多い。生徒数の少ない小さな学区より、生徒数の多い学区でこのような傾向がある。つまり、同じ州内の自治体であっても、教育委員会や教育委員、校長や教員、さらに保護者や子どもたち、コミュニティの人々の文化や慣習の違い等もある。時には他の州内の学区教育長に異動することすらある。

学区は生徒数の少ないところから多いところまで多様であるが、それよりも教育長により困難をもたらさざるを得ないのが、貧困地区を有する学区である。その多くは、日本でいう生活保護を受けているシングルマザーの多い地区である。こうした地区のマイノリティは、学習能力が高い黒人生徒に対して、黒人生徒が「白人」などとからかわれたり、排除されたりする。学校も家庭も学習能力を向上させようという文化が極めて弱い[(5)]。

加えて、米国の文化は、日本の集団主義（KY）文化[(6)]と異なり、コミュニティに個人主義文化[(7)]が強いところが多い。それゆえ、「よそ者（の場合が比較的多い）」である教育長は、地元の学区に在住してきた教育委員や教育委員会事務局職員との、校長や教員たちとの、保護者や学区住民との丁寧なコミュニケーションは欠かせないのである。

2. 教育長の職務としてコミュニケーション能力の重視

前述したように、教育長でなくとも、多くの高度な専門性を有する専門職のほとんどは、高度なコミュニケーション能力が不可欠になっている。ましてや、米国の教育行政には、その執行責任者たる首長に相当する教育長と議会に相当する教育委員会が存在する。米国の1960-1970年代の教育行政研究は、教育長と教育委員会の対立、住民と教育長あるいは教育委員会の対立、そして住民と教育長・教育委員会の対立、さらには、住民と首長・教育長・教育委員会との対立を分析したものが多かった。まさに、政治学・行政学アプローチを使ってのものであった。

これらの背景には、北部と南部の違い、コミュニティにおける政党支持の違い（州や自治体によっては、無党派でないと教育委員立候者になることができない場合もある。）、宗教の違い、人口の多少による産業の違いなどによる文化（慣習）の違いが大きいところから小さなところまでまで様々である。こうした文化の違いへの配慮が教育長のコミュニケーション力にかかってると言えよう。

その後、理論上の発展もあり、1990年代、2000年代と前述したガバナンスやコミュニケーション能力を強調した教育行政研究が増えてきた。「２」では、その中でも、学校教員、校長、教育行政官、教育長などの長年の現場実践を経験してきた７人（６人が女性）がまとめた、著書「効果的な教育長と教育委員会の実践（*Effective Superintendent-School Board Practices*）」(8)を引用しつつ、教育長のコミュニケーション能力について述べていきたい。

本書の８つの結論のうち、最初に来る結論と見られるものをコミュニケーション力の視点に沿って見ていこう。

まず、「教育長としての意志」が15項目にまとめられている（以下、章末参考資料参照）(9)。その中の３には、「学区のための明白な見通しを確立するために、教育委員会と協働すること。」４には、「共通の見通しについてコミュニケーションをはかること。」９には、「迅速かつ効果的に教育委員会委員とコミュニケーションを取ること。」とある。15項目のうち、３項目に教育長による教育委員会とのコミュニケーションへの意志が明確に述べられているのだ。

次に、米国では、1980年代半ばごろから、アカウンタビリティ論と、ほぼ同時期にガバナンス論に合わせた議論が教育行政においても論じられるようになった。まず、アカウンタビリティ論について、レスポンシビリティ論と比較しながら、山谷清志 同志社大学政策学部教授の論文を引用し、簡単に説明しておく。アカウンタビリティは、我が国では「説明責任」と訳されることが多い。その特徴を6つ挙げると、①制度的責任、②責任を果たさなければ制裁、③客観的責任、④責任確保の手段が事前に具体的に指定されている、⑤他律的受動的責任、⑥責任の判定者が第三者である。これに対して、レスポンシビリティは、①非制度的責任、②制裁は無いか、あっても弱い、③主観的責任、④責任確保の手段が抽象的、⑤自律的能動的責任、⑥内部たる個人の自覚や倫理観である。この2つの責任論は、教育長の能力の向上とも深い関係がある。レスポンシビリティには、曖昧な側面があるが、専門職にとって非常に重要な自律的側面がある。

アカウンタビリティ論は、専門職などの説明責任を果たすために、重要な責任概念である。だが、専門職にあらゆる側面でこれのみを強制していくと、専門職の自主性や自律的側面が弱体化してしまう恐れがあることだ。

「教育委員会委員として、かつ教育長としての我々の意志」の7つの項目[(10)]のうち、4には、「ガバナンスとマネジメントの違いを尊重すること」とある。前述したように、マネジメントがどちらかといえば、縦の関係を重視するのに対して、ガバナンス論では、基本的に横の関係を重視する。ガバナンス論に不可欠な項目をいくつか挙げると、一つ目は、人間同士の関係を縦ではなく、横の関係を重視する。これにより、完全に縦の関係が無くなるわけではないが、行政組織内部のみならず、保護者や生徒達中心のコミュニティ住民との関係においても、横の関係を促進することになろう。つまり、従来公共性を担ってきたのは、行政そのものだと理解されてきたが、「公共性」という考え方を住民やNPOなどにも、担ってもらおうということになっていく。このことは、15の「教育委員会としての意志」[(11)]のうち、11には、「すべての生徒達やスタッフが高度な基準を満たす方向付けをする進歩に焦点を充てた学区の成功を共有する見通しを開発する際に、コミュニティ、両親、生徒達、スタッフを必ず含むこと」とある。これが、次の「協働」に繋がっていく。

２つ目は、このことから、行政の住民に対する「支配」ではなく、行政と住民との、また住民同士の「協働（交渉）」という考え方の重視である。「協働」という考え方があってこそ、教育行政、保護者、生徒達、そして住民との「協働」の力が促進され、それぞれのコミュニケーション力が形成されていこう。「協働」には、コミュニケーション力が何よりも重要となる。

３つ目は、情報公開である。「教育長としての意志」の10には、「すべての教育委員会委員に十分かつ平等に情報を配分すること」とある。縦の関係がかなり強い時代には、情報公開にも消極的であった。もちろん、他方で同時に個人情報保護への配慮も強まっている。重要なのは、情報公開により、教育行政内部においても、教育行政と学校現場とコミュニティとの関係においても、横の関係を重視し、コミュニケーションを促進し、学区のコミュニティ力を上げていくには、その前提として情報公開が原則でなければならない、というものである。

それゆえ、ガバナンス論をより良く展開していくには、アカウンタビリティがある程度制度として整えられているなら、レスポンシビリティ論における自発性と個人の自覚や倫理観が重要となる。

3.　コミュニケーションと悪しき意味の個人主義的な教育委員による混乱

ここでは、この著書から反抗的な教育委員に教育長がどのように対応したのか、そのプロセスから教育長の職務を考察する[(12)]。

新しい教育長が選出され、２、３年が経つと、２、３人の教育委員が改選される。こうして改選された委員の中には、反抗的な委員がいる場合もある。反抗的な委員は、自分達を政策決定者と代表者として受け入れない傾向がある。また、他の教育委員や教育委員会事務職員にしばしば失礼な態度を取ってしまうのである。ときには、他の教育委員や事務職員、また学校現場の悪い噂を流したりする。こうした状況が酷くなると、場合によっては、教育長の任期が脅かされることにもなる。教育長の採用・解雇の権限は、ほとんどの場合、教育委員会にあるからだ。この反抗的な教育委員の１人は、自らは落選すると思っていたが、３期目の現職教育委員立候補者が、あまりに怠けて選挙運動をしなかったために、当選してしまったのだ。この委員は、高校を中退し、多くの社会運動に参加してきたという。

教育長は、こうした状況を改善するために、４つの戦略を取った。１つ目は、別の教育委員に呼びかけて、こうした反抗的な教育委員を本制度の中に取り込んで行くようにお願いした。２つ目は、月に１度ランチに誘い、反抗的な教育委員と経験ある教育委員と、家庭の話や学校についての良い話をすることにした。３つ目は、反抗的な教育委員を、より前向きな教育委員と学校訪問をさせることであった。４つ目は、どのような方法を取れば、楽しく教育委員と議論ができるかについて、校長たちと相談することを習慣にした。

２、３か月後、反抗的な教育委員の教育長への校長批判が減少し始めた。反抗的な教育委員が学校を訪問するたびに、校長は、その教育委員を歓迎し、校長自ら学校を案内した。そして、委員に学校の情報をまとめた書類、トレーナー、バッジ、あるいは記念の品物等を与えた。その後、委員は、教育長に対してより開かれた心をもつようになったそうだ。

このように、教育長のコミュニケーション能力は、学区教育委員会委員達とよりよい人間関係を形成し、学区の教育委員会事務職員、学校長など現場教職員、生徒、保護者ら、そして学区の住民との関係をより豊かにしていくことに繋がろう。また、教育長を始めとした教育行政関係者の多く（できればすべてが）がコミュニケーション能力をより豊かにしていくなら、学区のコミュニティがより豊かになろうというものだ。

小括

アメリカの教育長にとって、今日何よりも重要な能力はコミュニケーション力であると言ってよい。しかもこの能力は、教育長の専門職としての能力から派生し、教育長から切り離すことができないものになっていると言えよう。また、この能力は、教育長を始めとして行政責任者が絶えず磨き上げていかねばならないものである。ガバナンス、アドミニストレーション、アカウンタビリティ、レスポンシビリティを促進するためにも不可欠な能力である。

〈注〉

（1） Glass, Thomas E. and Franceschini, Louis A., The State of The American School Superintendency, American Association of School Administrators, 2007. 西東克介「アメリカ教育長のアドミニストレーション能力―アメリカ教育長職と伝統医的専門職との専門性の違い―」『弘前学院大学社会福祉学部研究紀要』第8号、2008年、28頁。

（2） 同上、26-27頁。

（3） 同上、28頁。

（4） C. I. バーナード著、山本安次郎、田杉競、飯野春樹訳『経営者の役割』、ダイヤモンド社、1985年、232頁。原著は、1938年出版。前掲書「アメリカ教育長のアドミニストレーション能力」、28頁。

（5） 高山マミ『黒人コミュニティ、「被差別と憎悪と依存」の現在―シカゴの黒人ファミリーと生きて―』亜紀書房、2012年。

（6） 西東克介「我が国公教育・就業組織と集団主義文化の再生・変容―『挙国一致』の指向・行動パターンの再生産―」、寄本勝美、辻隆夫、縣公一郎編『行政の未来（片岡寛光先生古希祝賀）』成文堂、2006年、239-263頁。

集団主義文化

「我が国の戦後の集団主義文化を積極的に進めてきたのは、日本教職員組合（日教組）である。1980年代後期まで、日教組と自民党・文部省は、様々な教育政策で鋭い対立が続いた。このことはメディアでも頻繁に報道されていた。だが、なぜか、集団主義文化を促進する集団重視の教育については、互いに鋭い対立はほぼなかったといえる。特に小学校・中学校・高校では、髪形や制服などほとんどの学校が統一した規則を作り、生徒に順守させてきた。学校全体で取り組む行事についても、取り組み方に学校ごとに多少の違いはあるものの、守るべき一定のルールがあった。これらから、2000年代にはいると、集団主義文化が私的な部分でKY（文化）と呼ばれて若い人々を中心に使われ始めた。

　この文化のプラス面は、伝統的な文化や慣習を残していく際には、都合のいいものとなろう。だが、何か新しい考え方や行動を起こそうとすると、ほとんどの場合、反対されるか、妨害されてしまう。それゆえ、長い間、勝つことを最優先させるスポーツ系の部活動（大学の体育会系のスポーツを含む）では、いわゆる体罰（暴力であったのに、「体罰」という表現が使われてきた。）がずっと続いてきた。

これには、歴史的事情もあろう。我が国の場合、1970年代末頃までは、学校での体罰が問題になることは、ほとんどなかった。私はこの頃までの集団主義文化を垂直（タテ）型集団主義文化と呼んでいる。その後、垂直型の側面が弱くなってきた集団主義文化を水平（ヨコ）型集団主義文化と呼んでいる。互いに人間として平等であるという意識が向上したととらえたが、高校や大学でのスポーツにおける体罰が社会的に問題になったのは、2010年代になり、部員の自殺者まで出た事件が発生した。社会全体の中では一部とはいえ、あってはならないことが残っていたのである。

水平型集団主義文化には、互いが平等であるという意識はプラス面だが、リーダーが出てきにくいというマイナス面がある。目立つ人間をKYにより、排除するのである。もう一つの問題が「学級カースト」である。学級の中で、誰か一人（あるいは複数）が言動で弱い子どもを排除しても、他の生徒が注意をしたり、教員に告げ口すらしない。それゆえ、生徒の間でいじめが起きても教員にはわかりにくいのである。類似した問題が中学校教員間でも起きた。

要は、強いと思われるものに悪しき意味での忖度をしてしまうのである。こうした悪しき意味での忖度文化は、大人の世界にもかなり広がっている、といえる。」

（7） 西東克介「米国の個人主義・革新（進歩）主義・専門職・行政官僚制の関係」『弘前学院大学社会福祉学部研究紀要』第16号、2016年、36-38頁。

個人主義文化

「米国では、自助努力が重視される。多くの諸制度も自助努力がなされ結果を出した人間が優先されることになる。スポーツでいえば、いくつかのスポーツを小さな頃から経験し、成人になるにつれて絞られていくが、大学生の頃まで複数のスポーツに取り組んでいる人も珍しくない。優秀な人ほど、勤め先を変わり、さらに地位が上昇していく人が多い。定年制がないからか、日本と比べると、簡単に解雇されることも珍しくない。労働市場における流動性がかなり高い。我が国では、バブル経済崩壊後、多少流動性は高くなったが、今でも定年制はあるので、流動性は米国ほど高くない。要するに、自助努力による能力が高い者には、有利な仕組みとなっている。それゆえ、貧富の差も我が国の比ではない。

また、米国の個人主義には、他人と意見は違って当たり前という慣習がある。何か知り合いに意見を求めれれて、曖昧な態度を取っていると、相手に嫌な感じを与えることになる。はっきりと、自分の意見と理由を述べることが、相手に親近感を抱かせることになる。もちろん、逆の場合もある。特にトランプ政権になってからは、この傾向が社会全体として強くなった。しかもその対立は激しさをますばかりである。

日本人でニューヨーク市に在住して３年ほどたった日本人から聞いた話がある。日本で生活していた頃、曖昧な態度をとっても、何の支障もなかったが、米国でこうした態度を取り続けると、いつまでも親しい友人ができない、ということであった。さらに、米国には、一方では、白人（男性）を優先的立場とみなす保守的な文化が根強いが、他方では、多様な生き方や多様な少数民族を尊重する立場の文化も根強いものがある。

およそ12年前、ヴァージニア州のあるカウンティで１人の女性高校教員にインタヴューさせてもらった。この女性は、元連邦議会図書館司書で15年以上前（当時）から、地元の高校教員になったそうだ。彼女の勤めた最初の高校は、ヴェトナムやカンボジアなど東南アジア出身の生徒の多い高校で、次の高校が韓国出身の生徒が８割以上いるとのことだった。この女性教員は、両親がニューヨーク市に移り住んだユダヤ系米国人で、こうした少数民族の子弟の教育は、将来の米国のためにとても重要であると話してくれた。個人的に生徒に放課後指導や家庭まで呼んで学習指導をすることもしばしばある、と言っていた。生徒や保護者からの感謝の手紙もみせていただいた。こうした素晴らしい米国人もいることも忘れないでほしい。」

（８） Townsend, Rene S., Johnston, Gloria L., Gross, Gwen E., Lynch, Peggy, Garcy, Lorraine, Roberts, Benita, Novotney, Patricia B., *Effective Superintendent-School Board Practices*, Corwin Press, 2007.

（９） *Ibid.*, p.108.

（10） *Ibid.*, p.106.

（11） *Ibid.*, p.107.

（12） *Ibid.*, pp.86-89.

【参考資料】（以下の数字の前のＧはガバナンスの略、Ｃはコミュニケーションの略）

教育委員会委員として、かつ教育長としての我々の意志

1. 我々の仕事の主たる焦点としての教育活動と学習活動を維持し続けること。
2. 公教育を評価、尊重、支援すること。
3. 専門職の開発に参加することで良き学習活動のモデルとすること。

Ｇ 4. ガバナンスとマネジメントの違いを尊重すること。

5. 教育委員会と、スタッフ、生徒達、両親、そしてコミュニティ間の違いを認識し、かつ尊重すること。

Ｃ 6. 信頼と誠実さをもって動くこと。

7. 秘密の諸事項の秘密を維持すること。

教育委員会としての意志

G 1. 教育委員会の権威は、個人としての教育委員ではなく、全体としての教育委員会次第であることを理解すること。

2. 学区の核となる諸価値と信念を定義すること。

3. 高度な実現能力を有する生徒達とスタッフを有する学区の見通しを教育長と共に発展させること。

4. すべての生徒達の成果の公平さを促進する生徒の成功のための明白な予想を確立すること。

G 5. その見通し、任務、そして戦略的諸目標の達成に向けて、学区を動かす構造を確立すること。この構造は、教育委員会の政策決定と政策審査の諸機能を通じて確立される。

6. 学区の中核である諸価値と諸信念を反映する諸課題と諸行動を確かなものにすること。

7. すべての人々を丁寧かつ敬意を持ちつつ、威厳があり、専門職的方法で統治すること。

G 8. 教育委員会パフォーマンスの集団的責任を取ること。

9. 前もって決定される諸基準の設定に反する教育委員会の有効性を定期的に評価すること。

G10. コミュニティにおいては、教育委員会に知らせるべき多様な諸意見や諸信念のための諸機会があることを確かにすること。

G11. すべての生徒達やスタッフが高度な基準を満たす方向付けをする進歩に焦点を充てた学区の成功を共有した見通しを開発する際に、コミュニティ、両親、生徒達、スタッフを必ず含むこと。

12. 学区にその見通し、任務、及び戦略的諸目標を達成させることを可能にする政策を採択、評価、刷新すること。

G13. 見通しと任務を支援する予算を採択し、そして定期的に学区の予算の健全性を監視すること。

G14. 高い質の教育活動や就学活動を支援する集団的交渉のための枠組みを確立すること。

G15. 地方、州、連邦の行政機関により確立された法律の範囲内で学区が機能していることを確認すること。

強力な教育長—教育委員会リーダーシップチームを構築するための教育委員会の意志

1. 学区の見通し、任務、そして諸目標を達成するために奮闘努力する教育長を雇用し支援すること。

2. 内部及び外部の諸環境の変化を予測し、また継続的改善への公約を反映させている戦略的諸目標を教育長とともに確立すること。

G 3. 同意した諸目標、確立した方向性、そして学区の遂行能力に基づき、定期的かつ時宜かなった教育長の評価を行うこと。

GC4. オープンで正直なコミュニケーションに基づき、ガバナンスへのチームアプローチを構築する時間を確保すること。

教育長としての意志

1. 生徒に寄与してきた教育委員会と共にチームを創造していくこと。

2. 政策を設定し、かつ教育長の業績を監視する際の教育委員会の役割を尊重し、認識すること。

G 3. 学区のための明白な見通しを確立するために、教育委員会と協働すること。

C 4. 共通の見通しについてコミュニケーションをはかること。

G 5. 教育委員会―教育長のガバナンス関係が学区のマネジメントチームよる支援を必要とすることを認識すること。

G 6. 教育委員会と職員の違いを理解し、かつコミュニティの代表としての教育委員会の役割を尊重すること。

G 7. 学区の見通し、諸目標、諸政策を執行するためのリーダーシップの責任と説明責任を取ることを受け入れること。

G 8. データの方向づけにより決定可能にするデータを教育委員会に提供すること。

C 9. 迅速かつ効果的に教育委員会委員とコミュニケーションを取ること。

G10. すべての教育委員会委員に十分かつ平等に情報を配分すること。

11. 教育委員会をびっくりさせる事項を公的な会議に決してもたらさないこと。

12. 教育委員会の刷新、特別な報告、教育委員会の議題のために、あるいは、教育委員会のワークショップ、あるいは特別な会議のときに、追加情報の諸要求に応えること。

G13. コミュニティの見える化をはかり、学区を代表すること。

14. 生涯学習の価値をモデル化すること。

15. 学区の教育上のリーダーであること。

注　*Ibid.*, pp.106-108.

第３章　教育長のリーダーシップ実践：教育・変革・政治・社会正義

露口　健司

はじめに

本章では、米国における教育長のリーダーシップ実践を対象とする研究の動向を、 教育・変革・政治・社会正義の視点から検討する。

研究動向の検討に先立ち、米国における教育長職の特徴を、基本属性・学歴・異動・処遇等の視点から、日本との比較を通して確認しておきたい。以下の記述のデータソースは、日本の市町村教育長（文部科学省「令和元年度教育行政調査」https://www.mext.go.jp/b_menu/toukei/001/005/1406079.htm）及び米国の教育長（アメリカ学校行政職協会http://www.aasa.org/content.aspx？id=36086）である。

比較可能な個人属性データとしては、平均年齢（日本64.1歳、米国54-55歳）、平均在職年数（日本2.1年、米国5-6年）、女性割合（日本5.0%、米国21.7%）、平均報酬（日本約960万、米国約1,364万）である。このほか、学位については、米国では約60%が博士課程修了者であることを記述しておきたい。ただし、博士課程において博士号（Ph.D.やEd.D.）を取得するケースは、1998年の92%から2013年には32.4%に低下しており、実践報告やポートフォリオの提出にとどまり博士号を取得しないケース（Ed.S.; Educational Specialist Degree）が、1998年の8.0%から2013年の55.9%に増加している（Wyland 2016）。また、生徒数500名未満（K-12）の田舎の学区では、教育長職と校長職の兼任のケースが多く、予算を主たる理由に行われる二重役割（dual role）の措置に対する負担増が、問題として指摘されている（Rasmussen, Jong, & Aderhold 2018）。

次に、教育長職の異動と処遇について確認する。Grissom and Mitani（2016）は、ミズーリ州を事例として、教育長の異動傾向を19年間の縦断データを用いて分析している。分析の結果、教育長の異動傾向として以下の点を確認している。すなわち、生徒のフリーランチ比率が高い学区から低い学区へ。規模が小さい学区から大きな学区へ。学力水準が低い学区から高い学区へ。給与が低い学区から高い学区へ（一度の異動で平均100万円程度の上昇）。そして、田舎の学区から都市部・郊外の学区へと異動する。成熟化した労働市場において、教育長はキャリアアップと共により条件の良い職場へと異動していくのである。Grissom and Mitani(2016) の調査では、給与の分散の大きさは、最低$21,369～最高$274,625、給与変動額は最低－$86,329～最高$66,639、変動額％は最低－56.79%～最高159.20%であることが示されている。自治体の財政状況に教育長の給与が連動するため、学区間での大きな給与格差が生じている。高度な資格を所有している教育長は、より条件の良い職場を目指して異動するのである。そのため、財政的に厳しい学区では、教育長が頻繁に交替し、教育政策の実施に支障が出るという弊害が生じている。

米国の場合、教育長は高度専門職として確立しており、大学院での資格取得（修士・博士課程）の後、実績を積み上げながら好処遇の学区へ異動する「パブリック・マネージャー」としての意味合いが強い。一方、日本の市町村教育長は、地元の名士（退職校長のセカンドキャリア、男性、学士、異動・処遇配慮無し）が多く、どちらかと言えば、「コミュニティ・リーダー」としての色彩が強い。米国教育長職のこうした特性を踏まえた上で、以下、研究動向レビューを進める。

1. 教育長のリーダーシップ実践の研究動向

(1) リーダーシップ基準（スタンダード）

米国では、膨大な実証研究を積み上げ、様々な関連団体の英知の集積に基づくリーダーシップ基準を作成している。米国では、教育リーダーの使命を、子供の学力向上（academic success）と幸福（well-being）の実現に絞り、その上で、10の基準を設定している（National Policy Board for Educational Administration; 以下、NPBEA 2015）。NPBEA(2015) に示される教育リーダー（教育長を含む）のリーダーシップ基準とは、ビジョン・ミッション・教育理念、カリキュラム・指導・評価、管理運営、学校改善、家庭・地域との連携協働、倫理と専門的規範、教職員のための専門家の学習共同体、人材育成、公正性と文化的文脈への対応、生徒に対する支援とケアのコミュニティである。この全米基準を基盤として、各州が教育リーダーのリーダーシップ基準を設定している（リーダーシップ基準の詳細については第10章を参照）。

日本では、2017年度に校長のリーダーシップ基準（校長の指標）を各自治体が設定しているが、国内で統一された指標はない。また、教育分野のリーダーシップ研究が貧弱な我が国では、校長のリーダーシップ基準が科学的根拠の蓄積の上に設定されていない。もちろん、教育長についてのリーダーシップ基準は存在しない。

(2) ３次元／５次元モデル

教育長のリーダーシップ研究において、Cuban（1988）やJohnson（1996）が果たした役割は大きい。彼らは教育長のリーダーシップを管理的（managerial）・教育的（instructional /educational）・政治的（political）の３次元役割に整理している。管理的リーダーシップの焦点は、教育政策・事業や事務局・学校における計画・管理機能にある。教育的リーダーシップは、教育ビジョンの設定・共有化、カリキュラム・授業課題への焦点化にある。政治的リーダーシップは、教育政策の実行優先順位、資源配分決定のための地域の多様な利害関係者との交渉にある。教育長はこれらの三つの役割を、バラバラに遂行するのではなく、複数の役割を同時に遂行している（Waters & Marzano 2006）。日本においても、河野（2007、2017）において、管理的・教育的・政治的リーダーシップの３次元役割モデルが調査において採用されている。

その後、Kowalski, McCord, Peterson, Young, and Ellerson（2010）は、教育長のリーダーシップ役割を５次元で説明するモデルを提案している。すなわち、第１は、教育者（teacher-scholar）である。カリキュラム、指導方法、教育的リーダーシップの知識をもち、教育哲学を実行することに焦点をあてる。第２は、組織管理者（organizational manager）である。法令・財務・団体交渉・

施設管理の知識をもち、運営に当たる。第3は、民主的・政治的リーダー（democratic-political leader）である。地域関係づくりのスキルをもち、利害関係の調整・統合や意思決定の共有を図ることに焦点をあてる。第4は、応用社会科学者（applied social scientist）である。量的・質的データを基礎においた意思決定や対人影響力に焦点をあてる。第5は、効果的なコミュニケーター（effective communicator）である。人々の意見を聞き、高いコミュニケーションスキルで対話を行うことに焦点をあてる。

第1から第3の役割までは、Cuban（1988）やJohnson（1996）の3次元モデルとほぼ同様である。第4の役割は、情報技術の発展によって拡充されたと言える。Cuban（1988）以降の20年間で、情報技術が飛躍的に発展しており、情報技術を使いこなすことが、教育リーダーの役割として強調されるようになってきた。情報技術の活用は、教育を成功に導く指標である。教育長は、学区のカリキュラムと指導実践を促進する情報技術システム活用のビジョンをもち、方法を理解する必要がある。また、改善を必要としている学校・教員に支援を提供する必要がある（Richardson & Sterrett 2018）。学力水準の向上に成功している学区では、教育長をはじめとする教育リーダーたちが、生徒の学力データを分析し、政策形成につなげ、指導のモニタリングと評価を行っているとする報告もある（Sauers, Richardson, & Mcleod 2014）。

また、第5の役割は、地域における人々の多様性の拡大に対応する役割であると解釈できる。社会の多様性が飛躍的に進展する中で、人種・民族・社会階層・障害・ジェンダー・性的指向等の様々な属性や価値観を持つ人々との効果的な対話が、教育リーダーに求められるようになってきた（Furman 2012）。

(3) 教育的リーダーシップへの着目

2000年頃を境として、教育長のリーダーシップモデルの焦点は、教育的リーダーシップに集中するようになった。この背景には、NCLB法（No Child Left Behind Act）の成立がある。この法律は、学力スタンダードを設定し、合衆国の全児童生徒が2014年までにそれを達成することを目標とする教育政策で、スタンダード基準のテストの目標値を達成できない学校には厳しい行政上の措置がとられることになる。NCLB法以降、教育長に課されるアカウンタビリティの水準は飛躍的に上昇している。こうした強制的な法令下で、カリキュラムや授業実践のことを理解していない教育長が、財源不足の下、テイラー以来の効率性を重視する20世紀型経営（管理的リーダーシップ）を実践する姿が目立つようになった（Feuerstein 2013）。カリキュラムと授業実践のことを十分に理解していない教育長が、追加的な資源分配なく、結果のみを学校に求めるわけであるから、学校はたまったものではない。

Peterson（1999）やKowalski（1999）は、生徒の学力向上や学力格差の抑制といった重要な変革を起こすためには学区教育長の教育的リーダーシップが強調されるべきであることを指摘している。この仮説の検証作業は、2000年以降、NCLB法の成立を背景として、急激に進展した。教育長の教育的リーダーシップが校区の学力水準と関連を持つとするMarzano and Waters（2009）のメタ分析の結果は、教育的リーダーシップの強調に拍車をかけることとなる。過去35年間の1210学区を対象とする14本の調査研究のメタ分析を実施したところ、教育長のリーダーシップと学力水準との間に正の相関が認められたのである。

また、先行研究では、学力水準の高い学区に共通の教育長の行動様式（コンピテンシー）の析出作業が進められている。例えば、協働的な目標設定とカリキュラム作成、対話を通しての授業改善と学力向上への期待伝達、授業改善と学力水準のモニタリング、目標達成のための資源の配分、スタッフの人材育成等をコンピテンシーとして析出している（Marzano & Waters 2009；Peterson & Barnett 2005; Williams, Tabernik, & Krivak 2009等）。

教育長自身も、教育的リーダーシップの重要性を実感している。アラバマ州の８つのリーダーシップ基準について、55名の教育長が各基準の重要度を回答した調査がある（Lewis, Rice, & Rice Jr. 2011）。重要度第１位の基準は、授業と学習（teaching and learning）である。この基準には、協働的なカリキュラム開発、生徒の学力成果を高める指導と評価、多様な目標、学習期待、アカウンタビリティを保障するためのフィードバック測定、学習環境における全ての生徒を対象とした成功・達成のモニター等が含まれる。重要度第２位は、継続的改善のための計画策定（planning for continuous improvement）である。この基準には、共有化されたビジョンの開発と維持、批判的思考と問題解決技術、データの収集・分析・解釈、資源の配分、継続的な学校改善のための成果評価、学校コミュニティの活性化等が含まれる。

(4) 教育長の教育的リーダーシップと学力の関係

既述のMarzano and Waters(2009) による分析は、「相関」レベルにとどまっている点に留意しなければならない。つまり、教育長のリーダーシップが生徒の学力水準を高めたとする解釈が成り立つ一方で、生徒の学力水準が高い（条件の良い）学区に、すぐれた教育長が異動しているとする逆因果の解釈も成り立つのである。先述したGrissom and Mitani(2016) の研究成果を踏まえると、この主張にはかなりの説得力がある。教育長のリーダーシップが学力水準に及ぼす効果を検証するためには、因果推論を可能とするリサーチデザインと統計解析の活用が必要となる。

また、近年の調査研究（Hough 2014）では、教育長の教育的リーダーシップと生徒の学力水準（3－11学年・読解力と数学の２年間の平均点）との間には関連がないとする結果が得られている（n= 55学区）。その一方で、社会経済的地位要因（朝食及びランチの無料・減額生徒の比率を代理指標）は学力水準に対して直接的な負の影響を与えている。学力水準は、教育長のリーダーシップよりも社会経済的地位要因によって規定される実態が描き出されている。

確かに、教育長個人のリーダーシップと生徒の学力水準との直接的な関係を研究対象とすることには違和感がある。双方の間を媒介する間接要因を視野に入れた分析モデルの構築が必要である。教育長のリーダーシップの直接効果は、校長に対して及ぼされるであろう。Danna and Spatt(2013) は、298名の校長認知データを用いて、教育長による校長への支援（目標共有化支援・意思決定支援・教員の職能成長支援・期待表明）が、校長の自己効力感を高めることを明らかにしている。また、Cray and Weiler(2011) では、77名の教育長アンケートを通して、教育長が新任校長の職能上の困難領域を特定し、効果的支援を行うことの必要性を示唆している。校長が直面している困難領域として、①校長としての職務範囲に関する理解、②多様な教育戦略と最善の教育実践についての理解、③人事管理戦略の機能的活用（人材育成）があげられている。

さらに、近年の分散型リーダーシップ論（Leithwood & Mascall 2008; Spillane 2006）を踏まえると、教育長・事務局職員・校長・教員・保護者・地域住民らのリーダーシップ共有やリーダーシップ総量が、学力水準の向上に貢献しているとする視座が提起できる。分散型リーダーシップ論では、価値や目標の「共有」や権限委譲に伴い必要となる「人材育成」の視点が強調される。

例えば、Wahlstrom, Louis, Leithwood, and Anderson（2010）では、教育長と校長との協働によるカリキュラム開発・指導実践開発・評価システム開発が、学区と学校において効果的な教育文化・風土を醸成することを指摘している。Scribner, Crow, Lopez, and Murtadha（2011）は、教育長と校長との「成功（success）」の定義及び戦略を共有することの意義を指摘している。ある校区では、学力向上と学力格差抑制が成功であり、データ活用、問題解決、変革、情熱等が戦略キーワードとして教育長と校長の間で共有されていた。別の校区では、生徒の幸福が成功として位置付けられ、生徒のライフヒストリー理解、生徒を中心においたカリキュラム・指導体制づくり、長期的視点での指導、教員の道徳的・倫理的振る舞いが戦略キーワードとして共有されていた。

一方、Kowalski（2005）は、効果的な教育長のリーダーシップとは、生徒の学習改善のために、校長・教員・保護者の能力開発・人材育成に焦点をあてることにあると指摘している。近年、教員リーダーシップ（teacher leadership）が学力向上の文脈においても注目されており、教員リーダーシップを高める教育長の支援の在り方についても、関心が高まっている（Wells 2012）。

例えば、Wells, Maxfield, Klocko, and Feun（2010）は、17学区176名の校長を対象としたアンケート調査を通して、教育長が教員リーダーシップ開発に力を入れている学区と、そうでない学区との比較分析を実施している。教員リーダーシップ開発に力を入れている学区では、教員リーダー育成のための財的支援（研修予算の増額）、教育委員会における教員リーダーの重要性についての主張、校長との協働的問題解決の促進、問題解決における校長への支援等の新たな動きが生じている。そして、生徒の教育に関わる教員集団の能力開発と教員間におけるリーダーシップの共有化によって、生徒の学力水準は向上するとの知見が示唆される。

(5) 変革的リーダーシップ

教育長は、自己のリーダーシップ・スタイルをどのように捉えているのだろうか。Bird and Wang(2013) は、米国内部８州301名の教育長を対象として、自己に最も近いリーダーシップ・スタイルを問うている。その結果、変革型(32.23％)、サーバント型（23.92％)、状況適応型（25.25％)、民主型（16.61％)、自由放任型（0.00%)、専制型（1.99%）とする回答分布が得られている。今日の教育リーダーの主流である教育型と社会正義型が選択肢に含まれていないという限界を有しているが、与えられた選択肢の中では、変革型の選択率が最も高くなっている。

それでは、どのような状況下（学区規模等）で、どのようなキャリア（教員・校長・教育長等の経験年数）の教育長が変革的リーダーシップを発揮しているのであろうか。この点については、Fenn and Mixon(2011) による215名の教育長を対象とした調査研究において検討されている。第１に、学区規模と変革的リーダーシップとの間に関連性は認められていない。学区規模の大きさが、リーダーシップ発揮を左右するわけではない。第２に、教育長のキャリアについて、教員経験・校長経験・教育長経験の長さのいずれも、変革的リーダーシップの発揮に関連していなかった。変革的リーダーシップは、経験の長さよりも、経験の質によって規定されることが確認されている。

Lawson, Durand, Wilcox, Gregory, Schiller, and Zuckerman(2017) は、変革的リーダーシップを現状維持志向の対置概念として位置付け、教育政策の変革実践と、教育政策の効果的な実施に焦点をあてるモデルを開発している。そして、「信頼と対話」によって醸成される関係的信頼（変革実践のための組織内部の資本）と互恵的信頼（変革実践のための組織間の資本）が、教育長による「変革実践」リーダーシップの基盤であるとする結論を示している。

(6) 政治的リーダーシップ

教育長にとって説明責任の遂行、地域の利害関係調整、対立葛藤調整、資源配分等の意思決定は重要な「政治的」職務である。

教育長には、意思決定過程をできる限り公開し、透明性を保持することが求められている。しかし、公開性と透明性が確保できている学区もあれば、できていない学区もある。Bird, Wang, and Murray（2009）は、こうした違いを予算編成過程に焦点をあてた上で明らかにしている。すなわち、予算編成過程が閉鎖的で不透明となるのは、生徒一人当たりの予算が少なく、なおかつ学力水準が低い、つまり、うまくいっていない学区なのである。逆に、成果が上がっている学区では、予算編成過程の公開性と透明性が高く、予算編成以外の情報公開・情報戦略にも熱心に取り組んでいる。外部に情報を提供することで、負の実態が明らかになり、自分たちが非難されることが予期される場合や、改善策を講じるだけの資源の見通しがつかない場合には、どうしても閉鎖性・不透明性の方向を選択してしまうのであろう。

さて、教育長は、日常的に、学校管理職・保護者・職員団体・メディア・地域住民・首長部局・議会等、多数の利害関係者と直接的・間接的に関与している。効果的な教育長は、どのようにしてこれらの利害関係者との関係調整を実現しているのであろうか。Oakley, Watkins, and Sheng（2017）は、教育長が所属する教育関連団体に着目することで、この研究課題の解明に迫っている。イリノイ州の201名の学区教育長を対象としたアンケート調査の結果、教育長は、多様な教育関連団体に所属・参加し、多様な人々との間にネットワークを張り巡らせ、それを葛藤調整の局面において活用している。全ての教育関係団体が等質に効果を持つのではなく、学校管理職協会、教育委員会連合会、校長会等に関与し、ネットワークを形成することの有用性を確認している。

また、Bredeson, Klar, and Johansson（2011）は、学区規模、事務局の組織文

化（事務局と学校の関係）、地域特性と地理的要因（コミュニティとの関係）、予算状況、政治的風土（首長・教育委員・議会との関係）といった文脈要因がもたらす、日常的な対立葛藤の調整を、教育長の職務特性として捉えた上で、文脈応答リーダーシップ（context-responsive leadership）のモデルを提示している。文脈応答リーダーシップとは、ダイナミックな状況変数との対話を通して生成された知識・技術・特性が複雑に混合した実践知を表出する行為を意味する。教育長は、複雑な文脈が交差する状況下において、葛藤調整から実践知を生成し、日々対応している。また、文脈に対して受動的に対処するだけでなく、自らが主体的に文脈に働きかけ、文脈の形成に努めることの可能性も、このモデルには内包されている。

(7) 社会正義リーダーシップ

近年の教育組織を対象とするリーダーシップ研究の焦点は、社会正義リーダーシップ（social justice leadership）に集まっている。社会正義リーダーシップとは、新たな価値の共同構築、物語の活性化、包括的変革の提唱、人種・民族・社会階層・障害・ジェンダー・性的指向についてのオープンで率直な議論の持続によって、支配的な信念に挑戦する包摂アプローチの創造を志向する態度を意味する（Furman 2012）。教育長の社会正義リーダーシップの構成要素について、DeMatthews, Izquierdo, and Knight(2017）は、状況認識（situation awareness: 社会的・経済的・政治的・教育的排除への気付き）、支援（advocacy: 教員・生徒・保護者・地域のつながりづくりを支援）、実践（praxis: 社会的・経済的・政治的矛盾を認知し、現実の抑圧的要素に立ち向かうために行為する）の３点に整理している。

教育長の社会正義リーダーシップについては、事例研究（質的調査）による知の蓄積が顕著である。

Maxwell, Locke, and Scheurich(2014）は、５名（人種・性別・年齢・学位から抽出）のテキサスの田舎の教育長を対象とする２年間のインタビュー調査を実施している。教育資源の欠落に常に悩む、困難な状況にある学区の社会正義リーダーとしての教育長の特徴を描き出している。調査の結果、再起性が高い、現実に対する楽観的視点が強い、自己効力感が高い、小規模校の良さを生かそうとする、コミュニティに溶け込む力（感謝の辞が多い）が高い、地域の学校参加を重視すること等が特徴として記述されている。

Kruse, Rodela, and Huggins（2018）は、北西部州7名の教育長（ランチ補助率18.6%～53.7%、ヒスパニック比率4.6～26.2%）を対象とする観察・インタビュー調査を実施している。調査対象教育長の学区では、テストスコア・卒業率・規律の向上と学校間格差の抑制に対する外部の政治圧力が大変強い点が特徴である。貧困等の困難を抱えた生徒と日々向き合う教員は不満を蓄積しており、教員間の結びつきも弱まっている。こうした状況下において、教育長は、主として以下の三つの戦略を採用していた。すなわち、①学区の貧困の現実について公の場で語り、貧困問題の突破を試みる。②成果が十分に上がっていない従来の知識と経験を疑問視して、問題解決のための新たな知識を生成する。③教育長をはじめとするリーダーシップチームは、学力と規律の格差を解明し、格差解消を志向したカリキュラムと教育の実践を支援する、である。

Katz（2012）は、黒人女性教育長が地域に社会正義と民主的コミュニティを醸成していくリーダーシップ過程を記述している。社会正義と民主的コミュニティを醸成する上で重要な視点を以下の5点にまとめている。すなわち、①倫理と道徳：地域において重視される価値は何か。誰が価値に含まれ、誰が排除されているのかを見極める。②共同体と文脈：地域においてつながりをつくっている活動は何か。活動に含まれる者は誰か、排除されている者は誰か。③過程：意思決定と対話への参加。誰が意思決定と対話に参加し、誰が参加していないか。④変革：変革の対象は何か。何を変え、何を変えないのか。⑤教育：カリキュラムの構成要素。カリキュラムに何を含め、何を含めないか、である。

小括

本章では、米国における教育長のリーダーシップ実践を対象とする研究の動向を、教育・変革・政治・社会正義の視点から検討した。

NCLB法は教育長の教育的リーダーシップの価値を高める契機となった。管理者としての知識が不要となったわけではなく、管理者に加えて教育者としてのカリキュラム・授業実践に関する知識が求められるようになった。子供の学力水準との相関関係の検証作業（Marzano & Waters 2009）は、この時期、教育長のリーダーシップ論に、重要なインパクトを及ぼした。しかし、教育長のリーダーシップと学力水準の関係は、人事研究の知見（Grissom & Mitani 2016）を踏まえると、逆相関の可能性が高い。また、社会経済的地位等の交絡要因の統制によって、教育長のリーダーシップと学力水準の有意な関係は消失することも明らかとなっている（Hough 2014）。教育長の教育的リーダーシップは、子供の学力水準に直接影響を及ぼすのではなく、校長や教員リーダーへのリーダーシップの分散化（Wahlstorm et al. 2010; Wells et al. 2010）を通して、間接的に影響を及ぼすのである。教育長の教育的リーダーシップのポイントは、学校組織へのリーダーシップの「分散化」（リーダーシップ主体を教育長個人から校長・教員リーダーを含む集団へと分散化、学校組織においてリーダーシップ主体を育成する）という点に帰着する。

変革的リーダーシップは、信頼・ネットワークの醸成を基盤として、「変える」を実践する教育長の姿が記述されていた。「信頼と対話」によって醸成される関係的信頼（変革実践のための組織内部の資本）と互恵的信頼（変革実践のための組織間の資本）が、教育長による「変革実践」リーダーシップの基盤であった（Lawson et al. 2017）。

また、政治的リーダーシップでは、教育長は、多様な教育関連団体に所属・参加し、多様な人々との間にネットワークを張り巡らせ、それを葛藤調整の局面において活用していた（Oakley et al. 2017）。変革的リーダーシップと同様、信頼とネットワークの醸成を基盤として「葛藤調整」を実践していた。

さらに、社会正義リーダーシップでは、地域における人々の多様性が進展し、分断が生じやすい現代だからこそ、地域につながりを醸成する教育長の行動が求められていた（Katz 2012）。地域における信頼とネットワークの醸成を基盤として困難を抱えた人々の「包摂」を促進するリーダーシップ実践が展開されていた。変革的・政治的・社会正義リーダーシップでは、社会関係資本を基盤とする「変革」「調整」「包摂」が、教育長のリーダーシップの特徴であると考えられる。

【付記】

本章は、露口健司(2019).「米国における教育長のリーダーシップ実践―教育・変革・政治・社会正義―」猿田祐嗣『「次世代の学校」実現に向けた教育長・指導主事の資質・能力向上に関する調査研究報告書』国立教育政策研究所、21-36の内容を、本書の主旨にあわせて編集したものである。

〈参考文献〉

Bird, J. J. & Wang, C.(2013). Superintendents describe their leadership styles: Implications for practice. *Management in Education*, 27(1), 14-18.

Bird, J. J., Wang, C., & Murray, L. M.(2009). Building budget and trust through superintendent leadership. *Journal of Educational Finance*, 35(2), 140-156.

Bredeson, P. V., Klar, H. W., & Johansson, O.(2011). Context-responsive leadership: Examining superintendent leadership in context. *Educational Policy Analysis Archives*, 19(18), 1-24.

Cray, M. & Weiler, S. C.(2011). Principal preparation: Superintendent perceptions of new principals. *Journal of School Leadership*, 21, 927-945.

Cuban, L.(1988). *The managerial imperative and the practice of leadership in schools*. Albany: State University of New York Press.

Danna, S. & Spatt, I.(2013). The impact of superintendent support for curriculum mapping on principals' efficacious use of maps. *Journal of School Leadership*, 23, 178-210.

DeMatthews, D., Izquierdo, E., & Knight, D. S.(2017). Righting past wrongs: A superintendent's social justice leadership for dual language education along the U.S.-Mexico border. *Education Policy Analysis Archives*, 25(1), 1-28.

Fenn, W. L., & Mixon, J.(2011). An examination of self-perceived transformational leadership behaviors of Texas superintendents. *International Journal of Educational Leadership Preparation*, 6(2), 1-14.

Feuerstein, A.(2013). Knuckling under? School superintendents and accountabilitybased educational reform. *Journal of School Leadership,* 23, 854-897.

Furman, G.(2012). Social justice leadership as praxis: Developing capacities through preparation programs. *Educational Administration Quarterly,* 48(2), 191-229.

Grissom, J. A. & Mitani, H.(2016). Salary, performance, and superintendent turnover. *Educational Administration Quarterly,* 52(3), 351-391.

Hough, K. L.(2014). Internal accountability and district achievement: How superintendents affect student learning. *Journal of School Leadership,* 24, 32-59.

Johnson, S. M.(1996). *Leading to change: The challenge of the new superintendency.* San Francisco, CA: Jossey-Bass.

Katz, S.(2012). Border crossing: A black woman superintendent builds democratic community in unfamiliar territory. *Journal of School Leadership,* 22, 771-788.

河野和清(2007).『市町村教育長のリーダーシップに関する研究』多賀出版.

河野和清(2017).『市町村教育委員会制度に関する研究』福村出版.

Kowalski, T. J.(1999). *The school superintendent: Theory, practices and cases.* Upper Saddle River, NJ: Merrill, Prentice Hall.

Kowalski, T. J.(2005). Evolution of the school superintendent as communicator. *Communication Education,* 54(2), 101-117.

Kowalski, T. J., McCord, R. S., Petersen, G. J., Young, I. P., & Ellerson, N. M.(2010). *The American school superintendent: 2010 decennial study.* Lanham, MD: Rowan & Littlefield Education.

Kruse, S. D., Rodela, K. C., & Huggins, K. S.(2018). A regional network of superintendents confronting equity: Public and private messy messages. *Journal of School Leadership,* 28, 82-109.

Lawson, H. A., Durand, F. T., Wilcox, K. C., Gregory, K. M., Schiller, K. S., & Zuckerman, S. J.(2017). The role of district and school leaders' trust and communications in the simultaneous implementation of innovative policies. *Journal of School Leadership,* 27, 31-67.

Leithwood, K., & Mascall, B.(2008). Collective leadership effects on student's achievement. *Educational Administration Quarterly.* 44(4), 529-561.

Lewis, T., Rice, M., & Rice Jr, R.(2011). Superintendents' beliefs and behaviors regarding instructional leadership standards reform. *International Journal of Educational Leadership Preparation,* 6(1), 1-13.

Marzano, R. J., & Waters, T.(2009). *District leadership that works.* Bloomington, IN: Solution Tree.

Maxwell, G. M., Locke, L. A., & Scheurich, J. J.(2014). The rural social justice leader: An exploratory profile in resilience. *Journal of School Leadership,* 24, 482-508.

NPBEA(2015). *Professional Standards for Educational Leaders.* http://npbea.org/wp-content/uploads/2017/06/Professional-Standards-for-Educational-Leaders_2015.pdf(2020. 5. 7)

Oakley, D. L., Watkins, S. G., & Sheng, B. Z.(2017). Illinois public school superintendents: Influencing state-level education legislation and policy-making in Illinois. *Journal of Scholarship and Practice,* 13(4), 4-18.

Peterson, G. J.(1999). Demonstrated actions of instructional leader: A case study of five superintendents. *Educational Policy Analysis Archives,* 7(18). http://epaa.asu.edu/ojs/article/view/553.(2020.5.7)

Peterson, G. L., & Barnett, B. G.(2005). The superintendent as instructional leader: Current practice, future conceptualizations, and implications for preparation. In Björk, L. G., Kowalski, T. J.(Eds.). *The contemporary superintendent: reparation, practice, and development.* Thousand Oaks, CA: Corwin., 107-136.

Rasmussen, J., Jong, D.D., & Aderhold, F. (2018). Comparing perceptions of dual-role administrators and teachers regarding the effectiveness of dual role administrators in a rural state. *ICPEL Education Leadership Review,* 19(1), 42-59.

Richardson, J. W., & Sterrett, W. (2018). District technology leadership then and now: A comparative study of district technology leadership from 2001 to 2014. *Educational Administration Quarterly,* 54(4), 589-616.

Sauers, N. J., Richardson, J. W., & Mcleod, S.(2014). Technology-Savvy school superintendents: Successes and challenges. *Journal of School Leadership,* 24, 1177-1201.

Scribner, S. M. P., Crow, G. M., Lopez, G., & Murtadha, K.(2011). "Successful" principals: A contested notion for superintendents and principals. *Journal of School Leadership,* 21, 390-421.

Spillane, J. P.(2006). *Distributed leadership.* San Francisco. CA: Jossey-Bass.

Wahlstrom, K. L., Louis, K. S., Leithwood, K., & Anderson, S. E.(2010). *Investigating the links to improved student learning: Executive summary research findings.* http://www.wallacefoundation.org/knowledge-enter/Documents/Investigating-the-Links-to-Improved-Student-Learning-Executive-Summary.pdf(2020. 5. 7)

Waters, J. T., & Marzano, R. J.(2006). *School district leadership that works: The effect*

of superintendent leadership on student achievement. Denver, CO: McREL.
Wells, C. M.(2012). Superintendents' perceptions of teacher leadership in selected districts. *International Journal of Educational Leadership Preparation,* 7(2), 1-10.
Wells, C. M., Maxfield, C. R., Klocko, B., & Feun, L.(2010). The role of superintendents in supporting teacher leadership: A study of principals' perceptions. *Journal of School Leadership,* 20, 669-693.
Williams, P.R., Tabernik, A.M., & Krivak, T.(2009). The power of leadership, collaboration, and professional development: The story of the SMART consortium. *Education and Urban Society,* 41(4), 437-456.
Wyland, C.(2016). Underrepresentation of females in the superintendency in Minnesota. *Planning and Changing,* 47, 47-62.

第４章　教育長養成・免許資格の特徴と質保証をめぐる課題

八尾坂　修

はじめに

近年の中央教育審議会答申「チームとしての学校の在り方と今後の改善方策について」(2015年12月16日) は、新教育委員会制度 (2015年４月１日) のもと、教育委員会の教育長の果たす役割は大きく、教育長のリーダーとしての資質や能力を高めるためには、研修の充実を図り、「学び続ける教育長」の育成を提言する。しかし、国や大学における教育長等教育行政リーダーを対象とした力量向上方策は萌芽段階であり[(1)]、今後国レベルでの資質向上支援方策の充実が期待されてくる。

この点、アメリカにおける教育長の養成・研修に着目すると、歴史的にも免許資格と養成、更新・上進制が連結する仕組みを構築しているのが特徴的である。

今日各州の学区教育長は全体で12,670人ほどである。白人男性優位の歴史において2000年以降は女性教育長の比率が高まりつつある (2000年13.2%から2015年25.0%)[(2)]。

本稿では今日的教育長免許資格構造の特徴を州間の同質性・異質性を踏まえながら、かつ若干の歴史的経緯を捉えつつ探ろうとする。まず免許資格の特徴としての免許状の特性、教育長資格としての博士号取得への方向、教育経験・行政経験重視の傾向、インターンシップ充実への課題、教育長独自のテスト要求の特徴について考察する。次に、継続職能開発としての教育長免許資格の更新・上進制の特徴を州間比較を通して分析する。さらに伝統的な大学院養成プログラムに対するオールタナティブプログラムの特徴を考察する。最後に、教育長養成プログラム質保証をめぐる課題を考えることにしたい。50州の分析の手がかりとして、主として50州の免許資格要件を記載し、1935年から継年的に刊行されている、Frankhart, Colleen M, *Requirements for Certification, Eighty-Third Edition*, 2018-2019, The University of Chicago Press, 2018, 教育長養成、質向上方策の関連著書、専門職団体の教育長職に関する年次報告書、論文等を活用する。

全州における教育長免許資格規定の本格的な調査研究としては、管見するにアメリカ学校行政職協会（American Association of School Administrators, AASA）による報告書（1939年）(3)や、Baptist, June E. J.（1989年）による研究論文(4)があるに過ぎず、今日の発展的動向についても全州教育審議会（Education Commission of States, ECS）で表層的に紹介している状況にあり、本研究上の意義は認められる。

1. 専門養成の特徴

教育長職の前提となる免許資格要件としては以下の特徴を見出すことができる。

(1) 免許状の特性と免許状主義

第１に、教育長に対して発行される免許状は包括的な行政免許状（通常教育長として裏書き）、あるいは教育長固有の免許状（例えばsuperintendent certificate）である。1989年のBaptistの調査と比較し教育長固有の免許状発行は低下の傾向にある（1989年 16州から 2018年 13州）。ただし 13州の中でルイジアナ州（educational leader certificate level 3）やモンタナ州（Class 3 administrative license）のように校長などの学校管理職よりも高いランク付けの呼称を使用する州も見られる。教育長免許状を有しない州はアラバマ、フロリダ、ハワイ、ミシガンとともにワシントン特別区が該当するが、特にフロリダとハワイの２州、ワシントン特別区は各州の教育長免許制度が始まりつつあった1930年中頃からこれまで発行されていない。

また免許状の名称もlicenseのほか、certificate、credentialなどの名称があるが実質同一概念のように捉えられている[5]。ペンシルベニア州のようにletters of eligibilityの名称も見られる。

(2) 博士号・教育長スペシャリスト学位取得への方向

第2に、教育長職に対して要求される学位は修士号以上である。すでにいずれの州も1967年に教育長職に修士号を要求した[6]とされるが、今日では博士号を要求する州も14州存在し高度化している。ただし代替として教育リーダーシップの修士号、修士号取得者を対象に上位の教育スペシャリスト学位(educational specialist degree, Ed.S.)[7]を求めている状況にある（図表1参照）。このことは、教育スペシャリスト学位を取得していて教育長職に就いた場合、教育長在職中に博士号を取得するケースが多いことを意味する。

ところで教育長免許資格への博士号取得の要請は1989年に10の専門職団体組織からなる全米教育行政政策委員会（National Policy Board of Educational Administration : NPBEA）が教育管理職養成改革の一つとして、専門職学位（教育学博士）の必要性を提起したことが影響力を有する。このNPBEAによる提言は以下に示すように博士号取得のみならず、今日的示唆として教育長養成プログラムのあり方にも提言していたことは注目に値する。また1993年のアメリカ学校行政職協会による教育長専門職基準作成にも影響を与えたとされる[8]。

①さまざまなキャリアを有する有能な志願者からの雇用。

②教育管理職に対する専門職学位の確立(教育学博士、the Doctor of Education)。

③それぞれ、1年間フルタイムの継続的学習と実習体験。

④実践問題に根ざした、知識と技能の共通コアプログラム。例えば、学校教育への社会的・文化的影響、教授・学習プロセスと学校改善、組織理論・組織研究と政策分析の方法論、リーダーシップと経営プロセス・機能、政策研究と教育政治、学校教育におけるモラル、倫理観の確立等の内容が含まれている。

⑤実習体験を有意義ならしめるために、熟達した指導者(メンター)の確保。そのための模範的学校・学区・教育行政官との連携。

⑥指導・研究・援助面において卓越性のある大学教員の確保。

図表１　博士号取得を規定する州（14州）

2018年現在		1938年当時
デラウェア	（教育リーダーシップの修士号でも可）	修士号（学校行政の 9 s.h. 含む）
アイダホ	（教育スペシャリスト学位でも可）	学士号
インディアナ	（あるいは修士号＋60単位）	修士号（学校行政の 9 s.h. 含む）
ミネソタ	（教育スペシャリストあるいは学士号60単位でも可）	学士号（学校行政の 12s.h. 含む）
ミシシッピ	（修士号あるいは教育スペシャリスト学位、学歴により３種類の免許状。教育長と校長要件同じ）	学士号
ミズーリ	（教育スペシャリスト学位でも可）	学士号
モンタナ	（修士号、教育スペシャリスト学位でも可）	学士号
ニューハンプシャー	（教育スペシャリスト学位相当でも可）	学士号（学校行政の 6s.h. 含む）
ロードアイランド	（教育スペシャリスト学位相当でも可）	学士号（学校行政1コース含む）
サウスカロライナ	（学士号＋2年の学修でも可）	免許資格要件なし
ユタ	（あるいはNBPTS合格）	学士号（学校行政12s.h. 含む）
バージニア	（修士号＋30単位でも可）	免許資格要件なし
ワシントン	（2種類の免許状のうち上位免許状に要求、ただし修士号＋40単位（s.h.）あるいは90単位（q.h.）でも可）	学士号＋大学院（30s.h.）
ウィスコンシン	（教育スペシャリスト学位でも可）	学士号

※1938年当時のデータはAmerican Association of School Administrators, 1939, *Standard for Superintendents of Schools*, Appendix Table F を分析して作成。

⑦専門職への参入とプログラム効果の高い基準を規制する質的コントロールメカニズム(9)。

この点、1980年代まで教育長免許資格として41州（82％）が一定の大学院プログラム（特定のコース）を要求していたが、それまで教育長養成プログラムの変革を求めてこなかったとされる。変革に無関心であった理由として、一つはそれまで十分な数の学生を伝統的な大学院養成コースにおいて獲得できたこと、もう一つは、1990年代前半まで連邦・州政府が学区・学校ガバナンスのあり方について論及していなかったことにある。しかも1990年以降もオンライン学習の普及に伴い、大学院学校行政プログラムへの入学が減少していたのである[(10)]。

図表1では1938年当時との比較を示したが、教育長免許制度が確立した1938年当時は、学士号取得か、修士号取得のなかで一定の学校行政の履修を求めているに過ぎないことがわかる。しかし特に2015年以降、博士論文を求める博士号取得を教育スペシャリスト学位との代替であれ、求めるようになったのである。なおユタ州は博士号取得の代替としてNational Board Professional Testing Standards（NBPTS）[(11)]の合格を求めているが、やはり高度の専門的力量を求めているといえる。

また実際に教育長の博士号取得の傾向は、戦後の1952年当時、農村部の教育長で博士号取得は2％（修士号取得62％）、市の教育長博士号取得14％（修士号取得79％）で全体の84％は教育行政分野の大学院学位であった[(12)]。しかし1971年には29.2％、1982年39.5％、1992年36％、2000年45.3％、2010年45.3％（横ばい）と上昇してきており、特に3,000人以上の生徒数が在籍する都市学区では7割を超えている[(13)]。しかも女性教育長の博士号取得率が高まる傾向にあるが、女性教育長志願者は大学院博士課程に進み、教育行政の博士号を取得するルートが一般的である。この点女性教育長の場合、博士号取得を求める理由として、男女公平な機会が確保されることの前提として、博士号取得による自己キャリア促進を捉えていることである。ただし、女性教育長は登用されるまで1・2回のチャレンジであるのに対し、男性教育長の33.8％は4回以上チャレンジして教育長のポジションを確保していること、また女性メンター（指導者）を増やすことが女性教育長志願者増への促進要因ともなっており[(14)]、課題でもある。

なお、教育長に対して取得した学位として教育行政（教育リーダーシップ）の修士号を必ずしも求めていない場合もあるが、その場合でも学位取得とは別に一定の教育行政関連科目を要求する状況にある。例えばアリゾナ州の教育長免許状（Superintendent Certificate）は修士号以上の学位を要求し、取得すべき60

単位のうちアリゾナ州Professional Administrative Standardsに規定された知識・技能に関する教育行政コース（36単位取得、学校法、学校財政、各3単位含む）を要求する。またニューヨーク州の教育長免許状（Professional Certificate as a School Leader）においても修士号以上の学位を求めるが、教育リーダーシップについて少なくとも大学院60単位を求める状況にある（アイダホ、アイオワ、モンタナ、オレゴンも同様）。それゆえ歴史的にも教育長として、広く教育行政関連科目の履修は必須としてしかも履修科目の拡大と上級学位取得が図られてきたといえる。

(3) 教職経験と行政経験重視

第3に、教育長の免許資格として教職経験（28州）や行政経験（26州）を要求しているのが歴史的特徴である。また教職経験・行政経験どちらでも可としている州が8州存在する。教職経験は3年から5年が一般的であるが、なかにはニューハンプシャー州のように3ヶ月継続という短期間もある。教職経験については、短期間の経験の質を重視し、長期間のクリエイティブな行政リーダーシップを発揮する上で必要なしという考えが浸透している[(15)]。これに対し、行政経験は1年から6年に及ぶが、そのなかで22州は教職・行政の両方の経験を要求している状況にある。またこの22州のうち行政経験を要求する州には、校長経験を含めている州も見られる。例えばアイオワ州は3年の行政経験として3年間校長経験を要求する。またアリゾナ州のように2年の行政経験として教育長、教育長補佐職としての2年の経験、あるいは教育長としての実習（practicum）を要求する。ほかに6年間の行政経験のみを要求するノースカロライナ州のように少なくとも1年の校長経験、5年の教育委員会経験を要求する州も見られる。

それゆえ一般的には1939年の状況を当時の免許規定からみても教職経験重視の歴史的推移のなかで、まず最初に教員としての資格を有し、“学校”という教育実践の場を教員として経験し、その後校長あるいは指導主事、中央の教育行政当局で実務経験を踏まえているのが教育長としてのキャリアルートである[16]。

(4) インターンシップ充実への課題

第4に、教育長免許資格としてインターンシップやフィールドワーク経験の一つであるpracticumを規定する州が9州存在する（カリフォルニア、コネチカット、アイダホ、メイン、マサチューセッツ、ネバダ、ニュージャージー、モンタナ、ニューメキシコ）。このインターンシップは1939年当時の免許規定では示されていない。ただし1922年当時、すでにスタンフォード大学のカバリー(Cubbery, E. P）は有能な人材は数年の現場経験を経た後に、さらに進学して博士号を取得して専門職としての教育行政職の確立を意図していた。またapprenticeshipとして実地体験を組織的に与えることを提示していた[17]。その後1950年はじめて当時カリフォルニア州では大学院養成（30単位）で1単位以上（半年間）のインターンシップを大学に勧告したのも事実である[18]。

ただし今日でも9州のうち、アイダホ州やメイン州のように1年間の行政職経験を、モンタナ州のように校長経験を1年間教育長インターンシップの代替として認めている状況にあるが、各州の免許規定に関わらず各大学院の教育長養成（教育行政・経営）プログラムにおいてインターンシップの充実を図ることが求められる。校長職や教育委員会実務経験によって理論と実践のギャップが補完されるという考えは検討を要する課題である。この点、マサチューセッツ州は養成ルートの大学院養成以外の複線化のなかで大学院認定プログラムのもと500時間のpracticum、あるいはメンターの指導のもと教育長・教育次長の役割で500時間のapprenticeshipを要求しているのが特徴といえる。またネバダ州のように学校行政の大学院コース24単位の一部として学校行政のインターンシップあるいはフィールドワークを位置づけていることは各州の免許規定に推進されてよいであろう（図表2参照)。

(5) 教育長独自のテストを要求

第5に、2000年以降、教育長免許資格要件としてアカデミックな養成要件に

図表2　教育長免許資格としてインターンシップや practicum を規定する州（9州）

カリフォルニア	カリフォルニア大学からのadministrative internshipの修了（あるいは、行政養成コースの修了、あるいはカリフォルニア予備行政資格試験〔CPACE〕、あるいはETS実施のSLLA テストで173点取得）
コネチカット	10ヵ月の学校行政についてのインターンシップ
アイダホ	行政インターンシップ（あるいは行政職として1年の経験）
メイン	少なくとも15週間のインターンシップ、あるいはpracticum(あるいは教育長補佐職・教育長として1年間の経験)
マサチューセッツ	学士号取得後、認定プログラムのもとで500時間のpracticum、あるいはメンターの指導のもと教育長・教育次長の役割で500時間のapprenticeship(インターンシップ)
ネバダ	（教育行政の修士号を取得していない場合）学校行政の大学院コース24単位（1. 学校行政と組織、2. スーパービジョンと指導の評価、3. 教職員の職能成長、4. 学校財政、5. 学校法、6. カリキュラム、7. 教育リサーチ、8. 学校行政のインターンシップあるいはフィールドワーク、9. 他の行政関連コース）の一部として。
ニュージャージー	150時間の教育リーダーインターンシップ
モンタナ	1年間の教育長としてのインターンシップ（あるいは1年の校長経験）
ニューメキシコ	180時間のインターンシップあるいは apprenticeship

加えて、民間のテスト会社であるETS(Education Testing Service）が開発した教育長固有のテストであるSSA(School Superintendent Assessment）や州独自の教育長テスト（テキサス、ニュージャージー、アリゾナ）を要求する州も見られる。特にSSAは、学校リーダーのためのISLLC(Interstate School Leaders Licensure Consortium）基準の6つの領域（①学校ビジョンの開発、②学校文化の構築、③学習成果に結びつく指導プログラム、④安全で効率的な学習環境促進、⑤家庭や地域メンバーとの協働、⑥大規模な政治的、社会的、経済的、法的、文化的状況の理解）に適合した知識、スキル、能力を有するかどうかを測定する。

セクションⅠ（120の選択質問)、セクションⅡ（3つの構成反応質問）からなる計3時間のテストであり、合格点は200点満点中160点程度以上である。セクションⅠは「Ⅰ教育的リーダーシップ」〔Educational Leadership〕（a. ビジョンと目標、b. 倫理と誠実さ、c. コミュニケーションと協働、48問)、「Ⅱ、指導的リーダーシップ」〔Instructional Leadership〕(a. 教育と学習、b. カリキュラムと指導、24問)、「Ⅲ、行政リーダーシップ」〔Administrative Leadership〕(a. 人事、b. 財政、c. マネジメント〔危機・タイム・サポート〕48問)から構成される。セクションⅡは総合知識と理解を問うケーススタディから構成されるが、主に学区が直面する課題への的確な洞察力、具体的なエビデンスに依拠した合理的解決方法を提示することが求められている(19)。

また例えば教育長の数が全州で一番多いテキサス州(1,247人)は州独自の教育長テストであるTexas Examinations of Education Standard(TExES)を実施しているが、110の選択式設問(2つの事例研究含む)を5時間で行っている。テキサス州はsuperintendent certificate(5年有効)を発行するが、修士号取得、3年の行政経験(少なくてもa. 人事管理、b. 学区教育委員会政策、c. 予算編成)とともにテキサス州教育局認定の教育長養成プログラムを修了するとともに、このTExESに合格しなくてはならないのが特徴である(20)。しかも教育長就任後18ヵ月以内にメンターの指導に基づく1年間のインダクション(導入研修)が明確なスタンダードに基づいて実施されており、教育長に対する継続した職能開発を求めているといえる。

なお校長にも共通のETS開発テストSLLA(School Leader Licensure Assessment)を要求する州(カンザス、ミシシッピ)も見られるが、教育長独自のテストに変わりつつある。

2. 継続職能開発としての更新・上進制

教育長として最高キャリアに就いた後も教育長免許資格に有効期間を設定している州が30州存在し(19州はデータ報告なし)、2年(カンザス州)から9年(ニューメキシコ州)、10年(ネブラスカ州)、12年(アリゾナ州)まで及び、5年(18州)が最も一般的である。ペンシルベニア州は1989年当時の調査と同じく終身有効な教育長免許状として適任資格証(letters of eligibility)を発行するが、任用者側が職能成長を求めることになっている。取得要件は教職・行政経験各3

年、修士号以上（大学院で学校行政における70単位）を要求しており、実質博士号取得レベルに近い。また職務経験あるいは自動更新（延長可）によって更新を認める州も見られるが、有効期限付きの場合、通常大学院、州・学区、専門職団体主導の現職研修を要求する。

さらに上進制（等級化）を導入する州は10州存在するが、更新を認めず上位の教育長免許取得を求める州（カリフォルニア、マサチューセッツ、ミシシッピ）も存在する（図表３参照）。図表３に示すように、例えばカリフォルニア州は校長、指導主事等同様の取得パターンであるが、①preliminary administrative services credential（５年有効、更新不可）と②clear administrative sevices credential（５年有効）の２種類を発行しており、①から②の取得のためには①のcredentialのもとで２年の教育長経験とともに州教育委員会のインダクション（導入研修）プログラムを修了する必要がある。

またマサチューセッツ州は３段階の上進制であり、まず①のprovisional (superintendent) license（学士号取得以上）を取得しておく必要がある。次に②のinitial (superintendent) licenseを取得するには、大学院等での認定プログラムのもと500時間のpracticumあるいはメンターの指導のもとでのapprenticeship、あるいはパネルレビュー（panel review）というマサチューセッツ州固有の審査方式で取得できる。このパネルレビューによる教育長免許状取得者は数が少ないそうであるが、後述する民間出身者の教育行政幹部職員などへのオルタナティブルートにも対応した州免許政策であると考えられる。さらに③のprofessional (superintendent) license取得には、この②の免許状取得のもと、教育長や教育次長として３年間雇用されていること、またカリフォルニア州やコロラド州、テキサス州と同様、インダクションを求めているのが特徴である（図表３参照）。

このように教育長免許状の更新制・上進制は継続教育（continuing education）に連結している。継続教育は主に州教育長協会、アメリカ学校行政職協会などの専門職団体が州教育委員会とともに歴史的に重要な役割を果たしてきており、多くの教育長は継続教育を大変有用あるいは有用（83.3%〔44.1%、39.2%〕）と捉

図表3　教育長免許状上進制（等級化）を規定する州（8州）

州	教育長免許状の種類	有効期間	更新可否	上進制の仕組み	要求する学位
カリフォルニア	①preliminary administrative services credential ②clear administrative services credential	5年 5年	更新不可	①の免許状のもとで2年の経験、教育委員会認定のインダクションプログラムの修了	学士号以上（実質修士号以上） 学士号以上（実質修士号以上）
コロラド	①initial administrator (superintendent) license ②professional administrator (superintendent) license	3年 5年	可 可	①の免許状のもとでインダクションプログラムの修了	修士号以上（学区行政のための認定大学院プログラム修了）
カンザス	①initial school leadership license（スーパーバイザー、校長、教育長同一免許状） ②professional school leadership license（同上）	2年 5年	可	①の免許状のもと雇用されている期間(5年)のperformance評価	大学院（スクールリーダーシッププログラム修了、GPA 3.25以上）
マサチューセッツ	①provisional (superintendent) license ②initial (superintendent) license ③professional (superintendent) license	5年 5年 5年	更新不可 更新不可 可	②の免許状取得は①の免許状あるいは教育職免許状所持 ③の免許状取得は②の免許状のもと教育長・教育次長として3年間雇用、1年間のインダクションプログラムの修了	学士号以上（実質修士号以上） 学士号以上（認定プログラムのもとで500時間のpracticum あるいはメンターの指導のもとでのapprenticeship, panel reviewによるオルタナティブルートあり）
ミシシッピ	①entry-level administrator license (class AA, AAA, AAAA)（教育長・校長同一免許状） ②standard career-level administrator license (class AA, AAA,AAAA)（同上）	5年 5年	更新不可（行政経験ない場合5年延長あり） 可	①の免許状のもとSchool Executive Management Institute(SEMI)の要件修了	class AA 修士号 class AAA スペシャリスト学位 class AAAA 博士号（いずれも教育行政分野）

州	教育長免許状の種類	有効期間	更新可否	上進制の仕組み	要求する学位
ミズーリ	①initial administrator certificate (superintendent) ②career administrator certificate	4年		①の免許状のもと毎年30時間の職能成長（職務能力評価）	教育スペシャリスト学位あるいは、博士号（教育行政）あるいは教育リーダーシップの修士号
ノースダコタ	①provisional credential (②の要件を充足していないが校長免許状の所持) ②professional credential	2年 5年	更新不可 可（大学院8単位相当）	教育長コースワーク (8単位) 取得 (②の要件を充足していないが校長免許状の所持) 教育長コースワークを修了	教育行政の修士号（あるいは修士号 そのうち20単位は教育行政）
ワシントン	①initial administrator certificate (superintendent) ②continuing administrator certificate (superintendent)	7年 5年	可（100時間の研修）	①の免許状のもと修士号＋40単位 (s.h.) あるいは60 (q.h.) あるいは教育博士号。教育長、教育次長として180日勤務、そのうち30日間は同一学区。	修士号（教育長のための養成プログラム修了）あるいは他州で教育長、教育次長としての3年の経験

えており、2000年のアメリカ学校行政職協会の調査データ（53.6％〔28.9％、24.7％〕）よりも10年間で継続教育の有用性は高い位置にある(21)。

3. オルタナティブルートの特徴と民間による教育長養成

(1) オルタナティブルートの概念

ところでオルタナティブルートの概念を捉えた場合、州認定政策に基づき大別して三つのモデルが実現している。一つは、州教育長会、アメリカ学校行政職協会、州校長会のような専門職団体、さらには大学自らが行う専門職モデル、二つめは州や学区教育委員会が中心となった自己職能開発モデルであり、大学とのパートナーシップも見られる。いずれも免許状更新制・上進制の際に果たす役割が大きい。そして三つめは、民間による都市部のリーダー養成モデルである。

このようなオルタナティブルートの考えは、教員、校長、教育長などの養成政策において、特に2009年の「頂点への競争」(Race to the Top : RttT) プログラムにおいて、資質能力の高い有能な教育指導職養成に関して学位プログラム以外のプロバイダーを認可し、免許資格取得へのオルタナティブルートの開発、拡充、あるいは改善を促進することを各州に求めたことも動因である[(22)]。いずれのルートにしても、ここでは伝統的にも大学院を基盤とした養成プログラムが主流といえるが、民間による教育長（教育行政幹部職員養成）のケースを捉えることにする。

なお2010年当時教育長職に就いている95%は有効な教育長免許状を有する状況にある。大都市の教育長でも86%は免許資格（credential）を所有している状況にあり[(23)]、免許状主義が根底にもあるといってよいであろう。

(2) 民間による教育長養成の背景と特徴

1980年代末を境に、例えば1986年全米知事会の初の教育改革書「成果のとき—1991年の教育に関する知事報告」で批判された内容が当時の教育管理職大学院養成において実施されていたことが指摘されていた。つまり、職務ニーズと無関係な養成カリキュラム、養成入学基準の不適切、知識・理論中心のプログラム、大学当局と学校当局との間でほとんど協力なしに学生によって通常設定される実習・インターンシップ、免許更新のために追加単位を望む教員によるパートタイム基盤で取られる一連のコース内容等が批判の対象となっていたのである[(24)]。

このような批判は2005年のレヴィン（Levine, A）のような教育管理職養成批判者にも継受されたが、その流れの中で21世紀初頭注目されたのが、伝統的な大学院養成プログラムに対するオルタナティブルートの出現である。特に2002年に成立した民間による唯一の教育長養成であるブロード教育長アカデミー(Broad Superintendents Academy, BSA) は一時脚光を浴びた。また新たに2010年から2年制のThe Broad Residency in Urban Educationという教育マネジメント分野の管理職養成を充実させている[(25)]。

このBSAはブロード財団が提供するプログラムであり、州の認可を受けていない。その目的は、ビジネス、軍隊、NPO、教育分野の志願者を対象とした大都市学区の教育長養成である。毎年10名から20名程度の卒業生を送り出しているが、半数以上が有色人種である。明示のデータから卒業生139名（2011年6月）の進路は都市部の学区教育長ほか、都市部教育委員会の幹部職員、教育に関する非営利団体の重要ポストに就き、OBネットワークを築いている。

BSA修了生のエビデンスとして、生徒の学力向上、ドロップアウト率改善、赤字から黒字への財政転換などもみられる一方、当時のシカゴ市教育長のようにシカゴ教員の90%からBSA修了生が不信任決議を受けた例もある。BSA入学者はすでにMBA取得者や元来リーダーとしての資質のある人材が難関を突破して入学（例えば2011年度は758名の志願に対して8名のみ）していることから、新たな試みとしてのBSAプログラムによって成長しているのか疑問視する声も伝統的養成プログラム支持者(26)からある。BSA幹部、教授陣の経歴から教育以外の管理職経験者が多いことから、学区教育長としてのマネジメント能力を基盤とした行政的リーダーシップを求めていることは確かである。

(3) ハーバード教育大学院の正統派ルートの試み

これに対し、実はBSAが成立する以前に正統派ルートのユニークな教育長（教育行政幹部）養成プログラムが唯一存在していた(27)のも事実である。全国に先駆けてハーバード大学教育大学院が博士課程専攻コースとして設立（1990-91年度）した「都市教育長（Urban Superintendent）プログラム」（20年間継続実施）がある。このプログラムは、アメリカ大都市地域に蔓延する貧困、子供の学習環境の悪化、高校中退者の増加といった危機的状況のなかで、それに対応できる識見、指導力を具備した教育長の養成を校長養成と連結しない独自のカリキュラムで実施していた。1990年8月に新入生10名を迎えたが、毎年8-12名の入学者を受け入れることにしていた。しかし、主任担当者である黒人の教育長経験もあるウィリアム（William, Joh B）教授との筆者のインタビューによると、黒人および女性の志願者が望まれていた。しかも入学者として現に、校長・教頭・教科主任・学区の教育行政官といった職に就いている者のほか、既に地方学区の教育長職にあるものもみられ、多様な経験を有する者が自己の生涯キャリア形成を目指していた。履修内容は11ヵ月間（8月から翌年6月）のコース履修、続いて6ヵ月から9ヵ月に及ぶ大都市地域での実習（residency）が要求されていた。実際に教育行政の指導的立場である教育長を助言者として指導を受けるのであるが、この実習ののち、自己の職場に戻り、博士号取得のための都市部学区に直面する様々な現実的課題を解決するための詳細な実証的分析からなる教育学博士号取得論文（analytic paper）を提出することが求められていたのである(28)。

この都市教育長養成プログラムはまさに先述の1989年NPBEA提言を踏まえた画期的なプログラムであったといえる。2011年度以降はハーバード大学教育大学院教育リーダーシップ博士号プログラムとして、特段教育長養成に焦点をあてているわけではないが、今日では都市教育長養成プログラム出身者でしかもメリーランド州最大都市ボルチモア市のコミッショナー（首席行政長官）として教育課題再建に貢献した有色のアロンソ（Alonso, Andres Antonio）教授が関わっている。このハーバードのプログラムはいずれの受講者へも大学独自のスカラーシップによって受講料は無料の配慮がなされ、しかも大学で教育行政機関、NPO団体等との連携によって有償のレジデンシーの機会が確保され、フルタイム学習への経済的配慮がなされていることは、注視されよう(29)。

4.　教育長養成プログラム質保証のあり方

上記の1から3の考察を踏まえると、効果的な教育長養成プログラムは、伝統的あるいはオルタナティブルートを取るにしても以下の基本的な視点、要素を共通認識して高める質保証(30)が必要であろう。実際2010年当時、ペンシルベニア州で教育長養成プログラムを開設している26の公立・私立の大学院（1つのオルタナティブルートを含む）においても差異が見られたのである(31)。

第1に、入学募集、選抜、入学についてである。ア. 人種、性別に関わらず高い資質のある志願者の積極的募集、イ. 入学のために活用される多面的な情報、ウ. 志願者の指導的スキルのための価値や教授・学習の知識を示す基準の存在、エ. リーダーシップ評価ツールあるいはインタビュープロセスを包含した入学プロセス、オ. 自己・他者推薦以外のプロセスも考慮に入れた入学方法、地方学区との協働体制。

第2に、プログラムの目標・哲学である。ア. 指導的リーダーの養成、倫理性、社会正義、変革的リーダーシップ、コミュニティとの構築とコミュニケーション、1998年、2008年ISLLC基準、その後の2015年NPBEA基準[32]のようなリーダーシップ基準導入の重視、イ. 課題に焦点をあてた明白なビジョン。

第3に、養成の核となるコースカリキュラム内容についてである。ア. マネジメントに焦点化するよりも効果的な教授・学習をサポートする教育的、指導的リーダーシップに焦点をあてたコース、イ. ケーススタディやフィールドワークの導入、ウ. 学校や学級で生じている実践的課題と連結したコースの重視、エ. 非伝統的なルート養成の履修単位時間や内容の検討、オ. コーホートモデルの活用[33]、カ. 教授・学習における情報の効果的活用、キ. 政治・社会・経済、法的問題にかかわるコース内容、ク. 協力的、協働的、省察的な実践重視のエビデンス。しかもこのような課題対応、実践を重視したカリキュラムは、現状ではむしろ現職教育長の職能成長機会（インダクション、メンタリング等）[34]にいくつかの州で実施されているのが現状である。

第4に、インターンシップ、実地体験の重視である。ア. 多様なグループの生徒、教職員との臨床実践、イ. 熟練のメンター（教育長経験者）による実効性のあるインターンシップ（期間、質）、ウ. コースワークと演習の適切な履修方法、エ. インターンシップ期間中、インターンに対する財源支援。

第5に、教育長養成（教育管理職養成）プログラム担当のテニュア教員の存在（少なくとも5-6人、教育長経験者含む）も考慮に入れる必要がある。

小括

本稿では、今日的教育長養成・免許資格構造の特徴を州間の同質性・異質性を踏まえながら、かつ、若干の歴史的経緯を捉えつつ探ろうとした。また教育長養成プログラム質保証をめぐる課題を提示した。

まずアメリカにおける教育長の養成・研修に着目すると、校長、教員の場合と同様、歴史的に免許資格と養成、研修、更新・上進制の連結が特徴的である。免許資格要件の特徴として以下の点を見出すことができる。

発行される免許状は包括的な行政免許状（通常教育長として裏書き）あるいは教育長固有の免許状である。また免許状の名称もlicenseのほか、certificate、credentialなどがあるが実質同一概念のように捉えられている。ペンシルベニア州のようにletters of eligibilityの名称も見られる。

教育長職に対して要求される学位は教育リーダーシップの単位を含む修士号以上であり、博士号を要求する州も14州存在し高度化しつつある。ただし代替として教育スペシャリスト学位（Ed.S.）を求める州が大半であり、かつ教育スペシャリスト学位相当が標準化しているといってよい。

教職経験と行政経験要求についてみると、教職経験重視の歴史的推移の中で、まず学校という教育実践の場を教員として経験し、その後学校管理職あるいは中央の教育行政当局で実務経験をするのが教育長としてのキャリアパターンである。この点、教育長免許資格としてインターンシップやフィールド経験の一つであるpracticumを規定する州は９州存在するに過ぎない。各州の免許規定に関わらず、各大学院の教育長養成プログラムにおいて職務実態に則したインターンシップの充実を図ることが期待される。

なお州によっては教育長独自のテスト（SSA）や州独自の教育長テストを要求する州も見られる。主に学校が直面する課題への的確な洞察力、具体的なエビデンスに依拠した合理的な解決方法を提示することを求めるケーススタディが見られるのが特徴的である。

次に教育長の継続職能開発として更新制（30州）、上進制（16州）を要求する州が存在する。その場合、主に州教育長会、アメリカ学校行政職協会などの専門職団体が州教育委員会とともに歴史的に重要な役割を果たしている。多くの教育長は専門職団体による継続教育を有用視する度合いが高くなっており、望ましい方策である。

さらに伝統的な大学院養成プログラムに対して民間による都市部のリーダーシップ養成が21世紀初頭にオルタナティブルートとして出現している。ただしどちらのルートを取るにしても、以下の基本的な視点、要素を共通認識して高める質保証が不可欠である。

すなわち、入学募集、選抜、入学についての公正性とともに、プログラムの目標・哲学、2015年NPBEA基準のようなリーダーシップ・スタンダードの重視、課題に焦点を当てた明白なビジョンである。また養成の核となるコースカリキュラムの内容として、協力的、協働的、省察的な実践重視のエビデンスが得られるような観点が一層望まれてくる。その際、インターン（レジデンシー）経験の際に受講者への経済的支援を考慮する必要がある。そのほか、教育長養成（教育行政管理職養成）プログラム担当のテニュア教員の存在（有能な教育長経験者含む）も無視できない。

〈注〉

（1） この2015（平成27）年中教審答申後、2016年４月から兵庫教育大学教職大学院にて教育長等教育行政幹部職員を対象とした「教育政策リーダーコース」（修士課程）を設置し、教員側が出張してのアウトリーチレクチャーなども行い、職務へのダメージが少ない修学形態を取り入れている。ただし全国で毎年350人ほどの新たな教育長が誕生する中で１大学のみの存在は、教育長等幹部職員養成のあり方としてわが国での検討課題であろう。

（2） Kowalski, Theodore J., McCord, Roberts S. and others, 2011, *The American School Superintendent- 2010 Decennial Study,* American Association of School Administrators, pp.18-19 . American Association of School Administrators, *The Study of the American Superintendent : 2015 Mid-Decade Update Summary of Findings.*

（3） American Association of School Administration, 1939, *Standards for Superintendent of Schools, A Preliminary Report,* 63pp. 1930年代の教育長養成研究として牛渡淳、1987、「1930年代末アメリカにおける教育長免許・養成制度の実態―全米学校管理者協会（AASA）による調査報告書の分析を中心に―」木村力雄編『日米教育指導職の比較史的研究』（科学研究費報告書）、pp.139-158。

（4） Baptist, June, E. J., 1989, *Public School Superintendent Certification Requirements*

(Doctoral Dissertation, Univ. of Virginia), UMI, 165pp.

（5） Massachusetts Department of Elementary and Secondary Education, 2016, *Overview of Administrator Routes to Initial Licensure 603 CMR' 700 and Guidelines for the Administrative, Apprenticeship / Internship and Panel Review Routes,* January p.23.

（6） Stinnett, T. M., 1967, *A Manual on Certification Requirements for School Personnel in the United States,* 1967 edition, p.19.

（7） 教育長スペシャリスト学位は、博士論文を要求されていない。大学行政幹部、州教育委員会や連邦教育省の専門職になるのに有用である。Mafuron, Sara, 2017, "What Is an Educational Specialist Degree?", *Houston Chronicle,* 22 May.

（8） Santiago-Marullo, Dawn A., 2010, *School Superintendent's Perceptions of the American Association of School Administrator's Professional Standards for the Superintendency, Their Relevancy of the Superintendency and Correlation to Pre-service Preparation of Superintendents,* (Doctoral Dissertation, Univ. of Rochester), UMI, pp.47–48.

（9） Baptist, June E.J., *op. cit.*, pp.23–25.

(10) Kowalski, Theodore J., 2013, *The School Superintendent : Theory, Practice, and Cases,* the third edition, Sage Publications pp.26–28.

(11) 熟練教員に対する高度な専門職基準を要求するNBPTSの近年の論稿は、藤本駿、2013、「全米教職専門職基準委員会（NBPTS）による資格認定システムの制度的位置づけとその課題」、アメリカ教育学会『アメリカ教育研究』第29号、pp.90–112。

(12) American Association of School Administrators, 1952, *The American School Superintendency* (30th yearbook), pp.380–381.

(13) Kowalski, Theodore J. and others, *The American School Superintendent-2010 Decennial Study, op. cit.*, p.119.

(14) Muno, Ava J., Mills, Shirjey, Whaley, Candora, 2014, "Disparity in the Superintendency", *Contemporary Issues in Education Research,* Vol.7–4, pp.269–278.

(15) American Association of School Administrators, 1952, *op. cit.*, p.408.

(16) Mo Date, T. and Drake, J. "Career Path Models for Women Superintendents, 1982, " *Journal of Educational Research,* Vol.75, No.4, pp.211–217.

(17) Cubberley, Ellwood P., 1922, *State and Country Administration,* Macmillan Com.

(18) American Association of School Administrators, 1952, *op. cit.*, p.404.

(19) ETS School Superintendent Assessment (6021) 66pp. (www.ets..org/sls)

(20) Texas Education Agency, 2018, *Texas Examinations of Educator Standards (TExES) Program Preparation Manual Superintendent (195)*, 91pp.

(21) Kowalski, Theodore J. and others, *The American School Superintendent-2010 Decennial Study, op. cit.*, p.132.

(22) US. Department of Education, 2009, *Race to the Top Executive Summary,* 15pp.

(23) Hackman, Donald G., 2016, "Considerations of Administrative Licensure, Provider Type, and Leadership Quality : Recommendations for Research, Policy and Practice", *Journal of Research on Leadership Education,* pp.44-67.

(24) Baptist, June E.J., *op. cit.*, pp.23-25.

(25) The Broad Academy, 2019, Welcomes a new cohort of education leaders, April.

(26) 宮崎安嗣、2014、「アメリカ教育長養成プログラムの動向」『中国四国教育学会教育学研究紀要』第59巻、pp.426-431。小松茂久、2012、「アメリカ現代地方教育統治の再編と課題—教育長職の理念と実態を中心に—」『早稲田大学大学院教育学研究科紀要』第22号、pp.91-104。

(27) Jackson, Barbara L., Kelly, Carolyn, 2002, "Exceptional and Innovative Programs in Educational Leadership", *Educational Administration Quarterly,* Vol. 38, No. 2, p.206.

(28) 1991年 4月、ハーバード大学教育大学院でウィリアム教授との面談による内容である。Harvard Gradate School of Education, the Urban Superintendent Program. 八尾坂修、1998、『アメリカ合衆国教員免許制度の研究』風間書房、pp.170-171.

(29) Harvard Graduate School of Education, 2018, Doctoral Programs, Doctor of Education Leadership (Ed. L. D.)

(30) 本稿での質保証の考え方は "高等教育機関が自らの責任で自学の教育活動等について点検・評価を行いその結果をもとに改革・改善に努め、これによってその質を自ら保証すること" である。質保証をめぐる課題ケースとして、八尾坂修、2019、「大学の教職課程における内部質保証・外部質保証をめぐる課題」『教師教育研究』東信堂、pp.109-124。

(31) King, Sue A., 2010, *Pennsylvania Superintendent-Preparation : How Has It Changed ?,* (Doctoral Dissertation, Section Hall Univ.), UMI, pp.79-81.

(32) 2015年以降は従来のISLLC基準からNPBEA基準が校長養成のみならず教育長養成におけるリーダーシップ基準として各州で参考にされている。National Policy Board for Educational Administration (NPBEA), 2015, *Professional Standards for Educational Leaders,* 27pp.

津田昌宏、2015、「資料及び解題 米国における教育上のリーダーの基準」『東京大学大学院教育学研究科教育行政学論叢』第36号、pp.129-147。

(33)　コーホートによる学習グループは教育行政コースの修士課程で50％、博士課程で80％実施している状況にあるが、コーホートのメリットとしてプログラム修了率の高さ、専門職ネットワークの構築が挙げられる。ただし数人の優秀なメンバーの影響を受けやすく、メンバー間の緊張やマイナスの人間関係 が生じやすいとの指摘もある。Jackson, Barbara L., *op. cit.*, p.196.

(34)　１年目教育長に対してメンタリングシステムを導入している州は少なくとも20州存在するが、参加が自主的の場合が多く、しかも実施プログラムの形態も異なる。Tina, Woolsey, 2013, *A Study of the Mentoring Program for First Year School Superintendents in Missouri,* (Doctoral Dissertation, Saint Louis Univ.), UMI, pp.56-59, pp.75-77.

第５章　教育長の離職の構造と インダクションによる職能開発

八尾坂　修

はじめに

近年新任教育長が数年で職を離れる離職（ターンオーバー、turnover）は、当該学区にとって様々な視点からネガティブな影響を及ぼすことからして、州・学区教育委員会の人事政策において悩ましい課題である。

各州は教員や校長の職能成長機会のみならず、特に21世紀に入って教育長の職能成長の機会を図りつつある。しかしながら新任教育長のための導入研修を意味するインダクション（Induction）は多様な形態である。体系的に構造化されたインダクションプログラムのもとで、教育長の社会的役割の促進、リーダーシップ能力の向上、教育長キャリアの定着、学区教育政策改善への期待が大きいのも事実である。

このような課題意識のなかで、本稿では以下の点から考察を行う。

まず、教育長の離職の状況はどのような状況にあり、離職のもたらすネガティブな影響を捉える。そして教育長離職の構造要因の複合性を代表的な研究成果に依拠しつつ探ることにする。

次に、新任教育長を含む現職教育長の研修機会はどのような状況にあるかを教育長職能団体や歴史的に教育長職（教育行政幹部職）の養成・研修の充実に貢献してきた先導的な大学のプログラムの特徴について検討する。

さらに、教育長の職能成長の機会は、免許資格の更新・上進制と連結している場合が多いことから、新任教育長のインダクションと免許資格が連結しているマサチューセッツ州、テキサス州、ケンタッキー州のケースを探ることにする。とりわけケンタッキー州については、インダクションカリキュラムの体系的な内容、コーチやメンター等による協働的サポート体制、リーダーシップ基準（スタンダード）に基づくエビデンス重視の評価システム、実施方法としての対面式とともにオンライン活用など、他州への波及効果も高いと考えられることから具体的な検討を行うことにする。

1. 離職の推移と主たる要因

(1) 離職の推移と弊害

現在の職を離れることを意味する離職は他職等への異動（move）と、職を辞する（exit）側面がある。ナトキン（Natkin, G.）らの研究によると学区の位置や規模にかかわらず、学区教育長は平均6－7年の在職期間であるが、1970年中頃以降約1年低下したと[(1)]指摘されている。

しかし、このような平均在職期間にもかかわらず、一つの状況への合意が研究者間で見られる。つまり都市教育長の在職期間は郊外や村落学区より短いという事実である。大都市学校協議会の調査によれば、在職期間は都市部の学区で3年、郊外の学区で6年である[(2)]。加えてグリソムとミタニ（Grissom, J. A. and Mitani, H）のミズーリ州を対象とした20年に及ぶ研究（1991年度－2009年度）によれば、学力テストスコアが低い学区はそうでない学区よりも離職がより高くなっている。ただ驚くべきは、最も学力の低い学区は高い離職率を経験していないのであった[(3)]。

そのほかに州事例として、1991年当時のニューメキシコ州の教育長85人のうち35人が空席であり、ジョージア州では186人の教育長のうち102人が3年以内に離職していたのである[(4)]。

このように教育長の雇用継続（retention）は安定性と改善を求める多くの学区にとって重要な目標である。教育長は学区の“首長”であり、学校システムの明確なビジョンや目標を持ち、これらの目標を達成するために、支援的環境を築くこと、人事や教育プログラムの評価、十分な資格を持つ教育関係者や指導者の雇用、効率的、効果的に学区財政をマネジメントすることに責任がある[(5)]。

教育長の離職は、学区マネジメントの崩壊、職員のモラール、学区業務の財源、コミュニティ・サポートの低下、学校風土、生徒の学力への悪影響を及ぼすことが指摘されている。しかも教育長の辞職は進行中の学区改革努力を離脱させてしまうとともに、新たに教育長を選任することのコストは新たな財源を引き出すことになる(6)。

このようなネガティブな影響は教育長職の回転ドア（revolving door）についての関心を喚起させるが、特に離職がより頻繁に大規模学区で生じるのである。

(2) 離職の構造要因―複合性―

このような弊害が指摘されるなか、この領域の研究は主に小規模で限定的な質的研究であった。しかしグリムソンとアンダーソン（Grimson, L. A. and Anderson, S.）の研究はカリフォルニア州を対象として、教育長自身と教育委員会からの離職に関わるデータを活用して、離職の要因を学区と教育長自身の要因から構造化し、立証したことが画期的と評価されている(7)。以下、典型的な研究調査に依拠しつつ、離職の要因を探ることにする。図表1は教育長の離職に関する4つのカテゴリーであり、「学区の特徴」、「教育委員会の特徴」、「教育長の特性」、「教育長の職務遂行能力」の特徴から構成される。実際はこれらのカテゴリーは複合的に関係する。まず学区の特徴から捉えてみる。

①学区の特徴

学区の観点からの離職は学区側（雇用者）と教育長側（被雇用者）の双方から生起する。一般的には“不満論理”に基づき学区教育委員会が教育長を在職継続させるかの決定に意を払う。この点、コミュニティメンバーが教育長に不満を持つようになり、教育長を更迭するため教育委員会に政治的圧力を駆使することが教育委員会の決定要因ともなる。

しかし教育長自らの離職希望は、頻繁に生じることもある。例えばビルド（Byrd, J. K.）らの研究はテキサス州の教育長の62.5%がよりよい専門性雇用機会（professional advancement）のため自ら学区を離職することを報告した(8)。この見解から学区の特徴は重要な要因である。つまり現在の学区に滞まるか去る

図表１　教育長離職の構造

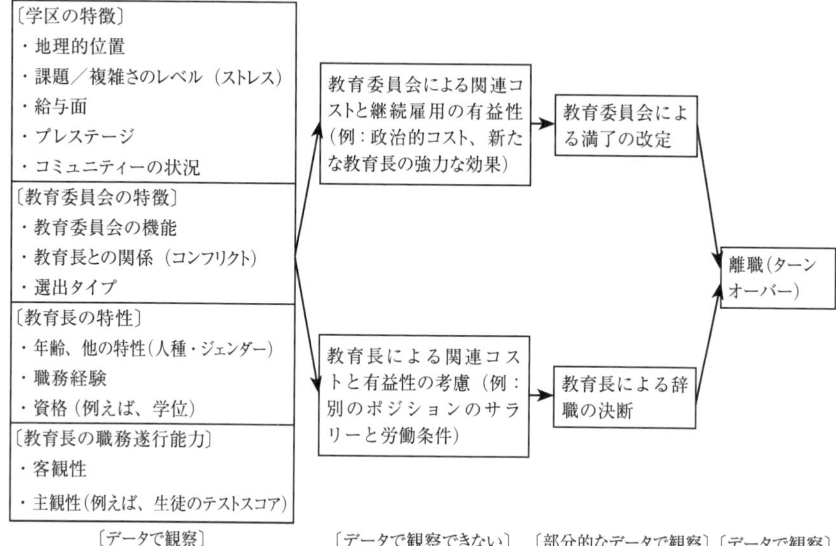

（出典：Grimson, L. A. and Anderson, S.（2012）“Why Superintendent Turn Over,” *American Educational Research Journal*, 49（6）, p.1152に基づき作成。）

かの二者択一に伴うことの対価や利益、つまり労働条件が左右する。また教育長のストレスや学区の地理的環境も左右する。特に村落地区の学区では専門的孤立の感情が離職を促進するとの研究もある(9)。他の離職の要因は教育長の職務課題環境の困難さと複雑さに帰因する。つまり財政的に逼迫している学区、不利益な家庭環境の生徒が多い学区が該当するのである(10)。

パーカー（Parker, P.）によるテキサス州における教育長離職の研究によると、給与とプレステージ（威信）が重要な要因であると報告する。また学区規模とプレステージは密接に関係しているかも知れない。大規模学区とプレステージは密接に関係している一方、多くの課題を抱える大規模学区は離職を促すことになる。また給与の上昇と離職は内生的な場合もある。なぜなら伝統的に高い離職率の学区は、教育長を引き留める手段として高給を支払うかも知れないからである。そのため教育長の給与の高さと離職の関係は、相関がないケースもある[11]。

ただし教育長が異動を希望している学区が現在の学区よりも処遇面で良好な場合、自発的な離職を促すこともある。同時に他の学区が様々な学区での職務経験を有する教育長の雇用を希望している場合も離職に影響を与えることもある[12]。

②教育委員会の特徴

教育委員会と教育長の関係がしばしば離職の要因であることは驚くべきことではない。教育委員会は法令上教育長の雇用者であり、監督者でもある。両者は学区政策を創るために協働する立場にある。教育委員会のメンバーとの関係悪化が研究者側で指摘されている。

この悪化は教育長と教育委員会とのコンフリクト、教育委員会メンバーの非協力な職務上の課題を包含する。

教育委員会と教育長との良好な関係は例外よりも一般的なエビデンスであるにもかかわらず[13]、教育委員会とのコンフリクトが教育長辞任（exit）への重要な要因であることも質的な研究において支持されている。ネブラスカ州とサウスカロナイナ州で、教育長職を辞したケースでは、教育委員とのコンフリクトあるいは不当な干渉が半数以上の回答者の反応であった[14]。

このような教育委員会内部でのネガティブな緊張関係は、教育長の進退の決定とともに、教育委員会側が教育長の継続有無の決定という両者に影響を与えることを意味する。

③教育長の特性

教育長自身の個人的特徴もまた離職に影響を与える。この点についての研究は少なく、また研究者によって賛否があるのも事実である。人種やジェンダーのような個人的要因が離職の要因でもあるケースもみられるが[15]、退職年齢が辞職の一般的理由でもある。またナトキンらの研究によると、より上位の学位を持つ教育長は離職の意思は低いとの指摘例もある[16]。ただし教育長の資格や豊富な経験は“定着”と外部からの“誘引”の両方を有する。都市行政幹部職の例であるが、より高い学位を所持しても離職しようとする傾向は低く、また地元出身者の場合、外部出身者よりも長期在職の傾向がある[17]。

さらに、スミス（Smith, R. L.）の博士論文（2019年）では、“健康や家庭関係”も強力な離職要因であると指摘する。ケンタッキー州ではほとんどの教育長は240時間（1ヵ月）勤務であるが、実態に則しておらず、ワーク・ライフ・バランスを考慮しなければならないとする。コロラド州の学校管理職協会の報告では、教育長は一週間に80時間以上の執務時間であると報告する。しかも連邦や州からの外部要因のストレスも加わって、ストレスを加速し、離職を誘引すると指摘する[18]。

④教育長の職務遂行能力

教育長離職をもたらす最後の要因として職務遂行能力がある。教育長が職務を十分に遂行できているかどうかが、教育委員会と教育長自身の雇用継続の判断に関係する。成果の上がらない教育長はコミュニティや教育委員会の不満を生み出しやすく、教育長を継続させない機運を醸し出す。教育長側から見れば暗雲である。

また高い能力と離職志向は必ずしも相関しないとされるが、より高い能力を持つ教育長は他の学区からの勧誘が増加し、自らの学区を去ろうとする傾向がある。少なくとも短期的には教育長の能力が生徒のテスト成績に影響を与える仮説を疑問視するが、今日のテスト結果を基盤としたアカウンタビリティ時代には、一つの離職の方向性となり得る[19]。さらに先述の3つのカテゴリーとの関連も無視できない。低い能力の教育長の場合、教育委員会内部あるいは教育委員会と教育長とのコンフリクトの原因と影響を生起させる可能性がある。さらに高いレベルで職務を遂行できる教育長の場合、学区環境や自らの資格が機能することもある[20]。

以上の点を摘録すると、教育長の離職は単にコミュニティや教育委員会との関係からではなく、図表1で示した多数の複合的要因が作用するといえる。

2. 教育長の職能成長の機会

新任教育長を含む現職教育長の職能成長の機会は、通常、免許状の更新・上進制と連結して大学での単位取得や州・学区主催の研修会と連結している。その際、学区主催の研修会は、アメリカ学校行政職協会（American Association of School Administrators : AASA）の州支部と連携して実施される場合が多い。以下、主に今日まで継続して実施されているいくつかの職能団体〔下記（1）、（3）の一部〕や大学による典型例〔下記（2）、（3）〕、さらに州免許資格と連結した義務的インダクションを中心に取り上げることにする。

(1) コネチカット学校変革センター（Connecticut Center for School Change）

このセンターは、2001年当初ハーバード大学教育大学院のエルモア（Elmore, Richard）教授がアドバイザーとなって、指導ラウンド（instructional round）という教育長ネットワーク（専門学習コミュニティ）による学校の授業観察を実施してきたことで有名な教育ネットワークを構築している。その目的は、一つは大規模な指導の改善を導くため教育長の知識とスキルを開発すること、そしてもう一つは、教育長が各自の担当する組織とシステムにおいて、生徒の学習という核心となる目的に焦点を当てられるようなサポートをすることであった[21]。システムの成功は生徒の成功という発想である。メンバーである教育長（12人～24人ほど）がこのネットワークを価値あるものと感じていることは、90％の出席率、継続した参加から裏付けられる。財政面でのサポート体制もあり、年会費は2,700ドル～4,000ドルである。

メンバーはこの指導ラウンドのほか、組織の改善に導く方法についての学習セッション、ハーバード大学と協同企画した集中リーダーシップ講習会にも参加しており、相互に専門的な結束を高めていると評価されている[22]。

(2) ハーバード大学による試みと現在

21世紀当初からハーバード大学の大学院が中心となって教育長職能成長プロ

グラムを実施しているが、今日まで継続している代表例の一つとして、ハーバード大学ビジネススクールが中心となって実施しているPublic Education Leadership Projectがある。夏季集中コース（2020年は7月6日～10日の4日間）であるが、参加メンバーは、1学区1単位（都市部の教育長と教育行政職の8人メンバー構成）ごとにチームで学区に直面する諸問題を解決し、組織変革を導き支援する、ビジネスマネジメント・アプローチが活用されている。費用は1チームごとに32,000ドル（一人当たり4,000ドル相当）である。

もう一つは、ハーバード大学教育大学院が実施しているHarvard Institute for Superintendents and District Leadersである。2019年11月10-12日の3日間（一人当たり3,175ドル）。このプログラムの前身は2002年当初、Superintendent Leadership Program（SLP）である。ウォレス財団から5年間の財政支援のもと、ケネディ政治大学院が中心となって教育大学院との連携によって実施した。12人の都市教育長を対象として当時3カ月ごとのミーティング、2度にわたる全日のワークショップ、またハーバード大学教員による年6回の学区訪問によるコーチング（コンサルティング）が提供されており、参加者のネットワークにもつながり、効果的であったと指摘されている(23)。

今日では上記2つの大学主催のプログラムは、短期集中的に実施され、教育長のみならず、教育行政幹部職員も参加する形態となっているのが特徴である。

(3) コロンビア大学ティーチャーズ・カレッジの試みと他州への波及

今日の新任教育長のインダクションプログラムの先導モデルとなったプログラムとして、2002年度と2003年度の2年間にわたりオール（Orr, M. T.）が中心となり、メリル・リンチ（Merrill Lynch）財団の支援のもとコロンビア大学ティーチャーズ・カレッジで行った、Leadership Development Programme for New Superintendentがある。

プログラムの目標は、①教育長の社会的役割を一層促進すること、②教育長のリーダーシップ能力を高めること、③教育長キャリアを定着させること、④学区の教育改善効果を高めることにあった。教育長自身の職能成長と学区の進展を意図していることがわかる。

プログラムの構造の要素は主として、図表2で示すように①テーマ別セッション、②協働探求セッション、③省察の機会、④個別学習活動、⑤アクティブ・ラーニング、⑥特定課題（ワーク・ライフ・バランスなど）から構成されている。これらのプログラムは年5回の週末（金～土）セッション、夏季1週間の講習会を通して行われるが、参加対象者は教育長経験（0～2年）の6人の若手教育長が参加していた。参加者はジェンダー(男女各3)、人種（5人の白人、1人アフリカ系アメリカ人)、学区の規模(家庭の貧困状況含む)、州(東部のコネチカット、ニュージャージー、ニューヨーク、ロードアイランドの4州）において多様な社

図表2　新任教育長セミナーシリーズの核心構成要素

〔構成要素〕	〔内容〕
①テーマ別セッション	〔ア.教育長としてのリーダーシップ、イ.学区とコミュニティ文化、ウ.価値、権限、政策、および予算プロセス、エ.主体的学習、オ.チーム構築、リーダーシップチームと教育委員会、カ.様々なリーダーシップ統合〕
②協働探求セッション	〔ア.定期的に実践問題について構造化した議論、イ.最新状況と進捗、ウ. 行動学習プロトコルの活用〕
③省察の機会	〔ア.学習、リーダーシップ、およびチーム形成についての自己評価、イ.学習基準に基づく定期的評価、ウ.セミナー省察、エ.目標設定、オ.自己のリーダーシップ成長の確認〕
④個別学習活動	〔ア.雑誌への執筆、イ.地元のメンタリング活動、ウ.年間プロジェクト、エ.予備的活動、オ.関連文献リーディング〕
⑤アクティブ・ラーニング	〔ア.リーダーシップ行動発揮、イ.コミュニティと学区政策構想、ウ.実地学習、エ.学区生徒学習能力、オ.組織資源や目標の分析、カ.個人目標と学区目標の計画的分担〕
⑥特定課題	〔ア.教育長のリテラシー能力、イ.教育長とメディア対応、ウ.ワーク・ライフ・バランス、エ.教育長職キャリアについての省察〕

(出典：図表2、図表3は、Orr, M. T., 2007, "Learning Advanced Leadership-Finding from a Leadership Development Programme for New Superintendent," *Educational Management Administration and Leadership*, Vol.35.(3), p.333, p.343に基づき筆者が作成。)

会的背景を有していた。また学区のすべてが低学力の子どものいる学区で、しかも学区のなかには州の評判の低い学校も含まれていた。

このプログラムは、自己ニーズ学習、同僚協働学習、専門家（メンター等）との関わりを開発したとされ、プログラム内容、プログラムの個人的成果、学区改善成果をもたらすとして、アメリカや他の地域においても通用する若手（新任）教育長の職能成長モデルと考えられている（図表3参照）[(24)]。

このようにオールが考察した教育長のリーダーシップ開発を志向したプログラムは、特に新任教育長、すなわち教育長として初めての経験者（beginning）と他州で教育長として経験ある（incoming）対象のインターンシップあるいはメンタリングプログラムへと波及している。

例えばオレゴン州では、オレゴン学校行政職連合（Confederation of Oregon School Administrators : COSA）がCOSA会員に対し“New Superintendents Academy”（NSA）を年間スケジュールでワークショップを6回実施している（2018年7月〜2019年6月、1回につき2日間（金）の夕方から（土）の昼あるいは1日）。「教育長の役割」から始まり、「タイムマネジメント」、「バランス感覚ある責

図表3　新任教育長セミナーシリーズの概念図

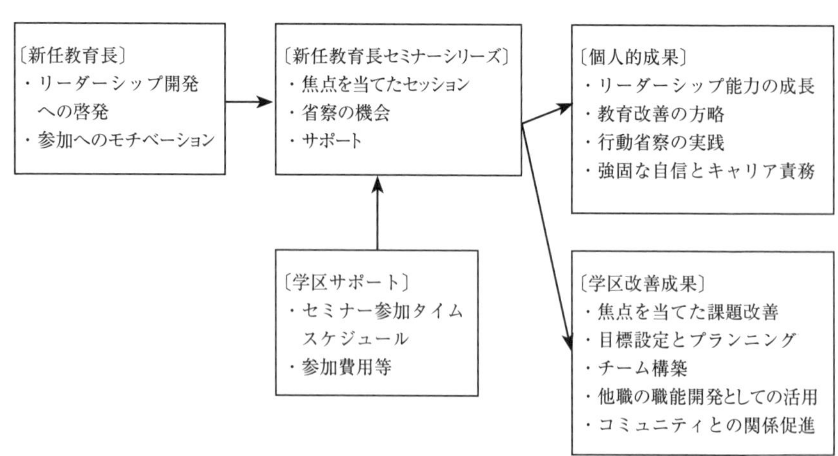

任」、「教育資源の効果的活用」、「教育長としての最初の100日」、「雇用契約」、「学区予算」、「団体交渉」、「教育委員会と教育長のガバナンス」、「地域とのコミュニケーション・チャンネル」、「公正な文化構築」、「公正的リーダーシップ」、「学区戦略計画」、「プログラム評価と2019－20年度計画の議論」など、即戦課題に対応したワークショップである。経験ある教育長からフィードバックもある(25)。

またニュージャージー州でも、ニュージャージー州学校行政職協会（NJASA）の学校行政職レジデンシープログラムの重要な要素として、“New Superintendent Academy” が開催されている(26)。受講者には、セッション選択メニュー方式（6選択、例えば「リーダーシップスタイルと自己評価」、「障害のある生徒へのサービスとサポート」、「財務管理」、「人事管理」、「団体交渉」、「州教育委員会の長や幹部との交流」、「職能団体との交流」、「カリキュラム、指導、評価」などから選択）が採られており、しかもメンターとの協働体制が講じられているのが特徴である（2018年－19年度８月から翌年５月まで９回）。

上記の新任教育長のためのプログラムは、教育長の自主的参加が基本である。これに対し、以下に検討するマサチューセッツ州、テキサス州、ケンタッキー州は、新任教育長の免許資格との関わりでの“義務的職能開発プログラム”である。とりわけケンタッキー州のインダクションプログラムは、管見の限り、体系的に構造化されており今後の注視の対象モデルである。

(4) マサチューセッツ州　New Superintendent Induction Program

マサチューセッツ州は、教育長免許状として、初期教育長免許状（Initial Superintendent license〔５年有効、更新不可〕）と専門教育長免許状（Professional Superintendent license〔５年有効、５年ごとに更新〕）を発行する。この教育長専門免許状は、教育長あるいは教育次長として初期教育長免許状を所持し、1年間のインダクションプログラムをメンターの指導のもとで修了することが求められている。なお、他州からの参入の新任教育長はインダクションが奨励される(27)。

インダクションプログラムの実施は各学区に任されているが、教育長のインダクションについては、マサチューセッツ州初等・中等教育局、マサチューセッツ州学校教育長協会（Massachusetts Association of School Superintendent）との協働により、2001年に端を発する、New Superintendent Induction Program（以下、NSIPと略）が実施されている[27]。

このNSIPは模範となる実践、メンタリングにとどまらないベテラン教育長からのコーチング、参加者教育長同士（コーホート）の積極的な協働の機会の提供を図る。それとともに教育長自ら教授・学習に焦点を当てた戦略ビジョンを生徒の学修成果に変容させ、しかも学校段階の実質的、現実的な変革を促進し得る指導的リーダー（Instruction Leader）として成功することを主眼としている[28]。

つまりこのNSIPは生徒の学力改善（Improved Student Achievement）を中核に捉え、行動の理論（Theory of Action）[29]に基づき、以下の観点を修得する。

・戦略的思考と行動

・継続的改善のためのデータ収集とフィードバック

・厳格な評価と説明責任の慣行を開発

・有意義な会合と実践観察の計画

・緊急性と最重要性に焦点を当てたシステムの確保

・行動の理論、根本原因分析、SWOT分析（swot analysis）[30]の適用

・他者、特に校長への権限委譲

このNSIPは1年目8日間の戦略的行動ワークショップとともに、12日間のコーチングを受けるのが特徴である。また2年目、3年目も設定されているが、ワークショップとコーチングの日数は減少する（2年目ワークショップ5日間、コーチング12日間半日、3年目ワークショップ4日間、コーチとの地域会合4日間）。ただし1年目以降も学区改善戦略を成功裏に収め、評価するためのコーチングや協働学習の機会が確保・奨励されているともいえる。このNSIPプログラム終了後もNSIP参加者の同僚やコーチとの交流は貴重であるとの報告がなされている。

(5) テキサス州のFirst-Time Superintendents Academy

テキサス州は教育長になるために教育長免許状（Superintendent Certificate）を要求する。この教育長免許状は５年間有効で、更新要件として200時間の職能成長を要求する。取得するには修士号取得、３年間の行政経験（少なくとも人事管理、学区教育政策、予算編成）、あるいは校長経験、テキサス州教育局認定教育長養成プログラムを修了するとともに、テキサス州教育長免許試験（TExES）に合格する必要がある。しかも特徴的なのは、初任（First-time、他州からテキサス州へ初めて参入する教育長を含む）教育長へのインダクションとして1年間のメンターシップが要求されていることである。このメンターシップは明確なスタンダードに基づき最低36時間の職能成長を含み、雇用後18カ月以内に修了する必要がある[(31)]。

このような教育長免許要件のもとで実施しているのが、テキサス学校行政職協会（Texas Association of School Administrations, 以下、TASAと略）主催による初任教育長のためのFirst-Time Superintendent Academy（以下、FTSAと略）である。このFTSAの開始は1990-91年度であり、過去30年間の歴史がある。以下に2018-19年度のFTSAの概況を捉えてみると、8月から翌年２月まで４回のセッション（各２日間）があり、しかも１月にTASAの州研究集会（Midwinter Conference）への参加機会もあり、参加者のネットワーク化が図られている。年間スケジュールの導入は、先述のオレゴン州やニュージャージー州と同様であるが、新任教育長は４回のセッション時期のいつからでも参加可能となっている[(32)]。メンバー参加費は各セッションごと275ドル、4セッション全体795ドルであり前述の大学主催に比較して低額である。

・セッション1　2019年7月31日-8月1日

「テーマ：当該学区、コミュニティ、教育委員会の構造ダイナミックス理解」（学区財政状況の評価含む）

・セッション2　2019年9月4日-5日

「テーマ：リーダーシップの確立と変革推進」（当該学区ニーズ把握、最も有効な教育委員会の実践、教育長評価のための支持的エビデンスに基づくポートフォリ

オの取り組み）

・セッション3　2019年11月6日-7日

「テーマ：州・地方レベルの発信」(90日計画の自己評価、教育長契約論点、教育長評価方法、コミュニケーションによる危機マネジメント、ポートフォリオ作成継続）

・セッション4　2020年2月19日-20日

「テーマ：当該学区の戦略方向性」(財政、学校変革、教育長としてのビジョンと方向性設定）

なおこのFTSAにおいては、このセッションと1日の州研究集会との関わりでメンタリングが年間を通して行われており（年間12回、そのうち6回はメールか電話でも可)、先輩教育長の1対1メンタリングを通して学区課題解決、リーダーシップ能力向上のサポートがなされているのである。

3. ケンタッキー州における先導的インダクションプログラム

ケンタッキー州教育者（Kentucky Department of Education, 以下、KDEと略）は教育長にProfessional Certificate for Instruction Leadership（指導的リーダーシップ専門免許状、レベル2）を求めるが、その要件として修士号取得に加え、30時間の学校行政プログラムの履修を求める。この専門免許状の有効期間は5年であるが、新任教育長として最初の1年目に導入研修としてのインダクションを受講することが義務づけられている。先述のマサチューセッツ州やテキサス州と同様である。

しかしながらケンタッキー州の場合、1990年に成立したケンタッキー教育改革法（Kentucky Education Reform Act, 以下、KERAと略）[(33)]のもと州主導のインダクションを実施し、当初はその履修成果として筆記試験をも実施していた。しかし公選制学区教育委員会制度のもとで学区リーダーのニーズを反映したインダクションプログラム改善の判断のもと、2011年に新たなインダクションプログラムが開発され今日に至っている。教育長固有のプログラムが体系的に構造化され、画期的な試みと評されている[(34)]。

またインダクション開発の背景には、やはり教育長の離職も問題視されていた。2012-2015年度の3年間において、ケンタッキー州173人の学区教育長の半数以上が離職していたのである。2017-2018年度は162人の教育長の80人は現在の学区で3年以下の経験であり、9つの空席ポストが残されている状況にあった。まさに新任教育長ができる限り迅速に効果的に職務を遂行できることが最優先課題であったのである[35]。

ケンタッキー州の全新任教育長（1年目）対象のインダクションプログラムは「次世代リーダーシップシリーズ」（NxG Leadership Series for Onboarding New Superintendents）と呼称されている。ケンタッキー州教育省（KDE）との連携のもとケンタッキー州学校行政職協会（Kentucky Association of School Administrators, 以下、KASAと略）がケンタッキー州修正法156.111項に基づきインダクションを提供する唯一の機関となっている。

以下、このインダクションプログラムの特徴を次の視座から検討することにする[36]。(1)プログラム構造デザイン、(2)プログラムの構成メンバーとしてのILPチームの役割、(3)新任教育長専門学習の内容、(4)基準（スタンダード）に基づくパフォーマンスの評価、(5)インダクションプログラムへの評価

(1) インダクションプログラムの構造デザイン

プログラムはベテラン教育長、KASAスタッフ、大学の代表者から構成されたチームが「学習到達度パートナー(Scholastic Achievement Partners)」と「教育リーダーシップ国際センター(International Center for Leadership in Education)」の支援を得て作成されたものである。しかも継年的に改善していくモデルとなっており、次の図表4に示すように運営上の見直しが図られてきた[37]。

インダクションプログラムの構造デザインとして次の5つの観点を指摘できる。

①研修の手引きとして当該研修に提供される教育長および学区のプロフィールデータ。

②新任教育長、エグゼクティブリーダーシップコーチ(3名)、メンター(10名)

図表4　個別学習計画(ILP)チームメンバー調査からの要望情報の要約

主要な結果	情報源	成果（見直し）
・新任教育長は、教育法、財政、教育委員会政策、教育委員会関係の領域で追加的なカリキュラムを必要と述べた。	・新任教育長グループ	・要望トピックスは全域のカリキュラム記録やeブックの中に加えられた。
・メンターはメンタリングプロセスを改善する方法について他のメンターと研修することのニーズと同様に、新任教育長を援助する方法についての研修を必要としていると述べた。	・メンター調査	・ニーズのある領域における研修期間が新任教育長や他のメンターとのワークセッションに含まれることになった。 eブックにメンターの職務を促進するための章が設定された。
・すべてのステークホルダー(関係者）は新任教育長のタイムスケジュール、トレーニングスケジュールについて多くの情報を要求した。	・すべての関係者グループ	・すべての関係者の役割に関係した項目を含んだスケジュールカレンダーがeブックの中に含むことになった。
・すべての個別学習計画（ILP）チーム相互の職務を理解していないため、コミュニケーションが必ずしも有効でなかった。	・エグゼクティブコーチグループ	・すべてのチームメンバーは、オンラインコミュニティであるConnect KASA.Orgを利用する。すべての個別学習計画、チームのメンバーはこれを使うことによっていつでも、どんなタイプの機器によってもコミュニケーションできるようになる。また他の役割グループメンバーと協働することも可能となる。
・教育委員会リエゾンは自分たちがどのように選ばれ、どんな役割を任されているのか必ずしも知っていなかった。	・教育委員会リエゾングループ調査	・教育委員会メンバーの目的と役割を説明するのを助けるために特定の義務と責任を認めた1章を設定した。

（出典）Strong, Ronald A. and Caldwell, Rhonda K, 2015, *A Guide to Kentucky's Next Generation Leadership Series for Onboarding New Superintendents,* p.11から筆者が作成。

としての教育長および教育委員会リエゾン（連絡コーディネーター）から成るチームが作成した個別学習計画（Individual Learning Plan: 以下、ILPと略）。

③「30－60－90」日計画、学区改善計画、学区財政および学区政策から成る新任教育長関連文書に直接関わる評価（assessments）。これらの文書はeポートフォリオに収集され、初年時終了時の総括学習プレゼンテーションの際にILPチームの拠り所となるものである。

④新任教育長に向けたILPからのカスタマイズされた学習とリソースの適宜提供の双方を円滑に進めるオンライン形式による多様な学習モジュール。

⑤ILPに記載された具体的な目標とインダクション期間を通じて提供されるガイダンスを含む、研修と評価を実施するエグゼクティブコーチングとメンターシッププログラム。

新任教育長は、上記の研修修了時には成果物と能力（proficiency）実証のための評価表一式をKDEおよび雇用主である教育委員会に提出することになっている。しかも教育長免許の維持のため、就任から２年以内にインダクションを終了する必要がある。

(2) 構成メンバーとしてのILPチームの役割

上記（1）構造デザインの②で示したように、ILPチームの役割がケンタッキー州インダクションの特徴である。ILPチームは、新任教育長に対し、最も必要となるサポートや、激励、ガイダンスを行っている。このチームは学区の現在のニーズを検討し、新任教育長が実施している意思決定プロセスに合わせて修正可能な柔軟性のある改善計画の策定をサポートする。各構成メンバーの職務は具体的な職務内容（job description）に記載され、要件を満たすものでなくてはならないのである。

①エグゼクティブコーチの役割

まずエグゼクティブコーチは、ケンタッキー州で自らが所属する学区のコーホートメンバーの一部を監督する。各コーチはインダクションプロセスにおいて、最大８人までの新任教育長とそのメンターそして教育委員会リエゾンを指導する。コーチの職務は広範囲にわたっており、各新任教育長やインダクションプログラムの成功にとって非常に重要な役割を担っている。

このことからエグゼクティブコーチは最高レベルの資格（credential）を有し、指導的立場で公教育に積極的に関与し続けている元教育長である。

なおエグゼクティブコーチのディレクターがコーチの研修や育成、日々の業務を監督する立場にある。

②メンターとしての役割

次にメンター新任教育長が初年度を成功裏に終えられるよう指導する責任を負い、継続してサポートを行い、適宜教育を施す役割がある。メンターは定期的に新任教育長に会い、密に連絡を取り合うとともに、エグゼクティブコーチに年４期（10月1日、1月1日、4月1日、7月1日）にわたって職務状況を報告する義務がある。

メンターはボランティアという立場で働くベテランの教育長であるが、必修の研修プログラムの履修を義務づけられている。この点メンターはメンティである新任教育長に対して、メンターが行いたい指導をするのではなく、メンティの要望を踏まえた支援になるよう心がけが必要である。また積極的な言葉がけでメンティを励ましたり、率直なフィードバックによって、メンティの気づきを喚起するコミュニケーションチェックが不可欠なのである。

③ILPコーディネーターのマネジメントの役割

またILPコーディネーターは、参加者（新任教育長）がILPを作成し、プログラム終了時に総括学習のプレゼンテーションを行う際に参加者を監督する等、ILPチームのマネジメントにおいて重要な役割を果たす。コーディネーターはあらゆる組織や部署と協力して、新任教育長がメンター、エグゼクティブコーチ、教育委員会リエゾンや現職教育長とのチームワークによって、無事にプログラム完了できるように尽力する役割があるわけである。

④教育委員会リエゾンの役割

最後に教育委員会リエゾンは、新任教育長の一員として各新任教育長により選出される。このメンバーは、地元の教育委員会と新任教育長とのリエゾンの役割を果たし、学区のニーズを反映したガイダンスや指示を与え、新しいリーダーがその学区に溶け込めるように尽力する橋渡し役といえる。

(3) 学区課題を踏まえた専門学習（professional learning）

新任教育長のための専門学習についてみると、知識を基盤とした職務への適応能力に焦点を当てていることがわかる。教職員やプログラムディレクター、サポートスタッフ、KDEチームのメンバーが、就任1年目の教育長の知識基盤強化の為に欠かせない情報を共有することによって、プログラムのサポートを行うのである。

注目すべきは、教職員メンバーはある特定分野もしくはコンテンツ領域での実績があり、そうした専門分野や専門の知識に基づいて選ばれている点である。彼らはケンタッキー州のトップレベルの教育指導者であり、多くの尊敬を集め、卓越した学区や組織のリーダーを務めている。この教職員メンバーが最高レベルの教育歴を有し、受賞経験もあり、新任教育長の専門学習を促進するうえで模範となる人々から構成されているのが特徴的である。

この点、インダクションプログラムのカリキュラムは、「ケンタッキー州教育長の職能成長と有効性システム（the Kentucky Superintendent Professional Growth and Effectiveness System : SPGED）に沿ったものであり、法令（KRS 156.111）の要件を満たしている。核となる運営スキル、強固な知識基盤、新たな喫緊の課題が実施期間を考慮しつつ、下記のカリキュラムの枠組み[(38)]に組み込まれていると考えられる。教職員メンバーによって提供される専門学習は、新任教育長が自らのリーダーシップビジョンを拡大・改善し、必須スキルを磨き、最も切迫した学区課題に対処し、最重要目標を達成する手助けをすることを意図しているといってよい。

〔新任教育長インダクションカリキュラム〕

1. コミュニティへの関与・協働	8. リーダーシップの資質：人間性
2. コミュニケーション（7・9・10月）	9. 組織文化（12月）
3. 教育に関する法律および政策（10・1・3月）	10. 計画、分析およびマネジメント（7・12月）
4. 倫理および価値観	11. 学校および学区のガバナンス（7・12月）
5. 財務および予算策定（7・9・10・12・2・3・6月）	12. 戦略プランニングおよびビジョン（7・12月）
6. 人事システムと手続き	13. 教育長と教育委員会の関係（7・12・3月）
7. 指導的リーダーシップ（9月）	14. 緊急課題への対処（10・12月）

(4) 基準ベースのモデル（Standards-based Model）の活用

まず教育行政としての専門職基準変遷の推移を見てみよう。1993年アメリカ学校行政職協会は教育長職としての専門職基準（Professional Standards for the Superintendency）を開発したが、後述するケンタッキー州の教育長を導くためのKASA有効性基準の基盤となったとされる。

その後20世紀の転換期に州間学校管理職資格付与協議会（the Interstate School Leaders Licensure Consortium : ISLLC）を設置しISLLC基準として1996年に「スクールリーダーとしての基準」(Standards for School Leader)、そしてその後の2008年改定作業の中で、初等・中等教育の主要関係団体である10の連合体から構成される全米教育行政政策委員会（National Policy Board for Educational Administration : NPBEA）が教育リーダー専門職基準（Professional Standards for Educational Leaders : PSEL基準）を策定し、特に校長等教育管理職専門職基準のモデルとして波及力のある位置にある[39]。1993年のAASA基準、2015年のNPBEA基準、2015年のリーダーシップに視点を置いたKASA基準を図表5に示すが、基準相互に類似性があると考えられる。

この点ケンタッキー州のインダクションプログラムは、基準（スタンダード）

図表5　専門職基準比較

1993AASA基準	2015NPBEA･PSEL基準	2015KASA基準
1. リーダーシップと学区文化（Leadership and District Culture） 2. 政策とガバナンス（Policy and Governance） 3. コミュニケーションと地域社会との関係性(Communication and Community Relations) 4. 組織経営（Organization Management） 5. カリキュラム計画と開発（Curriculum Planning and Development） 6. 教授上のマネジメント（Instructional Management） 7. 人的資源マネジメント（Human Resource Management） 8. リーダーシップにおける価値と倫理（Values and Ethics of Leadership）	1. ミッション、ビジョン、核心的価値（Mission, Vision and Core Values） 2. 倫理と専門職上の規範（Ethics and Professional Norms） 3. 均等性と文化的配慮（Equity and Cultural Responsiveness） 4. 教育課程、指導、評価（Curriculum, Instruction, and Assessment） 5. 生徒をケアし、支援するコミュニティ(Community of Care and Support for Students） 6. 教職員の専門性（Professional Capacity of School Personnel） 7. 専門職集団としての教職員（Professional Community for Teachers and Staff） 8. 家庭や地域社会との有意義な関わり（Meaningful Engagement of Families and Community ） 9. 業務とマネジメント（Operations and Management ） 10. 学校改善（School Improvement ）	1. 戦略的リーダーシップ（Strategic Leadership） 2. 指導的リーダーシップ（Instructional Leadership） 3. 文化的リーダーシップ（Cultural Leadership） 4. 人事におけるリーダーシップ（Human Resource Leadership） 5. 管理面でのリーダーシップ（Managerial Leadership） 6. 協働的リーダーシップ（Collaborative Leadership） 7. 影響力に関するリーダーシップ（Influential Leadership）

（出典）Smith, Robert L, 2019, *Kentucky's Superintendent Induction Program : Participants' Perceptions of Competency and Longevity,* (Doctoral, University of Louisville), p.56に基づき筆者が作成。

ベースのモデルであり、先導的な次世代型ティーチングと学習への全州での取り組みに対する新たな課題（emerging challenges）に焦点を当てている。図表5で示す2015 KASA基準の7項目から成る次世代教育長としてのリーダーシップ有効性基準が、教育長の職務の複雑な要素を理解するための枠組み視点となっている(40)。

これらの有効性基準は以下に示すようにあくまでも“支援”がねらいなのである。

①教育長の職務の最も重要な側面にフォーカスできるよう手助けすること。

②キャリア開始から終了にあたり職務能力向上と有効性のためのロードマップとしての役割を果たすこと。

③新任教育長が成功裏にインダクションプログラムを終了できるようILPチームを支援すること。

各教育長は自分の属するILPチームの指導のもと、個別学習計画（ILP）を作成する。この計画書は、7項目の有効性基準に沿ったルーブリックに基づくもので、実施項目、指標とパフォーマンス評価を提供するものである。この計画書により、新任教育長は個人と学区の強みを検討することができる。また、この計画書は上述のSPGESの枠組み内での成長の機会を与え、同時にeポートフォリオを通しての新任教育長の評価のためのエビデンスと反映されたベンチマークも構築する先駆的試みである。

この基準ベースのモデルは、新任教育長が7つの有効性基準項目のそれぞれが求める能力やスキルの全ては備えていないであろうという認識のもとで、新任教育長の到達度を示すものである。各新任教育長のILPチームは、ルーブリックを使用して各基準分野のパフォーマンスレベル〔初歩（Threshold）→途上（Developing）→達成（Accomplished）→模範（Exemplary）〕で測ることになっている。

しかも新任教育長は自己評価を行うことでルーブリックに寄与し、年間にわたって、各基準分野における自身のパフォーマンスのエビデンスを提供するのである。

このようにして初年度の終盤に、各新任教育長はILPチームの指導のもと自らのパフォーマンスと基準項目を照らし合わせ、その結果を総括学習終了プレゼンテーションにて自身が所属する教育委員会と共有する。その際ILPチームは「新任教育長インダクションのための次世代リーダーシップシリーズ」の満足のゆく終了を合意の上決定するが、そうでない場合は、プログラム2年目の追加期間を勧告することになっており、“終了”が条件なのである。

この決定は、新任教育長がケンタッキー州での免許を維持できるかどうかの決め手となる。とはいえ留意すべき点は、新任教育長の所属する教育委員会がその年次評価を行う責任を負っているのであり、その評価はILPチームの評価と異なる場合もあれば、同じ場合もある[(41)]。

(5) インダクションプログラム実施方法の多様化

上述のインダクションプログラムは様々な方法で実施されていることを垣間見ることができる。プログラムの内容とカリキュラムは、対象となる教育長の職務の流れ、スケジュールや法律の定める期限に基づき、しかるべき時期に多様な実施方法で提供されていると考えられる。実施方法は以下に摘録できるが、遠隔授業など今後の研修方法の在り方を考える上で示唆を得る。

①ケンタッキー州のベテラン教育長やその他教育分野における主要な専門家による対面式での研修

②資料リポジトリを含むオンラインコミュニティ内での同僚間（pier-to-pier）でのやりとり

③教職員が提供する交流やサポート

④該当する内容のライブでのウェブセミナーやオンデマンドビデオ

⑤オンデマンドで利用できるビデオ資料

⑥グループウェブ会議

⑦個別のメンタリングとエグゼクティブコーチング

4. インダクションプログラムへの受講者評価

インダクション終了時（各2012－2013年度、2013－2014年度）に参加者はアンケートに回答しフォーカスグループに参加しているが、その感想は圧倒的に肯定的なものであり、97.5％の満足度が報告されている。この結果は2016－2017年度参加者（コーホート5、学区初任教育長18人）の意識でも同様であり[(42)]、安定的に「非常に満足した」評価が得られているといってよい。いかなる点に満足度が得られたかを端的に示せば、次の点にあり、学区リーダーとしての職務遂行能力の自信と察し得る。

第1に、参加者である新任教育長は自信がつき、日常業務を行う上でのスキルを獲得することができ、予算、税率、教育法や政策そして学校や地域とのコミュニケーションに関して各学区のリーダーとなることができるようになったことである。

第2に、新任教育長はまた、このプログラムのお陰で自身の成長を自らがプロデュースするという事にチャレンジ出来、学区の課題に対し先を見据えた取り組みができるようになったことである。

最後に、新任教育長は、このプログラムが自己のリーダーシップスキルにプラスの影響を与えてくれたことを報告する。つまりこのプログラムへの参加によって州全体にわたる同僚とのネットワーク構築を築くことができたことである。しかも、「教育長の職能成長と有効性システム」の基準の評価に向けての準備を行うことでの手助けとなってくれたからとも解されている。

小括

本稿では、新任教育長への導入研修としてのインダクション実施の主たる背景である離職（ターンオーバー）の推移と主たる構造要因、および州・専門職団体や大学における教育長への職能成長機会の内実、さらに近年の画期的な試みと評されるケンタッキー州における全新任教育長対象のインダクションプログラムの特徴と効果について探った。

まず、教育長にとって現在の職を離れることを意味する離職は、新たな教育長ポストなどへの異動（move）と職を辞すること（exit）の側面があるが、平均6-7年の在職期間である。ただし、都市教育長の在職期間は郊外や村落学区よりも短いという合意がある。教育長の回転ドアのような離職は学区マネジメントの崩壊、職員のモラール、業務の財源、コミュニティサポートの低下、学校風土、生徒の学力へのネガティブな影響を及ぼす可能性があることが指摘されるのである。

離職の構造要因を様々な研究成果から捉えると、「学区の特徴」、「教育委員会の特徴」、「教育長の特性」、「教育長の職務遂行能力」の４つのカテゴリーがある。これらのカテゴリーに存在する要因（例えばストレス、コンフリクト、プレステージ、給与、有能さ、子どものテスト成績など）が複合的に教育長自身の離職の決断、あるいは教育委員会による雇用満了の決定という、離職をもたらすのである。

このような課題のなかで教育長のキャリア定着とともにリーダーシップ能力向上、社会的役割の促進、学区の改善効果をねらいとして、現職教育長、特に新任教育長の職能成長の機会が図られてきたが、通常は教育長免許状の更新・上進制と連結して大学での単位取得や州・学区主催の研修会と連結している。その際、州・学区主催の研修会は、アメリカ学校行政職協会の州支部と連携して実施されている場合が多い。

この点21世紀に入り、今日まで継続的に実施している現職教育長への職能成長の機会（例）としては、コネチカット学校変革センター、短期間実施のハーバード大学ビジネススクールによる "Public Education Leadership Project" およびハーバード大学教育大学院実施の "Harvard Institute for Superintendents and District Leaders" がある。

また2002年度と2003年度に実際されたコロンビア大学ティーチャーズ・カレッジの "Leadership Development Program for New Superintendents" は新任教育長インダクションプログラムの先導モデルとして位置づけられる。プログラム構造の要素として、①テーマ別セッション、②協働的探求セッション、

③省察の機会、④個別学習活動、⑤アクティブ・ラーニング、⑥特定課題から構成され、しかもメンタリングも導入されていたのである。

このプログラムの波及は、今日新任教育長の自主的参加のもとオレゴン州やニュージャージー州で年間スケジュールのもと実施されている“New Superintendent Academy”が該当する。

これに対して、マサチューセッツ州、テキサス州、ケンタッキー州のインダクションは新任教育長の免許資格との関わりでの義務的な職能開発プログラムである。マサチューセッツ州の“New Superintendent Induction Program”は生徒の学力改善を中核目標に捉え、年間を通してワークショップとコーチングを導入しているのが特徴であり、2年目、3年目参加の機会もある。テキサス州の“First-time Superintendent Academy”は1990-91年当時から実施され、実績がある。年間を通してのセッション開催と先輩教育長からのメンタリングの導入は、インダクションプログラムの定番としての位置にあるといえる。

さらにケンタッキー州が画期的な試みと評されるのは、“次世代リーダーシップシリーズ”というインダクションプログラムが体系的に構造化されている点である。特に、新任教育長の個別学習計画（ILP）をサポートするため、主としてエグゼクティブリーダーシップコーチ、メンター教育長、教育委員会リエゾンから成るILPチームの協働的役割があげられる。また、新任教育長の学区改善計画、新たな学区課題を踏まえた年間スケジュールに基づく専門学習（14項目）などの個別学習計画のパフォーマンス状況について、ケンタッキー州独自のリーダーシップに焦点化した7つの有効性基準に基づき、新任教育長が自己評価を行い、自身のパフォーマンスのエビデンスを提供する点にある。

しかもインダクション実施方法も伝統的な対面式による研修、個別のメンタリングのほかに、遠隔操作によるオンラインコミュニティ内での参加者間の交流、ライブでのウェブセミナーなどの情報活用は新たな研修方法の在り方を考える手がかりとなる。

このケンタッキー州のインダクションプログラムはILPメンバーの意見を踏まえ実施内容・方法の改善が図られているとともに、参加者である新任教育長のインダクション満足度は高い。またエグゼクティブコーチやメンターも新任教育長のリーダーシップパフォーマンスを高く評価している事実からも裏付けられる。

〈注〉

（1） Natkin, G., Cooper, C. and Others, 2002, "Myth of the Revolving-door Superintendency : Contrary to Perception, Tenure Runs Much Longer than Most Believe, a Research Review Finds, " *School Administrator,* 59 (5), pp.28-31.
Antonucci, John J, 2012, *The Experience of School Superintendent Leadership in the 21st century A phenomenological Study,* (Doctoral Dissertation, North Eastern University), pp.50-53.

（2） Mincberg, C, 2017, "How to Hire a Superintendent That will Stick Around," *Education Week,* 36 (28), pp.22-23.

（3） Grissom, Jason A. and Mitani, Hajime, 2016, "Salary, Performance, and Superintendent Turnover," *Educational Administration Quarterly,* Vol. 52 (3), pp.351-391.

（4） Smith, Robert L., 2019, *Kentucky's Superintendent Induction Program: Participants' Perceptions of Competency and Longevity,* (Doctoral Dissertation, University of Louisville), p.41.

（5） Alsbury, T. l., 2008, "School Board Member and Superintendent Turnover and the Influence on Student Achievement: An Application of the dissatisfaction Theory," *Leadership and Policy in Schools,* 7 (2), pp.202-209.

（6） Fullan, M., 2000, "The Return of Large-scale Reform," *Journal of Educational Change,* 1 (1), pp.5-27.

（7） Grimson, L. A. and Andersen, S., 2012, "Why Superintendent Turn Over," *American Educational Research Journal,* 49(6), pp.1146-1180.

（8） Byrd, J. K., Drews, D., and Jonson, J, 2006, April, *Factors Impacting Superintendent Turnover: Lessons from the Field,* Paper Presented at the Annual Meeting of the University Council of Educational Administration, Chicago, Ⅱ.

（9） Tallerico, M., "Retaining Women in the Superintendency: The Location Matters," *Educational Administration Quarterly,* (Suppl.1), pp.642-664.

（10） Grissom, Jason A., 2010, "The Determinants of Conflict on Governing Boards in Public Organizations: The Case of California School Boards," *Journal of Public*

Administration Research and Theory, 20 (3), pp.601-627.

(11) Parker, P., 1996, "Superintendent Vulnerability and Mobility," *Peabody Journal of Education,* 72 (2), pp.64-77.

(12) Grimson, L. A. and Anderson, S., 2012, *op. cit.*, p.1154.

(13) Glass, T. R., Björk, L., and Brunner, C. C., 2000, *The Study of the American School Superintendency: A look at the Superintendent of Education in the New Millennium,* American Association of School Administrators, 174 pp.

(14) Grady, M. L. and Bryant, M.T., 1991, "School Board Turmoil and Superintendent Turnover, What Pushes Them to The Brink?" *School Administrator*, 48 (2), pp.19-26.

(15) Tallerico, M. (1996), *op. cit.*, pp.642-664.

(16) Natkin, G., Cooper, C. and Others, 2002, *op. cit.*, pp.28-31.

(17) Watson, D. J. and Hassett, W. L., 2004, "Career Paths of City Managers in America's Largest Council-Manager Cities," *Public Administration Review*, 64 (2), pp.192-199.

(18) Smith, Robert L., 2019, *op. cit.*, p.47.

(19) Ehrenberg, R. G. and Others, 1988, "Determination of the Compensation and Mobility of School Superintendents," *Industrial and Labor Relations Review,* 41 (3), pp.386-401.

(20) Grimson, L.A. and Anderson, S., 2012, *op. cit.*, p.1157.

(21) エリザベス・A・シティ、リチャード・F・エルモア、サラ・E・フィアマン、リー・ティテル著、八尾坂修監訳、2015、『教育における指導ラウンド―ハーバードのチャレンジ―』風間書房、pp.iii-vii. pp.1-22。

(22) Connecticut Center for School Change, *Superintendents' Network Professional Learning Community.*

(23) Teitel Lee, 2007, "Snapshots of Sustained Programs for Executive Superintendents," *Supporting School System Leaders -The State of Effective Training Programs for School Superintendency*, The Wallace Foundation, pp.12-36.

(24) Orr, Margaret Terry, 2007, "Learning Advanced Leadership - Findings from a Leadership Development Programme for New Superintendents," *Educational Management Administration and Leadership*, Vol.35(3), pp.327-347. *Ibid.*, pp.16-18.

(25) Confederation of Oregon School Administrators, *2018 - 2019 New Superintendent Academy.*

(26) New Jersey Association of School Administrators (NJASA), *2018-2019 New*

Superintendent Academy.

(27) マサチューセッツ州のインダクションプログラムは、新任教育長のみならず新任教員、新任校長にも要求されている。教員、校長の場合は各学区主体のプログラムであるが、教育長の場合、専門職団体が主催する。インダクションプログラムは、オリエンテーション、授業(職務)観察機会、集会参加、同僚グループとのミーティングを含む専門サポートプログラムである。メンタリング（mentoring）は、総合的なインダクションプログラムの一要素である。新任であるメンティ(mentee）と生徒の学修効果改善に実績を持ち、しかも職能成長をサポートするメンター（menter）との関係を意味する。マサチューセッツ州の場合、新任教育長メンターは最低３年のメンタリング経験をもつ教育長経験者である。Massachusetts Development of Elementary and Secondary Education, *Guidelines for Induction and Mentoring Programs,* 2015 April, 24pp.

(28) Massachusetts Development of Elementary and Secondary Educations, *New Superintendent Induction Program.*

(29) 行動の理論は、「もし～ならば、こうなる」式の考え方である。次の３つの主要な要件がある。①自分の仕事－教育長、校長、教師、コーチなどとしての役割と、教室においてよい結果をもたらすことの間の因果関係に関するステートメントで始める。②経験的に反証可能でなくてはならない。③終わりが定められていなければならない。行動の結果についてより深く学習するにつれて（省察)、当初特定した因果関係をさらに修正して明確にするよう、自己を促すものでなければならない。エリザベス・A・シティ、リチャード・F・エルモアほか、前掲書、 pp.49-74 。

(30) SWOT分析とは、学校の内部環境の具体的状況を強み（Strength）と弱み（Weakness）に、学校を取り巻く外部環境の状況を機会（Opportunity）と脅威（Threat）に分類することにより、多様な観点から特色ある学校づくりや課題の解決策を構築するための手法である。八尾坂 修、2015、『学校開発力と人―人の存在・連携を重視した公教育の構築に向けて―』ジアース教育新社、pp.2-6 。

(31) §242.25. Requirements for the First-Time Superintendent in Texas. Frankhart, Colleen M., 2019, *Requirements for Certification for Teachers, Counselors, Librarians, Administrators,* 84Edition, 2019-2020, p.258.

(32) Texas Association of School Administrators（TASA), 2019-20 First-Time Superintendent Academy: Superintendent Mentoring Program, テキサス州教育局（Texas Education Agency: TEA）広報コーディネーターからの応答情報に基づく（2020年2月4日)。

(33) ケンタッキー州における州を頂点とする上位下達の権限関係だけでなく、学区教育委員会と学区教育長の水平的な関係、学区教育長の役割意識については、長嶺宏作、2015、「アメリカ・ケンタッキー州における教育制度改革—学区教育長の復権—」『比較教育学研究』51号、pp.85-101。Murphy, Joseph, 1994, *The Changing Role of the Superintendency in Restructuring Districts in Kentucky,* Vanderbilt University, The National Center for Educational Leadership, (ED 374 519), 52pp.

(34) Strong, Ronald Anthony and Caldwell, Rhonda, K., 2015, *A Guide to Kentucky's Next Generation Leadership Series for Onboarding New Superintendents,* Kentucky Association of School Administrations, (Doctoral Dissertation, Northern Kentucky University), p.33.

(35) Smith, Robert, L., 2019, *op. cit.*, p.78.

(36) インダクションプログラムおよび全体的特徴については、次の論文の中の資料を引用・参照している。Strong, Ronald A. and Caldwell, Rhonda K., 2015, *op. cit.*, pp.30-75.

(37) *Ibid.*, p.11. 新任教育長60人、エグゼクティブコーチ3人、メンター10人、教育委員会リエゾン8名を対象として2012-13(コーホート1)、2013-14(コーホート2)年度に行われた調査研究に基づいている。

(38) *Ibid.*, p.38, pp.51-54.

(39) 八尾坂修、2018、「アメリカにおける校長・教育長免許・養成政策の新たな展開に関する一考察」『アメリカ教育研究』第28号、pp.3-18。

(40) 図表5の専門職基準比較は以下の論文等を参照している。Smith, Robert L. 2019, *op. cit.*, p.56. National Policy Board for Educational Administration (NPBEA), 2015, *Professional Standards for Educational Leaders,* 27 pp. 津田昌宏、2016、「〔資料及び解題〕米国における教育上のリーダーシップ基準」『東京大学大学院教育学研究科教育行政学論叢』第36号、pp.129-147。American Association of School Administration, 1993, *Professional Standards for the Superintendency.* 佐々木幸寿、2006、『市町村教育長の専門性に関する研究』風間書房、pp.153-159。

(41) Kentucky Association of School Administrators, 2015, *Next Generation Effective Standards for Kentucky School Superintendents,* 10pp.

(42) Smith, Robert. L. 2019, *op. cit.*, p.101.

第6章　教育長の採用人事と評価システム

藤村　祐子

はじめに

教育委員会にとって、有能な教育長の任命は最も重要な責任の1つである。本章では、教育長の役割モデルを整理した上で、教育長の採用人事と評価システムについて、概説する。

教育長は学校システムの執行役員（the executive officer）であり、教育委員会は政策立法における決定機関である。教育委員会が学校教育に関する専門家でない素人人材（laypeople）で構成されるため、学校システムが専門家によって適切に運用されることを確認することが教育委員会の責任である。このような教育委員会との関係性の中で、教育長の重要な機能のひとつは、教育委員会が政策決定する際に必要なデータを収集し、提供することである。教育委員会の教育長に対する信頼度が高いと、学区は成長すると言われる。教育長は、教育委員会に学区の抱える教育課題を伝え、助言・提言を行う。それを受け、教育委員会は、教育長からの専門的助言をもとに、政策立案を行う。このような教育長と教育委員会の相互関係が成立する。しかし、教育委員会と教育長の関係性が良好でない場合、このような相互作用は期待できず、教育長が配置換えされることがしばしば起こる。このように、教育委員会と教育長の関係性は、教育長の採用や評価に影響を及ぼすと考えられる。

1.　教育長の一般的な役割モデル

教育長に期待される一般的なミッションの典型として、変革的リーダー（change agent）、開発促進者（developer）、現状維持（maintaining status quo）の3つの役割モデルが提案されている（Glass, 1992, p.30）。また、どのようなタイプの教育長を求めるかによって、採用のアプローチが異なる。

(1) 変革的リーダー

変革的リーダーとは、教育委員会が必要だと考える変革を、主導するタイプの教育長である。変革を起こそうとすると、学区では抵抗が起こることがしばしばある。このような際に、変革的リーダーには、重要な変革を起こすために教育委員会が避けることができない対立を先導し、必要に応じて、プレッシャーをかけることが期待される。変革的リーダーが求められる状況は、新しく教育委員が選抜され、新しい取り組みを実施しようとする際や、学区の現状に課題を抱え、変革が必要だと考えられている場合が多い。変革的リーダーとしての役割が期待される教育長は、外部から雇用されるケースが一般的である。

(2) 開発促進者

開発促進者は、変革的リーダーからの引き継ぎ役として、変革に対する抵抗を乗り越えた後にプログラムを構築し、定着させることが期待される。このタイプの教育長は、在籍年数も長くなる傾向にある。

(3) 現状維持

現状維持は、長年にわたり状態の良い学区で求められる役割期待である。優秀な教育長が退任し、同じような人格や哲学を持つ人物が求められる。このタイプの教育長は、学区内から採用される場合が多い。

このように、期待される教育長の役割によって、どこから採用するのか、採用アプローチの手法が異なる。また、低学力への対応やコミュニティの改善などの問題を抱える大規模学区では、変革的リーダーが採用される傾向が強いなど、学区のサイズの差異が、採用のアプローチの違いを生み出すことにもなる(Glass, 1992, p.30)。

2. 教育長の採用人事

(1) 採用アプローチ

① 教育長の選出方式

州教育行政当局のトップである州教育長（あるいは教育庁長官）の選出方法は、教育委員会による選出、知事による任命、公選と多様である。対して、学区教育委員会の教育長は、教育委員会によって、選出されることが一般的である。州及び学区において、教育長募集の広報を実施すると同時に、専門のコンサルタント等の外部組織を活用して、候補者リストを作成する。これらの過程で絞り込まれた候補者リストの中から、最終候補者を教育委員会が多数決で決定する。これが、教育長の選出のための一般的な流れであるとされる（小川, p. 103)。

教育長の選出は、以下に示す5つの方式に大別される。①公募ではなく、学区の教育行政専門職員から抜擢する方式、②公募し、教育委員会や小委員会を設けて選任する方式、③住民や教職員からなる諮問委員会を設け、選任を委ねる方式、④教育委員会が研究者等の有識者に選考を委嘱する方式、⑤専門調査機関やコンサルタントに依頼し複数の候補者を挙げてもらい、教育委員会が最終決定する方式などである（坪井, 1998 , p.184)。

Pounderらは、採用プロセスを進める前に、各学区は、有能な候補者の情報源（sources）を認識しておくことが重要であると指摘している（Pounder, 1996 , p. 286)。これらの情報源として、現任者の紹介や学区内の有資格者の昇進候補、高等教育機関の就職指導部（placement office）人材会社、専門職団体、コミュニティグループ、特別利益団体（special interests group）など、多様な情報源があげられている。中でも、最も主要な情報源は、学区自体である。教育長職を志願する、あるいは昇進を志願する現在の学区内の有資格者や、他学区からの紹介者が、候補者としてあげられる。前節で、「現状維持」タイプの教育長は、学区内から採用されることが多いことを示したが、この学区内からの採用には、課題も指摘される。学区内からの独占的な採用は、「同種」の作用を生み出し、「いつも行ってきた方法」の考え方を、容易に超えられない可能性が高まる。

その一方で、学区内からの候補者は、学区内の組織文化や抱える問題に内通し、多くの情報やコネクションを持っていることも多いため、業務を円滑に進めることができ、好まれる傾向にある。

②調査委員会（search committees）の創設

具体的に、教育長の選出プロセスを説明しよう。大規模学区と小規模学区では、選出方法が異なる。まず、学区規模が小さい場合、教育委員会が採用のための委員会を立ち上げる。委員会に指名された１人から２人のメンバーが学校関係者と協力して、大学、州組織、新聞などに掲載される教育長の職務内容などの情報を決定する。教育委員会は、候補者を選出し、面接を実施し、決定する。一方、大規模学区では、民間機関や州の教育委員会協会（state school boards association）を通して、候補者を選出することが多い。この民間機関の中には、元教育長が運営するものや、大学の教育行政学の専門家が、民間機関や教育委員会協会のコンサルタントを行っていることもあり、教育行政の専門家が関与している組織が多い。また、多くの州の教育委員会協会では、理事会のメンバーに、教育長選抜のためのインサービストレーニングを提供している(Glass, 1992, pp.29-30)。

③ロサンゼルス学区の教育長の選出プロセス

ロサンゼルス学区では、上述した５つの選出方式のなかの、コンサルタントに依頼する方式を採用している。具体的なプロセスは、以下の通りである。選抜プロセスは12-16週間の4つのフェーズで構成される（図表１参照）。

「計画」のフェーズ（3 - 4週間）では、教育委員会はコンサルタントを選び、コンサルタントは、教育委員会やスタッフ、コミュニティの代表者へのインタビューを通して、リーダーシップのプロフィールと選抜基準を作成する。作成した選抜基準と広報内容は、教育委員会からの承認を受け、広報の準備をする。

「リクルートメント」のフェーズ（6 - 8週間）では、全米ネットワークを利用して候補者をリクルートする、申請書を受け取り処理する、候補者を選抜し、

図表1　ロサンゼルス学区の教育長の選出プロセス

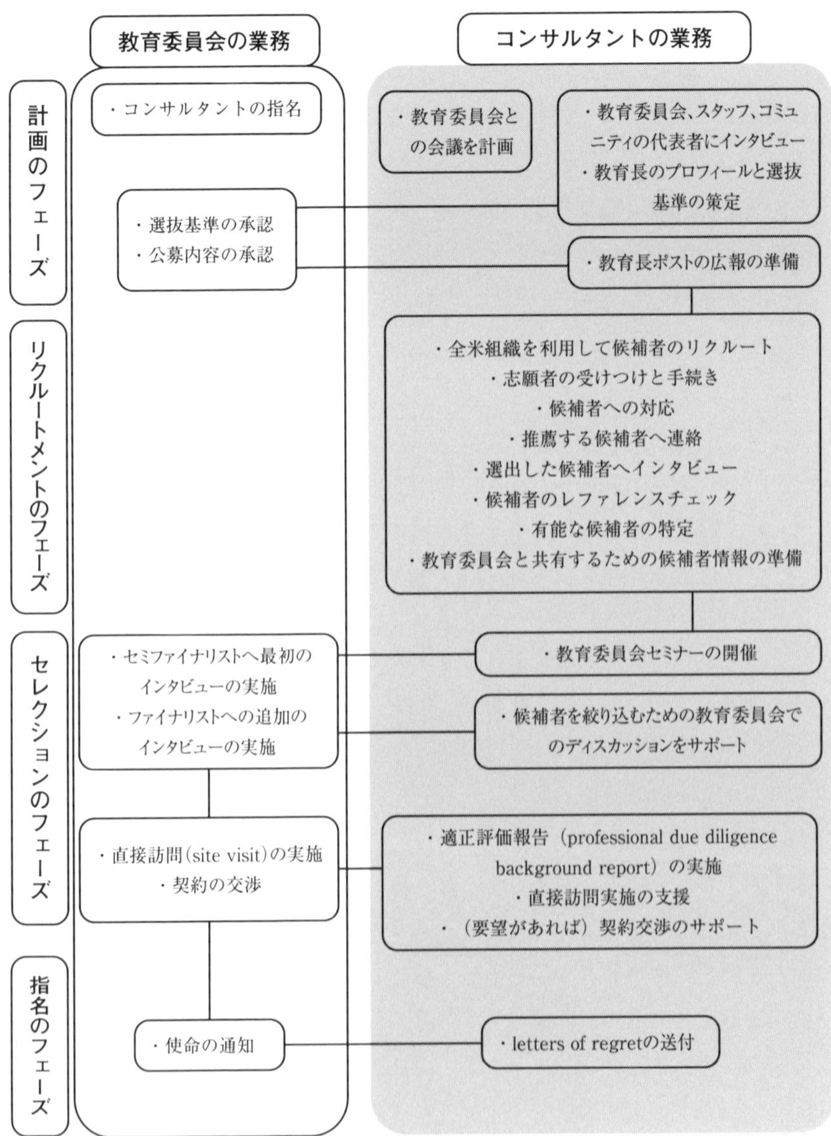

（出典）LOS ANGELES UNIFIED SCHOOL DISTRICT：Superintendent Search Flow Chartより筆者作成

インタビューする、参照チェックする、資格のある候補者を決める、教育委員会へ報告するための準備をする。

「セレクション」のフェーズ（3 - 4週間）では、セミファイナリストの情報を教育委員会へ提示する。教育委員会は、推薦を受けたセミファイナリストに最初のインタビューを実施する、ファイナリストにフォローアップのインタビューを実施する、候補者を選抜する、契約内容を交渉する。コンサルタントは専門職としての適正評価報告を実施する、現地訪問をアシストする。そして、「指名」のフェーズでは、候補者に伝え、手続きを進める。

(2) 教育長のテニュアとキャリアラダー

先行研究において、教育長のテニュアの平均は5.5年であることが明らかにされている（Lunenburg, 2011）。小規模学区の教育長のテニュアの平均は6年であり、大規模学区の教育長のテニュアは4年である。教育長の大多数は、より良い環境を求めて、数年ごとに移動する。教育長キャリアとして、学区から学区へと教育長ポストを移動することは、キャリアアップを図る最も早い方法とされる。大規模学区の教育長職は空きが多く、新任教育長は、小規模学区より大規模学区に採用されることが多い。教育長職へは、一般的に、2つの主要なルートがある。「教員―校長―行政職ルート」と、「教員―校長ルート」である。ほとんどの州が教育長職の条件に、教育に関わる訓練や教育経験を有することを要求している。

教育長の経歴を調べた調査によると、教育長には、教育長としての経験が重視されることも多く、最初の教育長としての職を得ることが最も困難を伴う。また、全米の41%の教育長が博士号を取得しているとの指摘もあり、教育行政に関する博士号の取得が期待されている。現在、教育行政学の博士課程に所属する女性が増加傾向にあり、今後、女性の教育長の増加が期待されている（Lunenburg, 2011, pp.251-252）。

図表2　教育長の経歴

49%	教員—校長—行政職
31%	教員—校長
9%	教員—行政職
2%	教員のみ
2%	校長—行政職
2%	校長のみ
1%	行政職のみ
4%	報告なし

出典：Lunenburg, F. C., *Educational Administration*, p.252より筆者作成

(3) 採用をめぐる現状と課題

教育長の採用をめぐっては、これまで、最終候補者のスクリーニングや評価、選抜のためのプロセスと手順の体系化が重要視され、候補者を引き付け、十分な候補者プールを確保することに、それほど主眼が置かれていなかった。需要に比べて労働力が不足している場合、候補者の選抜手順よりも候補者の採用手順の方が重要となる（Pounder, 1996）。一般的に、志願者プール（applicant pools）が採用ポスト数に満たない場合、選抜による決定ではなく、単なるポストの割り当てが生じる。十分な志願者プールの確保が、自動的に教育長の質の確保につながるわけではないが、志願者の多寡が質の確保に影響を与えやすい。また、マイノリティの教育長の確保など、課題になりつつある教育長の多様性を図るためには、十分な志願者プールが必要である。志願者や有資格者の不足や離職率の高さなど、教育長をめぐる課題が指摘されている現状を受け、教育長の採用においては、教育長職の魅力を高め、多様な候補者プールを確保することが、求められている。

3. 教育長の評価システム

(1) 教育長の評価システム導入をめぐる背景

アカウンタビリティやスタンダードを基礎とする改革の流れは、教育長の評

価システムにも影響を与えている。「従来の非公式な評価では、複雑な業務に対する教育長の有効性の全体像を提示することはできない」との指摘を受け、定期的で公式な評価の必要性が認識された（AASA, 1980）。2001年に「どの子も置き去りにしない法（No Child Left Behind Act）」の成立を受け、子どもの成長が、どのコミュニティにおいても解決すべき課題として取り上げられた。それと同時に、子どもの教育を担う教育長や他の学校関係者の能力に、社会の目が向けられるようになった。

これまで、正式な教育長評価は、ほとんど実施されていなかった。このような状況を受け、1980年に、アメリカ学校行政職協会（American Association of School Administrators: AASA）と全米教育委員会協会（National School Board Association：NSBA）が、正式な教育長評価を求める共同声明を発表した。「非公式な評価は、教育長の複雑な仕事を遂行する上での有効性の全体像を教育委員会に提供することはできない。定期的で正式な評価は、教育長の全体の能力を評価する最良の手段を提供する」（AASA, 1980, p. 4）として、インフォーマルでない正式な評価の必要性が提唱された。しかし、これらの共同声明にもかかわらず、その後20年間、ほとんど、教育長評価における体系的な進展は見られなかった。このような状況の中で、アカウンタビリティやスタンダードの改革の波が、教育長の評価システムの構築への関心を浮上させた。

効果的な教育長評価システムには、能力（performance）を基礎とする包括的で公正な評価プロセスが必要であり、教育長の職責に基づくことが求められる。また、教育長の能力改善や学区の改善を促進するように、設計されなければならない。教育長は、学区ごとに異なる多様な役割を担っているため、基本的には、学区で、教育長の職責や役割を基礎に、評価プロセスが作成されることが求められる。ここに、教育長の評価システムの体系的な進展が見られない課題がある。具体的に、評価者である教育委員会のメンバーは、その全員が、通常、教育専門家の評価について訓練を受けていない素人である。このような組織では、役割期待は評価者によって異なり、結果として、評価者の多様な意見を「平均化」するか、個々の教育委員会メンバーのすべての意見と評価を「総合」

して、教育長に提示することが生じる。つまり、評価結果としてのフィードバックが一般的な内容に陥りやすく、具体的な改善につながりにくい。また、正確で具体的なフィードバックを提供するためには、多様なデータのリソースを用いて能力を記録する必要があり、多大な労力を必要とする（Dipaola, 2001）。このような状況は、教育長評価の形骸化を生じさせやすい。

(2) 教育長の能力基準の設定

教育長の正式な評価システムの構築を進めるための始めのステップとして、評価システムの基礎となる、能力基準の設定が進められた。能力基準を設定することで、教育長の役割を定義づける枠組みを提供することが可能となり、それが評価システムの基礎となる。ここでは、各州が教育長評価システムを構築する際に、参照されることが期待される全米組織（AASA, NSBA, CCSSO）から提案された３種類の能力基準（領域）を紹介する。

AASAは、教育長の職務を定義するために、８つの能力基準を策定した（図表3参照）。AASAの示す８つの基準とは、①リーダーシップと学区文化、②政策とガバナンス、③コミュニケーションとコミュニティとの関係性、④組織マネジメント、⑤カリキュラムプランニングと開発、⑥指導的マネジメント(instructional management)、⑦人事管理、⑧リーダーシップとしての価値と倫理である。

また、NSBAは、教育長と教育委員会双方に対して、①ビジョン、②基準、③評価、④アカウンタビリティ、⑤調整、⑥風土（climate）、⑦共同性(collaboration)、⑧継続的改善を含む８つの主要な行動領域（key action area）を提示した。

さらに、州教育長協議会（Council of Chief State School Officers：CCSSO）は、教育リーダーシップ政策スタンダード（Educational Leadership Policy Standards: ISLLC 2008）において、全ての子どもの成功を促進するために、教育リーダーに必要な６つの基準を示している（図表4参照）。①すべての利害関係者によって共有およびサポートされる学習ビジョンの開発、明確化、実施、および報告

図表３　AASAの提案する教育長の能力基準

①リーダーシップと学区文化	ビジョン、学問的厳密性、卓越性、エンパワーメント、問題解決
②政策とガバナンス	政策形成、民主的プロセス、規則
③コミュニケーションとコミュニティとの関係性	社内外のコミュニケーション、コミュニティサポート、合意形成
④組織マネジメント	データ主導の意思決定、問題解決、運用管理とレポート
⑤カリキュラムプランニングと開発	カリキュラム計画、指導的デザイン、人間としての成長と発達
⑥指導的マネジメント	生徒の成長度、学級経営、指導的技術
⑦人事管理	人事異動、育成、評価、報酬、組織の健全性
⑧リーダーシップとしての価値と倫理	多文化的および人種的理解、個人的な誠実さと倫理

出典：AASA (2010), *Evaluating the superintendent,* p.11をもとに、筆者作成

図表４　CCSSOによる教育リーダーとしての能力基準

基準１：すべての利害関係者によって共有およびサポートされる学習ビジョンの開発、明確化、実施、および報告と管理を促進すること	A.共有するビジョンとミッションを共同で開発して実装する B.データを収集して使用し、目標を特定し、組織の有効性を評価し、組織の学習を促進する C.目標を達成するための計画の作成と実装 D.継続的かつ持続可能な改善を促進する E.進捗状況を管理および評価し、計画を修正する
基準２：子どもの学習とスタッフの職能成長につながる学校文化と教育プログラムを提唱、育成、維持すること	A.コラボレーション、信頼、学び、そして期待の高い文化を育み、維持する B.包括的で厳密で一貫したカリキュラムプログラムを作成する C.生徒向けにパーソナライズされたやる気の高まる学習環境を作成する D.監督指導 E.生徒の進捗状況を監視するための評価および説明責任システムを開発する F.スタッフの指導力とリーダーシップ能力を育成する G.質の高い指導に費やす時間を最大化する H.教育と学習をサポートするために最も効果的で適切な技術の使用を促進する I.教育プログラムの影響を監視および評価する

基準3：安全、効率的、効果的な学習環境のために、組織、運用、およびリソースの管理を保証すること	A.管理および運用システムを監視および評価する B.人的資源、財的資源、および技術的資源を入手、配分、調整、および効率的に利用する C.生徒とスタッフの福祉と安全を促進および保護する D.分散型リーダーシップのための能力を開発する E.教師と組織の時間は、質の高い指導と生徒の学習をサポートするために集中していることを確認する
基準4：教員やコミュニティのメンバーと協力し、多様なコミュニティの関心やニーズに対応し、コミュニティのリソースを動員すること	A.教育環境に関連するデータと情報を収集して分析する B.コミュニティの多様な文化的、社会的、知的リソースの理解、認識、使用を促進する C.家族や介護者との積極的な関係を築き、維持する D.コミュニティのパートナーとの生産的な関係を構築し、維持する
基準5：誠実、公正、そして倫理的な行動をとること	A.すべての生徒の学術的および社会的成功に対する説明責任のシステムを確保する B.自己認識、内省、透明性、倫理的行動の原則をモデル化する C.民主主義、平等、多様性の価値を守る D.意思決定の潜在的な道徳的および法的帰結を検討および評価する E.社会正義を促進し、個々の生徒のニーズが学校のあらゆる側面に確実に通知されるようにする
基準6：政治的、社会的、経済的、法的、文化的な文脈を理解し、対応し、影響を与えること	A.子供、家族、介護者を擁護する B.生徒の学習に影響を与える地域、地区、州、および国の決定に影響を与えるための行動 C.リーダーシップ戦略を適応させるために、新たなトレンドとイニシアチブを評価、分析、予測する

出典：CCSSO (2007), *Educational Leadership Policy Standards: ISLLC 2008*をもとに筆者作成

と管理を促進すること、②子どもの学習とスタッフの職能成長につながる学校文化と教育プログラムを提唱、育成、維持すること、③安全、効率的、効果的な学習環境のために、組織、運用、およびリソースの管理を保証すること、④教員やコミュニティのメンバーと協力し、多様なコミュニティの関心やニーズに対応し、コミュニティのリソースを動員すること、⑤誠実、公正、そして倫理的な行動をとること、⑥政治的、社会的、経済的、法的、文化的な文脈を理解し、対応し、影響を与えること、である。

全米組織によって示されたこれらの基準は、各学区の実態に応じて、評価基準を調整する際、教育委員会と教育長の方向性を調整するための資料として役

立つもの、あるいは、評価プロセスでディスカッションを始めるためのツールとしての活用が期待されている（Hoyle, 1999）。実際、各州で提案される能力基準や領域は多様である。例えば、マサチューセッツ州では、①指導上のリーダーシップ、②マネジメントと運用、③保護者やコミュニティとの関わり、④専門職的文化の４つの基準が設定されている。また、ハワイ州では、①先見性のあるリーダーシップと組織文化、②運用、リソース、人事管理、③委員会のガバナンスと政策、④コミュニケーションとコミュニティとの関係性、⑤倫理的リーダーシップの５つの基準が設定されている。

(3) 教育長評価の方法と手段

評価システムにおいて、教育長の能力をどのように把握し、記録するか、評価の方法と手段は重要な要素である。従来、教育長の評価は、限定的で非公式な観察や事例証拠に基づいて実施されることが一般的であった。しかし、これらの評価方法は、限定的な証拠のみを提供し、実際の能力データよりも推測や主観的な意見に基づくものであり、結果として、成長と改善に逆効果の影響をもたらすこともあった（Dipaola, 2003）。

Dipaola らは、出版した教育長評価のハンドブック（Dipaola, 2003）において、教育長の能力を把握し記録するための適切な情報源について、以下のような提言を行っている。

教育委員会は、広範にわたる複数の情報源を使用する必要がある。健全な評価システムは、常に、教育長の総合的な能力を表す、複数の方法で収集された実際の能力データに基づいていなければならない。適切な情報源とは、教育長の仕事に対する、包括的で信頼できる「能力のポートレイト」を提供するものである。このような特質を踏まえて、具体的な情報源として、①設定目標と生徒の達成度、②ドキュメントのレビュー、③顧客調査、④自己評価の４つを提案している。

①設定目標と生徒の達成度：これまで、教育長の有効性に関する評価は、生徒の成功の測定やその他の測定可能な結果と、ほとんど関連づけされていない。

生徒の学力達成度を主眼とする教育改革を受け、教育長の評価においても、生徒の学力を考慮する重要性が指摘された。そこで、生徒の学習やその他の価値のある目標の進捗状況を測定するひとつの方法として、年間の能力目標の設定が提案された。学区は、それぞれのニーズや課題に合わせた、改善目標を設定する。その際、生徒の成績の実際の測定値を含める場合は特に、教育長のコントロールが及ばない状況下での課題が、目標の実現に影響を与える可能性があることに注意することも合わせて指摘されている。通常、教育長と教育委員会は、戦略的計画プロセスの一環として、生徒の成績、教育組織の効果、またその他の取り組みの改善に焦点を当てた年次目標を共同で設定する場合が多い。この年間目標と目標の達成は、教育長評価システムの主要なデータ資料と見なされる。

②ドキュメントのレビュー：教育長の能力を把握するもうひとつの重要な情報源として、製作物（artifacts）の分析が提案されている。製作物とは、教育長の監督下で、職務の一部として作成された文書化された記録と文書のコレクションを指す。具体的に、教育委員会の議事録、文書による出版物、プレゼンテーションでのパワーポイント資料、主導した会議のアジェンダ、メンターされた個人の記録、記者会見のハイライトビデオなどである。

また、ポートフォリオも、教育長の能力を示すのに役立つ正式な文書のコレクションである。ポートフォリオ評価には、領域ごとにまとまった教育長の職務または責任の遂行に関するデータの体系的な収集が含まれる。コミュニティとの関連性に関する記録として、新聞の切り抜き、多様なイベントや行事のプログラム、専門的な活動/出版物などが記録される。

③顧客調査（Client Survey）：学区では、教育委員会のメンバーは、通常、特定のプログラム、イベント、および教育長とそのスタッフの取り組みに関するフィードバックを受け取る。フィードバックは、電話や他のさまざまな非公式の場からもたらされる。職員やコミュニティのメンバーの認識を収集するためのより体系的な方法がない場合、これらの非公式なコメントは、学区コミュニティによって認識される教育長の受け入れと能力に関するデータとして活用さ

れる。顧客のフィードバックを教育長の能力として適用することは一般的である。ビジネス界で採用される360度評価を、教育領域においても導入する動きが広まっている。この顧客中心のフィードバックプロセスは、教育長と教育委員会の双方が能力に関する体系的かつ代表的なフィードバックを受け取る手段を提供する。顧客調査の課題は、コストと信頼性や公平性を満たす調査データを収集することである。

④自己評価：自己評価プロセスは、教育長が個人的な経験を省察することを促進する。また、目標設定プロセスと密接に関連し、次の目標を検討し、達成のための戦略を決定するための構造を提供する。自己評価データは、教育長の総括的評価として使用するには、客観的なデータではないが、そのプロセスは、教育長の職能開発に役立つ。

ハワイ州では、能力基準ごとに、情報源を提案している。例えば、基準①（先見性のあるリーダーシップと組織文化）に対して、人員配置計画、部門の予算、戦略計画の目標と目的を達成するための実施計画、リーダーシップの強化とコラボレーションの事例、組織の自己評価と改善計画、など、ドキュメントのレビューの利用を提案している。このように、評価基準や領域に応じて、多様な情報源が活用される。

図表5　教育長の能力を示す情報源

①設定目標と生徒の達成度	教育長は、生徒の学習と学業成績に明確な影響を与える。彼らは、戦略的な計画プロセスの一部として、適切な測定に基づいて生徒の成績を向上させるための目標を設定する。
②ドキュメントのレビュー	イベントの通常の過程で作成される多数のドキュメントは、評価データ収集プロセスの一部と見なすことができる。
③顧客調査	スタッフまたはコミュニティメンバーは、顧客の認識を評価するための洞察に富んでいる場合がある。
④自己評価	体系的な自己省察と自己評価は、評価プロセスにおいて価値がある。特に教育長が達成状況を把握し、より正式な評価の準備をするのを支援するという点で。

出典：Dipaola,(2003)*Superintendent evaluation handbook*より筆者作成

(4) マサチューセッツ州の教育長評価システム

全米組織が提案した教育長評価モデルを受け、各州で、実際に、どのような教育長評価システムが創設されているか確認するために、ここでは、マサチューセッツ州の教育長評価システムの事例を取り上げる。

マサチューセッツ州の教育長評価システムは、中間での形成的評価を伴う１年間の評価サイクルである。教育委員会の裁量で、経験豊富な教育長の場合、評価サイクルを２年にすることも可能である。年間の評価サイクルは、①自己アセスメント、②分析、目標設定、プランの策定、③プランの実施とエビデンスの収集、④形成的アセスメント／評価、⑤総括的評価の５つのステップで構成される。

①自己アセスメント：教育長は、能力基準やルーブリック、生徒の学習データ、学区改善計画の過去の達成状況（利用可能な場合）、前年度の評価（利用可能な場合）、行政のリーダーシップチームからのインプットや職員、その他関連するエビデンスを用いて、自己アセスメントを実施する。そのアセスメントに基づいて、教育長は教育委員会に提案する目標を設定する。ひとつは、生徒の学習改善に関する目標、もうひとつは教育長自身の専門職としての実践目標。さらに、学区の改善計画に合わせた2～4つの学区改善目標である。また、能力基準（the Standards for Effective Administrative Leadership）に基づいて、既述の生徒の学習改善、専門職としての実践目標、学区改善目標を達成する際にエビデンスとなる、6~8つの指標を決定する。教育長は、目標と関連する指標を組み合わせて、年間計画案を作成し、教育委員会に提案する。

②分析、目標設定、プランの策定：教育長と教育委員会は、提案された目標、主要な戦略、進捗状況のベンチマークを確認する。教育委員会は、教育長と協議し、相互の合意を目的として、必要に応じて改訂し、目標と重点指標を承認する。これらの目標は、主要な戦略と進捗のベンチマークとともに、教育長の年間プランとなる。このプランでは、目標の進捗状況を確認し、各基準や全体の能力評価を決定するために使用する証拠についても概説する。

③プランの実施とエビデンスの収集：教育長は、必要に応じて、教育委員会

の支援を得て、年間プランを実施する。教育委員会のメンバーと教育長は、目標に対する進捗状況の証拠を収集、共有し、定期的に話し合う。

④形成的アセスメント／評価：中間期に、教育長は年間計画における目標の進捗状況について報告する。教育委員会は、報告書をレビューし、フィードバックを提供し、進捗状況および可能な調整について、教育長と話し合いを行う。

⑤総括的評価：教育長は、各基準に対する目標の進捗状況と能力に関する最終報告書（End-of-cycle report）を作成する。公開会議では、教育委員会が目標の達成と基準に対する教育長の能力を評価する能力評価と総括評価報告書（End-of-Cycle Summative Evaluation）を完成させる。

また、既述のように、マサチューセッツ州では、能力基準として①指導上のリーダーシップ、②マネジメントと運用、③保護者やコミュニティとの関わり、④専門職的文化の４つの基準が設定されている。評価のための情報源として、生徒の学習状況や到達度に関する多様な測定、観察や専門職実践の製作物、職員からのフィードバックなど、多様な情報源の活用が提案されている。

マサチューセッツ州の教育長評価システムは、全米組織や専門家が提案した効果的な教育長評価システムの要素を組み込んだシステムが構築されている。

(5) 教育長評価システムのまとめ

ほとんどの州議会では、教育委員会に、教育長を評価する責任を付与している。評価プロセスは、教育長への役割期待を明確にし、学区の目標を特定して優先順位をつけ、教育長に説明責任を負わせる上で、重要なツールとなる。また、教育長の業績に対する教育委員会の満足度を確認する機会を与えることが可能となる。さらに、教育委員会は、教育長の評価システムのメリットとして（a）教育長と教育委員会メンバーの役割の明確化、（b）役割期待の伝達、（c）職能開発の強化、（d）説明責任の提供、（e）法的要件の履行、および（f）適切な雇用決定などをあげ、これらが、学校改善を促進する要素となることを期待している。

小括

Dipaolaが、「学校や学区を比較するための州やその他の標準化されたテストでの生徒のスコアの使用の増加により、学校の指導者は公の監視の下に置かれた」(Dipaola, 2001, p.21) と指摘しているように、このハイステークスな環境下では、全てのレベルで説明責任が求められる。教育委員会において、優秀な教育長の確保と維持は必要不可欠な任務であり、その任務に関係する教育長の採用と評価は、重要なものである。特に、教育長の能力や業務に対する評価が、公平で公正なものであれば、教育長と教育委員会の共同性を促進させ、学校改善の達成の鍵となる。このような点からも、アカウンタビリティとスタンダード改革以降、教育長の能力基準の設定や評価モデルの作成など、教育長評価システムの整備が進められてきた。また、各州も、これらの基準やモデルを参照に、公平で公正な教育長評価システムの創設を進めてきたと言える。これら提案された教育長の採用や評価システムが、実際にどのように運用され、教育長の資質にどのような影響を与えているのか、今後の動向に注目したい。

〈引用文献一覧〉

American Association of School Administrators, 1980, *Evaluating the superintendent. Arlington.*

American Association of School Administrators, 2010, *Evaluating the superintendent. A white paper from the American Association of School Administrators.*

Council of Chief State School Officers, 2007, *Educational Leadership Policy Standards: ISLLC 2008.*

Dipaola, M., 2001, "Superintendent Evaluation in a Standards-Based Environment: A Status Report from the States" *Journal of Personnel Evaluation in Education*, 15-2, pp.97-110.

Glass, T. E., 1992, *The 1992 Study of the American School Superintendency: America's Education Leader in a Time of Reform*, American Association of School Administrators.

Hoyle, J. R., Skrla, L., 1999, "The Politics of Superintendent Evaluation" *Journal of*

Personnel Evaluation in Education, 13-4, pp.405-419.

Joint Committee on Standards for Educational Evaluation, 1988, *The personnel evaluation standards: How to assess systems for evaluating educators.* Newbury Park, CA: Convin Press, Inc.

Lunenburg, F. C., 2011, *Educational Administration: Concepts and Practices 6th edition,* Wadsworth.

Pounder, D. G., Young, I. P., 1996, Ch.9 "Recruitment and Selection of Educational Administrators: Priorities for Today's Schools" in Leithwood, K., Chapman, J., Corson, D., Hallinger, P. Hart A. *International Handbook of Educational Leadership and Administration Part1-2,* Kluwer Academic Publishers.

小川正人、2006、『市町村の教育改革が学校を変える—教育委員会制度の可能性—』岩波書店。

小松茂久、2012、「アメリカ現代地方教育統治の再編と課題—教育長職の理念と実態を中心に—」『早稲田大学大学院教育学研究科紀要』第22号、pp.91-105。

坪井由実、1998、『アメリカ都市教育委員会制度の改革—分権化政策と教育自治—』勁草書房。

第７章　優秀教育長の特性と施策成果

藤本　駿

はじめに

2015年４月から始まった新教育委員会制度では、教育長はこれまで以上に地方教育行政に大きな権限と責任を持つようになった。地方教育行政の活性化において優秀な教育長の確保が重要であることは言うまでもないが、そもそも優秀な教育長とはどのような特性を持つのだろうか。また、優秀な教育長はどのように認定されるのか。我が国では、2006年度から教職員の意欲を高め資質能力の向上を図る目的で、現職の教職員を対象にした優秀教職員表彰が行われてきた(1)。一方で、優秀な教育長を認定し、表彰するような取り組みは見られない。

米国に目を向けると、優秀教員に対して資格認定（certification）を行うシステムが構築されていることに加え(2)、アメリカ学校行政職協会（American Association of School Administrators, the School Superintendents Association, 以下AASA）などが優秀教育長を対象とした取り組みを展開してきた。米国の優秀教育長に着目してその特性等を検討することは、我が国の今後の教育長の役割や評価のあり方を考える上でも有意義である。

そこで本章では、まず優秀教育長が求められる背景を整理した上で、優秀教育長の特性を明らかにする。次に、AASAの具体的な取り組みを検討し、全米レベルの優秀教育長施策の特徴を明らかにする。またカリフォルニア州を事例に、州レベルの優秀教育長施策の特徴を明らかにする。カリフォルニア州を事例にした理由は、同州がAASAとは別に、カリフォルニア学校行政職協会（The Association of California School Administrators, 以下ACSA）という独自の団体を創設しており、州レベルの取り組みを検討する上で有効と考えたためである。研究方法は、先行研究の知見に加え、教育長団体の報告書、関連資料、州の法令・規則、マニュアル等の分析を中心に行う。

1. 優秀教育長の特性

(1) 優秀教育長が求められる背景

まず、米国においてなぜ優秀な教育長が求められるのか、その背景を整理したい。ヴァン・デューレンとエバート（Van-Deuren, A. E. and Evert, T. F.）は、今日の地方教育委員会や教育長が直面する課題として次の２点を挙げている[(3)]。１点目は、連邦政府主導の教育改革への対応である。米国では、1983年の『危機に立つ国家—教育改革への至上命令（A Nation at Risk: The Imperative for Educational Reform)』の発表以降、連邦政府が主導する形で教育改革が展開しており、州政府に対して児童生徒の学力向上や国際競争力の強化を求めるようになった。クリントン政権時の1994年の「学校促進法（Improving America's School Act)」では、州ごとのスタンダードに基づく学力テストの実施を求め、さらに、ブッシュ政権時の2002年の「どの子も置き去りにしない法（No Child Left Behind Act of 2001:NCLB法)」によって、アカウンタビリティを求める圧力がさらに高まった。地方教育委員会や教育長は、連邦政府や州政府が進める様々な政策が学校や児童生徒にどのような影響を与えるのかを十分に把握した上で、その地方の実情に応じた取り組みを進める必要がある。

２点目は、経済状況の悪化への対応である。米国では、1990年代頃から経済が悪化・停滞しており、地方教育行政へも大きな影響を与えた。オバマ政権時の2009年から始まった「頂点への競争（Race to the Top)」政策は、競争的連邦政府補助金の導入を通じて、スタンダードやアセスメントの開発・採用などの教育改革を州や学区に促すようになった[(4)]。地方教育委員会や教育長は、補助金を獲得するために、児童生徒の学力向上や校長や教員の質の向上などこれまで以上に教育改革に積極的に取り組むことが求められた。このような状況から、地方教育委員会や教育長には効率的・効果的な施策を進めることが重視されている。

(2) 優秀教育長に求められる特性

では教育長にはどのような特性が必要なのかを見ていきたい。教育長に求められる役割は大きく変化してきた。例えば、グラス（Glass, T.）は、従来から求められてきた人的、物的資源、財源の管理という役割に加え、教育改革が本格的に進められてきた1990年代頃からは教育長が持つビジョンが重視されるとともに、コミュニケーション能力や人間関係を構築する力、政治的な洞察力などが重要であると指摘している(5)。全米学校広報協会（National School Public Relations Association, NCPRA）が、過去5年間に優れた教育長として表彰された17名を対象に実施したインタビュー調査においても、教育長として成功するための重要なスキルとして同様の結果が出ている(6)。すなわち、「リーダーシップ、ビジョン、戦略、問題解決」というスキルが最も重視されており、続いて「コミュニケーション、コミュニティとの関係」、「対人スキル」、「個性」、「公立学校へカリキュラム編成を支援するコンピテンシー」などのスキルが挙げられている。

ヒリアードとニューサム（Hilliard, A. T. and Newsome, E.Jr.）は、児童生徒の学力向上という点から、効果的な教育長に必要な知識やスキルとは何かを整理している(7)。教育長は学区内の利害関係者と対話し、共同で行動計画を策定する責任があり、そのために定量的・定性的データを使用し、学区の強みや弱みを把握する必要があると指摘している。また、児童生徒の学力向上を促進するためには、学区全体で専門的な学習コミュニティの形成を支援し、利害関係者と教育的価値やビジョン等を共有することが重要であるとしている。さらに、学習コミュニティを通して、学校管理職や教職員の専門的成長を促進する機会を提供する必要性を指摘している。

近年は学校管理職やスクールリーダーを対象にした専門職基準の策定が進められており、これらと教育長の特性との関連を考えることも重要である。例えば、州教育長協議会（Council of Chief State School Officers, CCSSO）の後援を受けた州間学校管理職資格付与協議会（The Interstate School Leaders Licensure Consortium, ISLLC）の専門職基準（1996年策定、2008年改訂）などが策定されてい

図表1　教育長に求められる12のコンピテンシー

1. 学校ガバナンス（School Governance）	政策立案において学区教育委員会メンバーと協働すること
2. 学校法（School Law）	学区の政策や運営に影響を与える法的問題を理解すること
3. 教育上のリーダーシップ（Instructional Leadership）	学区の教育改革のために、積極的かつ参画的なリーダーシップを発揮すること
4. 資源管理（Resource Management）	財務、施設、および人的資源のプロセスと規制を管理すること
5. ビジョンリーダーシップ（Vision Leadership）	学区と学校の改善目標を達成するためにスタッフを導き、やる気にさせること
6. 改革リーダーシップ（Change Leadership）	学区と学校の改革イニシアチブを導き、管理すること
7. コミュニケーション（Communication）	学区の職員、スタッフ、利害関係者とコミュニケーションすること
8. 戦略計画（Strategic Planning）	学区のパフォーマンス目標を設定・発展させること
9. 学校データ管理（School Data Management）	学校評価や他の学校データを解釈し、活用すること
10. コミュニティとの関係（Community Relations）	コミュニティのメンバーと積極的に連携し、良好な関係を発展させること
11. 多様な学習者戦略（Diverse Learner Strategies）	多様な学習者に効果的な指導を保証すること
12. 協働（Collaboration）	学校組織全体で協働的な文化を構築すること

出典：Wilhite, R.K., et al, 2017, “Chapter Two: Leading with Mastery: Core Competencies for Superintendents”, Leading with Resolve and Mastery: Competency-Based Strategies for Superintendent Success, Rowman & Littlefield, pp.17-35を参考に筆者作成。

るが、ウィルハイトら（Wilhite, R. K., et al）は、これらのスタンダードなどを参考に、効果的な教育長とは何を達成できるか、何ができるかで測定される必要があるとして12のコンピテンシーに整理している(8)。12のコンピテンシーは図表1の通りである。

このように、教育長に求められる特性は多様化している。その背景にあるのは学力向上や教育格差の是正を求める教育改革の動向である。教育長には、学区を主導するリーダーシップを発揮するとともに、学区を効果的に運営し、教育改革を成功に導くための知識やスキルなどが強く求められているといえる。

2. 全米における優秀教育長施策の特徴

(1) AASAの概要

AASAの創設は1865年まで遡り、学校の監督業務に従事する全米の州や市の教育長を中心に構成された団体から始まり、1866年に全米教育長団体（National Association of School Superintendents）と呼ばれるようになった。その後、アメリカ師範学校団体（American Normal School Association）や全米教員団体（National Teachers Association）が合併して創設された全米教育協会（National Education Association）の教育長部門となった。1930年代に、アメリカ学校行政職団体（American Association of School Administrators）として独立して以降、現在は、AASA, the School Superintendents Associationと呼ばれている。

AASAは、公教育を担うリーダーの支援に関わる全米規模の団体である。現在の会員数は１万３千人を超えており、カリフォルニア州を除く49の州団体とカナダの団体と連携関係にある(9)。メンバー構成を見ると教育長、校長、大学教授、教育行政関係者などが参加している。AASAの運営は、理事会（Governing Board）及び執行委員会（Executive Committee）によって管理されている。理事会は、７つの地域から選出された135名で構成され、AASAの方針など重要事項の決定が行われる。理事会によって任命された21名で構成される執行委員会は、継続的な組織運営について協議し、理事会に提案している。このようにAASAは教育長を中心とした多様なメンバーの意見を反映させ、AASAの目標を設定し、管理・運営している。

(2) AASAによる教育長の専門職基準の策定

AASAは、1980年代以降、教育長が持つ特性に関する基準策定に取り組んできた。まず1982年に「学校行政職の養成ガイドライン（Guidelines for the Preparation of School Administrators）」を公表し、教育長を含めた学校行政職の目的、コンピテンシー、スキルを示し、ガイドラインをもとにした学校行政職の養成システムを提案している。1985年には「成功するスクールリーダーのスキル（Skills for Successful School Leaders）」を公表（1990年に改定版）しており、単科大学や総合大学での資格取得や大学院プログラムでの活用を求めている。

そして1993年に、AASA教育長基準委員会が、「教育長の専門職基準（Professional Standards for the Superintendency）」を策定した(10)。AASAは、優れた教育長を保証する方法は、専門職基準を策定・適用させることであるとし、質の高いパフォーマンスを引き出す手段であるとしている。最新の研究成果をもとに、効果的で優秀な教育長に必要なパフォーマンス、コンピテンシー、スキルとは何かを定義し、8つの専門職基準を示した。8つの専門職基準とは、リーダーシップと学区文化（Leadership and District Culture）、政策とガバナンス（Policy and Governance）、コミュニケーションと地域との関係（Communications and Community Relations）、組織マネジメント（Organizational Management）、カリキュラムの計画と発展（Curriculum Planning and Development）、指導上マネジメント（Instructional Management）、人的資源マネジメント（Human Resources Management）、リーダーシップの価値と倫理（Values and Ethics of Leadership）である。それぞれに教育長は何を知り何ができるべきか（A superintendent should know and be able to）という視点から指標がいくつか提示されている。

ただし、AASAはこれら8つの基準全てを完全に満たすことができる教育長はほぼいないと認識しており、現実的には教育長養成や継続的な職能開発のためのガイドラインとして専門職基準が利用されるべきと考えている。そのため、教育長の養成や研修等にかかわる行政機関、大学、専門団体などに対し、これらの基準に合致したシステムを構築するように求めている。

なお、2015年にはCCSSOが中心となり、AASAを含めた様々な全米規模の団体が連携し、全米教育行政政策委員会（National Policy Board for Educational Administration, NPBEA）が設立された。そして教育長や校長職等を対象にした新たなスタンダードとして、「教育上のリーダーのための専門職基準（Professional Standards for Educational Leaders, PSEL）」を策定しており、教育長に対する専門職基準は新たな展開を見せているといえる。

(3) 優秀教育長表彰施策の概要とその特徴

AASAが実施している全米教育長表彰プログラム（The National Superintendent of the Year Program、以下表彰プログラム）は、全米の公立学校をリードする教育長の才能とビジョンに敬意を表するプログラムであり、1988年から開始している[(11)]。AASAに加え、First Student、AIG Retirement Servicesがスポンサーである。これは、第一線で活躍する教育長の卓越したリーダーシップを認識することを目的としており、退職時の功労を報いるものではないとしている。

表彰されるためには、まずAASAに加盟する州レベルの団体から指名される必要がある。選考プロセスは州によって多少異なるが、基本的には共通している。例えば、ニューヨーク州では、まず州内から自薦や他薦をオンラインで受け付ける[(12)]。その後、現役の教育長や退職した教育長等で構成される功労委員会（Distinguished Services Committee）がすべての申請書類を審査し、最終的に1名の州代表者を決定する。AASAは、全米的なブルーリボン委員会（blue-ribbon panel）により、州ごとの代表者の申請書類を審査し、４名の最終候補者を選定する。４名は全米プレスクラブ（National Press Club）でプレゼンやインタビューを実施した上で、AASA全米教育会議（AASA's National Conference on Education）でその年度の最優秀表彰者が発表される。

図表2　優秀教育長表彰プログラムの選考基準

・学習のためのリーダーシップ（Leadership for Learning）	彼または彼女の学校システムで生徒のニーズにうまく満たす創造性
・コミュニケーション（Communication）	個人的または組織的コミュニケーションの両方における強み
・プロフェッショナリズム（Professionalism）	経営知識とスキルの絶え間ない改善と、教育チームのメンバーに職能開発の機会とモチベーションの提供
・地域社会への関与（Community Involvement）	地域社会活動への積極的な参加と、地域、国内、国際的な課題への理解

出所：AASAホームページ（https://www.aasa.org/content.aspx?id=3404）（2020.8.8最終確認）を参考に著者作成

その選考基準は図表２の通りである。すべての州で共通している。

では、実際にどのような人物が選ばれているのか。最優秀表彰の受賞者の経歴や施策成果はAASAのホームページ等で公開されている。例えば、2019年度に最優秀表彰を受賞したオレゴン州ユージン学区（Eugene School District）教育長は４年間の成果として、オレゴン州リーダーシップ・ネットワーク（Oregon Leadership Network）などを通じて、学区の学校教育における公平性を重視し、公平な教育実践ができるように貢献した点、地域社会との連携関係を発展させるために様々な地方団体の役員等を務めている点などが挙げられている(13)。

また、2018年度に受賞したイリノイ州の高校区の教育長は、在任中の12年間で、学区内の６つの高校が困難校であったにもかかわらず、高校ランキング（U.S. News and World Report's 2016 ranking）で州内のトップ45に選ばれていた点、州教育委員会の評価で財務面での優秀性が評価された点、マイノリティ学生への個別支援を行う新たな教員養成プログラムを創設した点などが表彰の理由とされている(14)。

このように、具体的な教育改革の取り組みとその成果や、学区やその地域への貢献度などが評価されているといえる。

(4) AASA全米教育長資格認定プログラムの概要とその特徴

表彰プログラムに加え、全米教育長資格認定プログラム（AASA National Superintendent Certification Program、以下認定プログラム）も、優秀教育長を維持・確保するための取り組みの一つといえる。認定プログラムは2013年度から開始されており、在職年数７年以下の教育長と、自らのスキルを高めたい教育長を対象にしている(15)。これは、AASAと州の団体、全米教育委員会協会（National School Boards Association）、企業等との共同的な取り組みであり、教育長に必要な包括的なリーダーシップの発展を目指すとともに、専門的なネットワークへの参加を提供するものである。

認定プログラムの特徴は次の５点である(16)。１点目は、一貫したカリキュラムである。プログラムのすべての要素は、児童生徒の学力を向上させるためのリーダーシップ能力の開発に焦点を当てている。カリキュラムは、グループ全体、小グループ、個々の学習活動を組み合わせた事例をベースに構成されている。2点目は、経験豊富なスタッフである。このプログラムは、在職年数の長いベテランの教育長によって導かれており、指導する教育長はそれぞれの学区で多大な影響力を持った者が担っている。3点目は、1対1のコーチングである。コーホートのメンバーには、経験豊富な教育長がメンターとして参加する。メンターはプログラム全体を通じて重要な役割を担い、参加者はメンターと生涯キャリアを通して専門的な関係性を維持することになる。4点目は、個々のキャップストーンプロジェクト（Capstone Projects）である。これは、それまでのプログラムで得た専門的知識や経験を活用し、介入が必要な学区の課題を分析するという実践的な取り組みである。各参加者は、学区が抱える課題に対処するために、行動計画を提案、設計、実施する。5点目は、継続的なサポートと接続である。認定プログラムの修了者は、修了生ネットワークのメンバーになる。AASAは、年間を通じてオンラインで修了生をサポートしており、全米各地のイベントや会議に定期的に招待している。

以上のように、認定プログラムは、経験豊富な教育長自身によって運営されており、具体的な学区の課題などに取り組んでいる。またプログラムを修了した教育長は教育長同士のネットワークに参加することで、引き続きこのプログラムに関与する仕組みが構築されている。

3.　カリフォルニア州における優秀教育長施策の特徴

(1) ACSAの概要

1971年に設立されたACSAは、学校行政職のための団体であるが、AASAには加盟しておらず、独自の取り組みを進めている。ACSAの最優先事項は、公立学校の児童生徒及び成人の学習者を支持することであり、その使命は、カリフォルニア州の多様な児童生徒のニーズに合うスクールリーダーを育成し、支援するための原動力になることである。

現在の取り組みとして、次の4点を挙げている[17]。1点目は、すべてのメンバーのリーダーシップ能力開発のために、専門的成長を支援しキャリア形成の機会を拡大すること、2点目は、メンバーが新しい知識を獲得し、応用し、実証し、認識されることを通して、専門的な学習と支援のための機会を提供すること、3点目は、専門的な動向、課題、実践、資源に関するタイムリーで包括的な情報を提供し、最初の情報源として専門的な卓越性を推進すること、4点目は、お互いの専門的成長を支援するために、彼らの経験と専門的知識を協働して提供するスクールリーダーの専門家コミュニティになることである。これらを踏まえ、ACSAはカリフォルニア州内を19の地区に分割し、各地区のニーズに合わせた取り組みを展開している。

ACSAの運営については、理事会メンバー5名と運営委員会19名で構成されている[18]。理事長であるウィリアムズ（Williams, R.）はビクターバレーユニオン高校区の教育長を務めている。また、運営委員会には各地区から1名ずつ選出されているが、そのメンバー19名中9名が学区教育長、2名が学区副教育長、4名が校長、4名が行政関係者である。事務局長（Executive Director）のスミス博士（Dr. Smith, W.）は学校管理職や教育長経験者である。このように現役または退職した教育長が実際に運営にかかわり、教育長職の充実・発展に努めている。

(2) ACSAによる優秀教育長表彰プログラム

ACSAは、優秀な学校行政職を認識することを重視しており、毎年の表彰プログラムを通じて、彼らの業績と公教育への献身を称賛しており、州独自の様々な賞が設置されている[19]。その中でも、学区教育長を含めた表彰プログラムは以下の3つである[20]。

①フェルド・キーゼル記念功労賞（Ferd Kiesel Memorial Distinguished Service Award）

ACSAの創立者であるキーゼルの名を冠した賞であり、ACSAの表彰プログラムの中で最高の栄誉とされる。毎年、カリフォルニアの公教育に多大な貢献をした個人を表彰している。教育長に限らず、教員や一般人なども対象にしている。

②卓越した管理職のためのマーカス・フォスター記念賞（Marcus Foster Memorial Award for Administrator Excellence）

オークランド統一学区の教育長であったフォスターの功績を記念した賞であり、彼のように卓越したリーダーシップの資質を持った個人を表彰している。

③年間最優秀管理職賞（Administrators of the Year）

この賞は、卓越したパフォーマンスや業績を評価するために毎年授与されるものである。教育長、学校種ごとの校長、行政官など21の職種を対象に授与している。

これらの賞の選考プロセスは共通している。まず19の地区ごとに該当する者の申請を受け付ける。申請者はACSAのメンバーであることが前提であるが、理事会などの役員は申請できない。申請においては教育長、校長、同僚、地域社会のメンバー、保護者等からの推薦状が必要になる。申請書の作成では、図表３に示される選考基準に従い、すべての児童生徒の成功をどのように促進したかを説明しなければならない。それぞれの基準については、どのようなプロセスで達成されたかという点よりも、その成果や具体的事例を記述することが求められている。

各地区は表彰委員会（Awards Committee）を招集し、選考基準を参考にして申請書類を検討し、地区の受賞者を決定する。地区の受賞者は州の候補者に選出される。そして州全体の表彰委員会が招集され、地区ごとの候補者の中から最終的な受賞者を選出する。表彰委員会は理事会（board of directors）に承認を得るために勧告する。最終決定は理事会が行う。

以上のように、優秀教育長の選考プロセスは、AASAのそれとほぼ同様であるが、選考基準に関しては具体的に公表されている。特に年間最優秀管理職賞に関しては、児童生徒の学力向上を重視し、その成果を強く求める内容と

図表3　カリフォルニア州の教育長表彰プログラムの選考基準

フェルド・キーゼル記念功労賞	・その人の貢献が、州または全米、広範な地理的地域で公教育に大きな影響を与えたものであること ・その人の貢献が、公教育の重要な部分に影響を与えたものであること ・貢献そのものほど重要ではないが、その人が教育に関与した時間を考慮する必要がある
マーカス・フォスター記念賞	・変革のスキルを持った管理者である者 ・幅広い専門的な関与に加え、コミュニティの多くのセクターに関わる管理スタイルを持つ者 ・教育の機会を改善するためにリスクを負うことをいとわない者 ・創造的で、新しいアイデアを試み、子どもたちに手を差し伸べる者 ・子どもたちに影響を与える課題について地域社会で発言する者 ・すべての人、特に子どもを人間として尊重するとともに、すべての個人が完全な市民としての権利を持つことを保護する者
年間最優秀管理職賞	・教育の質、児童生徒の学習到達度、学校コミュニティが共有し、支持する学習のビジョンに関与すること ・児童生徒の学習や教職員の能力開発に役立つ学校文化や指導プログラムを提唱し、育成し、維持すること ・個人の倫理規範をモデル化し、専門的成長に献身すること ・公教育が直面する課題への対処や、地域社会の多様なニーズへの対応に関する創造性や革新性を発揮すること ・学校プログラムの管理における卓越したリーダーシップを発揮し、学校運営チームを強力にサポートすることを通して、安全で効率的・効果的な学習環境を創造すること ・テクノロジーを取り入れた教育と学習をサポートするための戦略の特定と実施を含め、新しいテクノロジーの使用を提唱し、育成し、維持すること

出所：The Association of California School Administrators, ACSA Policies & Procedures Manual, 2018, pp.10-23を参考に著者作成。

なっている。

(3) ACSAによる優秀教育長の育成

ACSAは、優秀な教育長を育成するために、アカデミーと呼ばれる研修機会を提供している[(21)]。アカデミーでは、現職で必要とされる効果的な管理運営やリーダーシップのスキルなどを身につけるとともに、キャリア形成への活用を目指している。アカデミーの受講者は、新任の教育長や、高度な指導的地位に就きたいと考えている教育長を対象にしている。指導者は、教育長経験の豊富な者が担い、参加者への講義とディベートが行われる。このような機会は、経験豊富な教育長から実践的な課題を学ぶことができるとともに、教育長同士のネットワークづくりにも有益であるといえる。

また、1年目と2年目の教育長を対象にした新教育長セミナーシリーズ（New Superintendents Seminar Series）と呼ばれる研修機会もある。これは、2日間のワークショップを5回実施する1年間の長期プログラムである。講師は経験豊富で成功している教育長が担当する。内容は、新任の教育長が今抱えている課題解決に向けた取り組みなどを取り上げ、教育長の役割に特化した実践的なテーマがセミナー形式で実施される。

これら以外にも、ACSAはサクラメント郡教育局のリーダーシップ機関と提携し、教育長を含めた学校管理職を対象にした予備的管理職資格プログラム（Preliminary Administrative Credential Program）を提供している。これはすべての児童生徒の学習を向上させるために、学校管理職の能力やスキル等を高めることを目的としている。候補者は、11ヶ月間で6つのコースを受講し、対面授業、オンライン学習、フィールドワークなどを行う。講師は、経験豊富な学校管理職が務める。候補者は、翌年に4つの追加クラスを修了することで、学んだことを応用して修士号を取得することができる。他に、カリフォルニア州教育リーダーのための専門職基準（California Professional Standards for Education Leaders, CPSEL）に基づき、明確な管理職資格プログラム（Clear Administrative Credential Program）というのもある。これは2年間で日常的業務に組み込まれた指導と支援を行うものであり、経験豊富な指導者から一対一の指導・助言を受けることができる。

このように、研修機会や資格取得を通して、新任時代から教育長に必要な能力やスキル等を育成する仕組みが充実している。

小括

以上、優秀教育長の特性を整理するとともに、全米及び州レベルの優秀教育長施策について検討してきた。まず優秀教育長の特性については、先行研究において教育長に求められる知識やスキル等が調査・分析されており、一定の蓄積が見られる。近年では、教育長が持つリーダーシップ、ビジョン、創造性、さらにコミュニケーション能力など、単なる職務遂行能力よりも幅広い特性が挙げられている。その理由としては、連邦政府主導の教育改革の動向が関係していると考えられる。すなわち、今日の教育長には、児童生徒の学力向上や教育格差の是正を進めるために、学区を効率的・効果的に運営し、教育改革を成功に導く力が強く求められている。

また、教育長に求められる能力やスキル等を全米や州レベルでスタンダード化する動きも展開している。1993年のAASAの教育長基準に加え、教育長も含めた教育リーダーの専門職基準であるNPBEAのPSELも開発されている。今後、これらの専門職基準が教育長の養成や研修、評価などにどのように活用されていくのかを注視する必要があるだろう。

全米・州レベルの優秀教育長施策については、AASAやACSAといった教育長団体の具体的な取り組みを取り上げた。全米・州レベルで共通する特徴は、現役や退職した教育長自身が積極的に関与する仕組みが構築されている点である。多くの教育長がそれぞれの団体の役員メンバーとして参加しているだけでなく、教育長の養成や研修プログラムにも評価者や指導者として参加している状況が見られた。このような退職後まで関与し続ける仕組みを設けることで、教育長の質の維持や確保に努めようとしているといえる。

優秀教育長を認定するために全米・州レベルで表彰プログラムが実施されている。選考基準では、前述した教育長の特性や専門職基準と関連した項目が多く、学区への貢献度や教育改革を成功に導いた点などが重視されている。特にカリフォルニア州の事例では、AASAよりも具体的に示されている点が特徴的である。申請者は自身の取り組みの具体的な成果や事例を根拠として説明しなければならない。優秀教育長として認定され表彰されることは、個人の名声や栄誉という意味合いは当然あるかもしれないが、それだけではなく、ホームページ等でその業績や成果を詳細に公表することで、そのような取り組みを全米・州レベルで広く普及することを目指していると考えられる。

また、AASAやACSAでは、優秀教育長を育成するための取り組みも行われていた。多くの場合、新任の教育長向けのプログラムであり、ベテランや退職後の教育長が指導者として関与するようになっていた。こうしたプログラムを受講することは、教育長に必要な能力やスキル等を身につけるためだけではなく、教育長ネットワークに参加することになり、教育長同士の専門的成長にもつながっている点は有意義であるといえる。

最後に、本稿では、優秀教育長の特性とは何か、どのような仕組みで認定されているのかを中心に検討したため、優秀教育長として認定・表彰された人物が、学区で具体的にどのような施策に取り組み、いかなる成果を上げたのかまで十分に分析できなかった。また、優秀教育長として表彰されることが彼らの人事や評価にどのように活用されるのかといった点についても分析まで至らなかった。今後、訪問調査を実施する機会があれば、優秀教育長として表彰された人物へのインタビューや、優秀教育長施策のさらなる検討を行いたい。

〈注〉

（1）　表彰対象は全国の国公私立学校の教職員及び教職員組織である。2019年度の被表彰教職員は825名、被表彰教職員組織は48組織である。学校教育における教育実践等に顕著な成果を挙げたとして、国立大学学長、都道府県・政令指定都市教育委員会及び都道府県知事からの推薦をもとに、文部科学省が審査・決定している。文部科学省「令和元年度　文部科学大臣優秀教職員表彰式の開催について」（https://www.mext.go.jp/content/20191225mxt_syoto01_100002174.pdf）（2020.8.8最終確認）

（2）　優秀教員に対する資格認定システムの詳細は、藤本駿、2019、「全米教職専門職基準委員会（NBPTS）による資格認定システムの制度的位置づけとその課題」アメリカ教育学会『アメリカ教育研究』第29号、pp.90-112を参照。

（3）　Van-Deuren, A. E. and Evert, T. F., 2015, “Issues, Contexts, and Frameworks”, *The board and superintendent handbook: current issues and resources*, Rowman & Littlefield, pp.3-10.

（4）「頂点への競争」政策については、北野秋男・吉良直・大桃敏行編著、2012、「アメリカ教育改革の最前線―頂点への競争」学術出版会を参照。

（5）　Glass, T., 2005, Management Matters, *American School Board Journal,* vol.192, No.10, pp.34-39.

（6）　National School Public Relations, Characteristics of Effective Superintendents: A study to identify qualities essential to the success of school superintendents as cited by leading superintendents, 2005, pp.1-17.

（7） Hilliard, A. T. & Newsome, E. Jr., 2013, "Effective Communication and Creating Professional Learning Communities Is a Valuable Practice for Superintendents", *Contemporary Issues in Education Research*, vol.6, No.4, pp.353-364.

（8） Wilhite, R. K., et al., 2017, "Chapter Two: Leading with Mastery: Core Competencies for Superintendents", *Leading with Resolve and Mastery: Competency-Based Strategies for Superintendent Success*, Rowman & Littlefield, pp.17-35.

（9） AASAホームページ参照（https://www.aasa.org/content.aspx?id= 1320）（2020.8.8最終確認）

（10） AASA Commission on Standards for the Superintendency, Professional Standards for the Superintendency, 1993.

（11） AASAホームページ参照（https://www.aasa.org/Awards-Scholarships.aspx）（2020.8.8最終確認）

（12） ニューヨーク州教育長委員会ホームページ参照（https://www.nyscoss.org/resources/subpage.cfm?subID=56&ID=79）（2020.8.8最終確認）

（13） AASAホームページ参照（https://www.aasa.org/content.aspx?id= 41109）（2020.8.8最終確認）

（14） イリノイ州学校行政職団体（Illinois Association of School Administrators）ホームページ参照（https://www.iasaedu.org/domain/63）（2020.8.8最終確認）

（15） AASAホームページ参照（https://www.aasa.org/superintendent-certification.aspx）（2020.8.8最終確認）

（16） AASAホームページ参照（https://www.aasa.org/content.aspx?id= 39101）（2020.8.8最終確認）

（17） The Association of California School Administrators, ACSA Strategic Plan 2018-2021.

（18） ACSAホームページ参照（https://www.acsa.org/About-Us）（2020.8.8最終確認）

（19） 多様性の促進や支援をおこなった者を表彰する多様性評価賞（Valuing Diversity Award）、模範的な地域連携プログラムを対象にした優れた教育パートナー賞（Partners in Educational Excellence Award）、退職者を対象にしたロバートE.ケリー賞（Robert E. Kelly Award）がある。

（20） The Association of California School Administrators, ACSA Policies & Procedures Manual, 2018, pp.10-23.

（21） ACSAホームページ参照（https://www.acsa.org/Professional-Learning/Academies）（2020.8.8最終確認）

第８章　マイノリティ教育長の位置と民族的多様性への展望

住岡　敏弘

はじめに

本章は、米国におけるマイノリティ教育長に焦点を当てて、その現状ならびに今後の展望について明らかにする。

文化的多元主義や機会均等を原則としている米国において、教育長職についても、その職務に最も適性を有した者が採用されるべきと考えられる。しかし、マイノリティ教育長の人数は、全教育長のわずか６％との報告もあり、総人口に占めるマイノリティの人口比に照らしても極めて少数に留まっている。

一方で現代の米国では人種・民族的多様化が急激に進行している。2010年の調査によると、保育園から公立高校12年生のうちの48％が非白人系によって占められている。また、英語以外の言語を第一言語とする児童生徒の人数も1980年から2009年までの約30年間に470万人から1120万人に急増している。こうした多様化は今後も留まることなく、2060年までにさらなる人種・民族面での多様化が進むとの予測が示されている。

こうした人種・民族的多様化の進行は、公教育に新たな教育ニーズを発生させているが、WASP中心主義や単一文化を前提としたカリキュラムが依然続いており、学校のシステムは旧態依然のままである。マイノリティに対する十分なサポートも不十分で成績格差も広がっている(1)。

こうした状況を踏まえるならば、多様な人種や民族出身の者が教育長職に就くことで、教育のガバナンスに多文化共生的な視点をより一層生かしていくことが不可欠である。

そこで、本章では、マイノリティ教育長に焦点を当て、その歴史的背景を踏まえ、マイノリティ教育長が置かれている現状や彼らに求められる資質能力を明らかにし、教育長職の民族的多様性に向けての展望について考察する。なお本章では、マイノリティ集団のなかでも、比較的研究蓄積のあるアフリカ系アメリカ人（以後、「黒人」と表記する）を主な分析対象とする。

1. 人種差別（discrimination）と分離（segregation）のなかで生まれたマイノリティ教育長

(1) マイノリティ教育長の起源

米国では南部諸州で17世紀から200年以上にわたって黒人奴隷が導入され、綿花プランテーションを支えてきた。南部諸州は、奴隷反乱の発生を抑えるため「反識字法（Anti-literacy laws）」を制定し、黒人奴隷のみならず、奴隷ではない自由黒人も含め、黒人全体に対する識字教授の禁止を徹底した(2)。

こうした状況下でも、黒人は秘密裏に教育活動を展開していった。1744年には、サウスカロライナ州のチャールストンで英国出身の教養ある黒人が学校を開設し、非常に多くの子どもたちで賑わっていたとの記録が残っている(3)。こうした活動が広がりをみせるなか、黒人自身の「地下」活動を支えるべく、黒人学校を「監督」する黒人も現れる。1833年にはジョージア州サバンナで元奴隷の黒人女性、ジェーン・デヴォー(Jane Devaux）は、4,000人もの黒人の子どもたちを、22のクラスター(学校）にグループ化し、それを監督したとの記録が残されている。彼女の業務には、人員配置、施設建設、資金調達、カリキュラム設計等が含まれていた(4)。

1862年にリンカーン大統領が奴隷解放宣言を発するとともに、北部から宣教師が黒人を「無知」から解放するべく教育活動のため大挙して南部に訪れた。そこで彼らが驚きとともに目にしたのは、黒人自身が学校を設立し、熱心に教育に取り組む姿であった。たとえばフロリダ州パンハンドルの黒人聖職者、エマニュエル・スミスは、解放された奴隷のための学校開設を促すべく委員会を組織し、開設された学校の監督や教員の確保を担っていた(5)。北部の宣教師団体の白人教師は、「黒人たちは自らの教育機関を自分の手で維持することに誇りを持っており、我々に望むのは、コントロールのない援助だ。」と述べている[(6)]。

デヴォーやスミスらの肩書はもちろん「教育長」ではない。しかしながら、彼らの努力は、今日の教育長につながるものである。従来までの（白人を対象とした）研究における教育長の初期の歴史では捉えられていないものの、彼らの実践のなかにこそ、マイノリティ教育長の起源があるといえよう。

(2) 南部諸州の公教育における人種分離の制度化と黒人教育長の出現

南北戦争後、南部諸州は19世紀後半にかけて、公教育制度を整備していった。そこでは黒人に学校への就学は認めたものの、白人との分離教育が制度化され、1896年の最高裁判決（Plessy v. Ferguson）で「分離すれども平等（Separate but equal)」原則が確立され、分離教育は法的に正当化されたのであった。

当時、教育長をはじめ教育行政官のほとんどは白人で占められていた。しかし、少数ではあるが、マイノリティ（ほとんどが黒人）の教育長も存在した。最初の黒人教育長は、1930年から1958年の間に、オクラホマ州のボーリー(Boley)、クリアビュー(Clearview)、レンティーズビル（Rentiesville)、レッドバード（Redbird）およびタフト（Taft）のような黒人学区で選任された[(7)]。たとえば、ベルマ・ドルフィン・アシュリー(Velma Dolphin Ashley）は、1944年から1956年にかけて、前出のボーリー学区で教育長を務め、管轄する黒人学校の健康教育や学力向上に尽力したとされる[(8)]。

このように、ブラウン判決以前は、教育長は基本的に白人であり、ごく少数ではあるが、分離教育制度のなかで、黒人学区を対象にマイノリティ（黒人）教育長が存在していたのである。

2.　大都市における黒人教育長の誕生—アトランタ市を事例として—

1970年頃から、大都市学区の教育長に黒人が就任するようになり、全米の注目を集めるようになった。1969年にニュージャージー州トレントン（Trenton）学区でエルセル・ワトソン（Ertsel Watson）が教育長に就任し、1970年７月には、マーカス・フォスター（Marcus Foster）がカリフォルニア州オークランド学区教育長に任命された。1971年10月には、ワシントンD.C.の教育長にヒュー・スコット（Hugh Scott）が就任した。その後も、1971年にボルチモア市、1973年にアトランタ市、1974年にデトロイト市と米国を代表する大都市に次々と黒人教育長が誕生した。こうした状況について黒人教育長研究者の草分けであるチャールズ・ムーディ（Charles Moody）は、「黒人行政官の出現は人種分離撤廃闘争の成り行きだった(9)」と結論づけている。

本節では、南部の代表的な都市であるジョージア州アトランタ市を事例として、ブラウン判決以降、人種分離撤廃闘争のなかで黒人教育長がどういった経緯で誕生したかについて明らかにする。

(1) 市教育委員会の消極姿勢と人種分離教育撤廃をめぐる法廷闘争の限界

1954年5月17日、ブラウン判決（Oliver Brown et al. v. Board of Education of Topeka et al.）において、連邦最高裁は公立学校において、単に人種だけの理由にもとづいて児童を分離することは、合衆国憲法修正第14条の平等保護条項に違反すると判示した(10)。

判決を受け早速アトランタ市でも市教育委員会に対して即時の分離撤廃を求め黒人の団体が請願を行ったが、教育委員会は特別委員会を設置するも実質的に何の対応もなかった。そこで1958年に、黒人は、全米規模の公民権組織、NAACP（全米黒人地位向上協会）の法的保護基金（Legal Defense Fund：LDF）に支援を仰ぎ、連邦地裁に訴訟を起こした。（Vivian Calhoun, et al. v. A. C. Latimer, et al. 後に、Calhoun v. Cooke et al., Civil Action No.6298 となる）(11)

その結果、地裁は教育委員会に対し、1959年12月1日までに分離教育撤廃計画を提出するように命じた。これに対し教育委員会が示した計画は、分離撤廃を1年毎に1学年ずつ進め、計画完了まで12年かかるというものであった。余りに緩慢なこの計画に、原告は連邦地裁に1965年までの分離撤廃完了を求めたが、地裁がこの要求を拒否したため、連邦最高裁に上告した。結局訴えは地裁に差し戻しとなり、地裁は教育委員会に対し1968年初めまでに分離撤廃を完了するよう命じた(12)。そこで教育委員会は1965年9月までに公立学校全学年を「自由選択方式（Freedom of Choice）[13]」で分離撤廃する計画を発表した[14]。この方式のもとで1965年には、全ての学年で分離教育撤廃は法的に「完了」となった。

しかし、実際には市内の90％以上が分離された学校に就学しており、いまだ明確な不平等が黒人学校と白人学校の間に存在していた。黒人は教育委員会に苦情を提出したが、教育委員会はその実態に全く関心を示すことはなかった。

ところが1968年に連邦最高裁判決（Green v. New Kent County School Board）で、自由選択方式が公立学校を効果的に分離撤廃しないならば、人種分離を根本的に取り除くために他の方法がとられなければならないとされると、連邦地裁は、市教育委員会にもっと大規模に分離教育撤廃を進める新たな計画を提出するように求めた。

しかし、1960年代、白人の郊外への流出（white flight）と黒人の市内への流入により、1970年には、黒人が市の総人口の51.3％を占めるに至り、その後も市内の公立学校に在籍する黒人児童生徒の割合が急増し、分離教育撤廃が実施されているにもかかわらず市の公立学校は「事実上の分離教育」状態になった[15]。

事実上の分離教育が進む中で、1971年に連邦地裁は、公立学校は十分に分離撤廃され、「統合（unitary）」されたと宣言した。原告は控訴したが、却下された。1972年に原告は再び上告し、巡回区控訴裁は教育委員会に全ての学校、特にいまだ分離撤廃が実施されていない学校の分離撤廃を11月27日までに実施するように求めた。これに対し、今度は、被告の教育委員会側が判決を不服として連邦最高裁に上告したのであった[16]。

(2) アトランタ・アクション・フォーラムと教育行政官の人種均衡策の検討

事実上の人種分離教育の拡大のなかで、分離撤廃の法的な解決が行き詰まりをみせるなか、1972年初めには市内の黒人社会と白人社会との間で人種間の非公式の交渉チャンネルとして、アトランタ・アクション・フォーラム（Atlanta Action Forum）が組織された。この組織は、市内の黒人不動産業者、キャラウェイ（William Callaway）と白人支配層のリーダーで「市民南部銀行」（Citizens' and Southern Bank）頭取のレイン（Mills Lane）との間で合意され、以後、両人種のコミュニティリーダーが定期的に会合を開くことになった。

10月に開催された最初の実質的交渉会期（first substantive negotiating session）の席で、黒人の代表は、今後大規模な分離教育撤廃の進展に大きな期待を寄せていないと表明し、白人の代表団を驚かせた。黒人側は、「事実上の分離教育」状態の中で、公立学校すべてを完全に分離撤廃することは現実的でなく、黒人と白人の共学が、黒人に優秀な教育を受けさせるための唯一の方法ではないと考え始めたのであった(17)。ここに来て黒人の教育上の人種間の平等を求める闘争の方針についても大きな転換点を迎えることになったのである。

そこで黒人は、強制バス移動による児童生徒の分離教育撤廃を最小限に留める一方で、教師と教育行政官の人種均衡政策を要求した。

特にNAACPアトランタ支部長で、アクション・フォーラムの黒人側のメンバーのひとりロニー・キング（Lonnie King）は、教育行政官の人種均衡政策を強く要求した。黒人は、強制バス輸送の問題で妥協する代わりに、黒人による教育行政の統制を要求した。キングは、人種分離教育撤廃の司法命令に対する学校の対応は行政の人種均衡政策に掛かっていると考えていた。彼は「他の都市では、NAACPは法廷で教育長と争い、そして判決後は、教育長に訴訟中反対していた命令の実行が任されるのである。もし教育委員会に今後の司法命令に共鳴して実施させたいなら、まず行政を変えなければならない。」と述べている。

他方、黒人の中産階級の保護者の多くは、人種分離の最も有害な点は、施設や教科書の質の不平等であると考えていた。そこでもし黒人教育行政官が公教育を統制すれば、人種間である程度教育資源を平等に分配できるのではないかと期待していた。この考えはアトランタに限ったものではなく、1960年代、全米のマイノリティの草の根のリーダーの間では、マイノリティ児童生徒が、マイノリティの教育長や選出された政治官吏からよりよい教育機会を受けることができると信じられていたのである。

さらにキングは、市の教育長を黒人にすることを主張し、教育行政官の人種均衡政策のための２つのアプローチを考案した。第一は、それぞれの学校経営（school administration）の人種構成を、市全体の人種構成と一致させるというものであった。その方式は、教師に対してはうまくいくかもしれないが、教育行政官については現在いる多くの白人教育行政官の配置替えや解雇が必要になってくる。現状では、市の教育行政の中核部分は、ほとんどすべて白人で占められていた。黒人教育行政官も確かにいたが、彼らは個々の黒人学校での行政官や黒人学校が集中している学区教育長（district superintendent）に限られていた。このため、市が実質的な負担をして、「黒人のために」新たに行政職を設けることが必要であった。これは負担が重すぎ実施は困難とみられた。

そこで、キングが実際に選んだ選択は、教育行政のトップ層に限定した人種的均衡を求めるものであった。交渉の末、白人の交渉者はキングの考え方に従うことに合意した。そしてアクション・フォーラムの交渉者たちは教育委員会に合意の内容を報告した。教育委員会でも報告内容は承認された。

(3)「アトランタの妥協」と黒人教育長の誕生

1973年１月には、連邦判事から、原告側による分離教育撤廃計画の提出後、30日以内の教育委員会による対応が命じられた。原告側の新計画は、教育行政官の人種均衡政策、教師の配置、優秀な生徒のための学校の設置を含み、１万人から３万人の強制バス輸送を求めていた。また、教育行政官の人種均衡策については、1973年６月までに市の中央教育行政のトップ５段階に新たに22の職務を設け、教育長と２人の教育長補佐（Associate superintendent）のうち１人に黒人を雇うことを要求していた。最も高い12の地位のうち、７つに黒人が割り当てられることになっていた。トップ５段階では、52の地位が黒人に割り当てられ、23の地位が白人に割り当てられることになっていたのである。

教育委員長メイズ（Benjamin Mays）は、５人のメンバーの委員会（five-member committee）を任命し、原告との交渉にあたらせた。交渉で、原告側は教育行政官の人種均衡策について、トップ５段階の行政職の63%を黒人にするように求めた。教育委員会側はもっと黒人の割合を減らすように求めた。原告側は、生徒の分離教育撤廃をめぐり教育委員会側からの実質的な譲歩によっては、その見返りとして50対50の分離を認めてもよいことを表明した。教育行政官の人種均衡政策の可否は、生徒の分離撤廃の合意如何にかかっていた。交渉の席でキングは、市内のすべての学校で黒人が全校生徒の最低30%在籍することを目標とし、例外として、いくつかの学校では最低20%を目標とし、数年間はそのレベルを保つことを認めることを提案した。キングのこの提案が合意のための基礎になった。

1973年2月20日の教育委員会の会合で、その合意計画（いわゆる「アトランタの妥協」）の詳細が発表された。この計画の内容は、大きく①生徒の配置計画、②教師の人種均衡政策、③市の教育行政における人種均衡政策で構成される。この計画は、約59,000人の黒人児童生徒を事実上の黒人学校に在籍させ、人種分離撤廃は最小限に留めながら、教育行政官と教師の人種均衡政策を進めるというものであった[18]。

市の教育行政官の人種均衡政策については、教育行政官のうち、市教育長を含むトップ6ランク、37のポストが人種に基づいて割り当てられることになった[19]。この計画では、市教育長は、1969年以降黒人が多数を占める市教育委員会の任命により、黒人が就任した。黒人教育長は、残りの行政官を割り当て、教育委員会による承認を受けた。なお、この人種均衡政策によって、現在働いている職員は解雇されることはないとされた。こうして、トップランクの行政官のうち50%を黒人が占めることになった。一方、教育行政官の人種均衡政策は今回限りとし、その後の教育長選考については人種に関係なく業績のみにもとづく選任とされた[20]。

アトランタに限らず、全米の大都市部でも“white flight”が進行し、マイノリティ・コミュニティが多数派になるにつれて、彼らの児童生徒や関係者の人種やエスニシティを反映した教育上のリーダーシップや学校に対するガバナンスが求められるようになった。結果、1970年代に誕生した大都市学区の黒人教育長は、その後も増加し、2001年時点において、大都市学区が加盟するCGCS（The Council of the Great City Schools）の教育長の実に38%、約4割が黒人となっ

たのである。(なお、NABSEの調査によると、同年の黒人教育長の割合は全教育長の1.8%に過ぎない。)[(21)]

また、黒人の学校に対するガバナンスを求める動きは、他のマイノリティ集団にも影響を与えた。たとえば、メキシコ系アメリカ人のラ・ラスタ（La Rasta）のグループは、自らの子どもたちの教育の改善を求めて教育長、地方教育行政官、教員、学校理事会の理事／代表や政治的代表者の選任要求を最優先事項に掲げて活動したのである[(22)]。

3. 大都市学区のマイノリティ教育長に求められる資質

(1) 大都市学区の課題に対峙する黒人教育長―アトランタ市を事例として―

「アトランタの妥協」にもとづき就任した黒人教育長のアロンゾ・クリム（Alonzo Crim）は、ハーバード大学教育大学院で教育学博士（Ed.D.）の学位を取得し、前職は、カリフォルニア州コンプトン市の教育長であった。彼は、教育委員長メイズからの強力な支持を受けて、積極的に市の教育改革に取り組んだ[(23)]。

クリムは1983年に「公教育を信じるコミュニティ(Community of Believers)」という論文のなかで彼の理論を総括した。彼は、赴任当初から、貧困な黒人の子どものアチーブメント・レベルを全国平均と同等かまたはそれ以上に引き上げたいと考えていた。彼は従来より都市学区の分離教育撤廃には反対しており、仲間、親、あらゆるレベルの教育者、ビジネス人、教会関係者、市民全体を含む「公教育を信じるコミュニティ」を発展させるという戦略を採用したのであった[(24)]。

実際に1980年にクリムは、1985年までに市の生徒のアチーブメント・テストのスコアを全国平均まで引き上げると誓約した。ところが、1983年6月に彼は、目標がすでに達成されたことを宣言したのであった。

彼によると、「8割の生徒が貧困で9割の生徒が黒人であるような都市の（公教育）制度のなかでは、我々は常に底辺におかれてきた。我々は今何の特別な配慮も必要ないということを示したのだ。我々は、どんな生徒もどこまでも学力達成を伸ばすことができるということを世の中に示したのである。」と1983年6月7日付けの地元紙アトランタ・コンスティテューション紙に誇らしげに語っている[25]。

アトランタと同様に、他の大都市学区においても、黒人教育長は、拡大する社会的荒廃、財源の不足、低所得家庭の児童生徒の増加、一貫した学力の低下など深刻な課題に対峙することになったのである。

(2) マイノリティ教育長に求められる資質

サイモンズは、サイズモア[26]やスコット[27]の知見を活用しつつマイノリティ教育長が直面するニーズや求められている資質についてまとめている。

彼は、マイノリティ教育長が直面する問題点やニーズとして、大都市学区が抱える課題を参考に、学力改善、システムの再組織化、教育上のアカウンタビリティ、コミュニティ参加の拡大、教職員の職能成長、教職員の結束（unity)、経営改善、長期的な計画を挙げている。

こうしたニーズや課題に対応するために、マイノリティ教育長の役割期待として推奨される5つの役割（1）教育指導上のリーダー(instructional leadership)、(2) 経営能力や財務管理能力（management and finance)、(3) コミュニケーション能力（communication)、(4) 研究／課題解決能力（research/problem solving)、(5) 政治的リーダーシップ（political leadership）を掲げている。

サイモンズは、さらにマイノリティ教育長には、この5つの役割（主として大都市学区で期待される役割）に加えて「市民としての能力開発（市民が必要に応じて信頼関係や協力関係を築けるようになること)」を挙げている[28]。まさに前述のアトランタ市教育長のクリムによる「公教育を信じるコミュニティ」の取り組みは、「市民としての能力開発」を基礎とした実践といえるであろう。

(3) 黒人教育長の連携と全米黒人教育者同盟（NABSE）の創設

全米の大都市学区において黒人教育長の就任が相次ぐ中、1971年には、黒人教育長のための最初の全国組織である全米黒人教育長同盟（National Alliance of

Black School Superintendents：NABSS）が結成された。この組織は1973年に黒人教師など広く黒人教育者を含むように再構成され、全米黒人教育者同盟（National Alliance of Black School Educators：NABSE）になった。

黒人教育長の連携の必要性を感じ、組織化に奔走したのは、前出の黒人教育長研究の草分け的存在のムーディであった。1970年11月、彼は、大都市応用研究センター（MARC）から資金を得て、黒人教育長に関する博士論文を完成させながら、シカゴで黒人学校教育長の全国会議を開催した。そのなかでムーディは、「闘争のただなか、彼（黒人教育長）は自身の孤独を常に意識することになる。この現状が、私にとって黒人教育長の全国同盟の結成の根本的な動機の一つだったのだ。15人の教育長が私のアイデアに同意してくれた。」と述べ、分離教育撤廃闘争のなかで黒人教育長が教育委員会内部で孤立しがちであり、教育長間の横のつながりの必要性を結成の動機に挙げている(29)。

また、彼は黒人教育長の団体を組織することで、十分な訓練を受けた献身的な黒人教育者の幹部を確保し、彼らが黒人の多い学区で指導的地位に就き、黒人をはじめその他不利な立場にある人々の生活の質の向上を実現していくことを目指していた。そのためにも、黒人教育長が、自らのイニシアチブを発揮し、他の教育長や黒人教育者と出会い、様々なアイデアを共有し、黒人教育者として直面する固有の問題に的確に対応するための方略を見出す契機になることが期待されたのである。

こうして1971年8月にはフロリダ州のマイアミ会議で、黒人教育長の全国同盟を結成する決定が下された。NABSEの憲章の第2条には、目的として、「すべての児童・生徒・学生、特にアフリカ系の児童・生徒・学生に質の高い教育を促進することである。アフリカ系の教育者と教育プロセスに関与する他の教育者の連合を確立すること。指導者となるアフリカ系の教師やその他の専門家を特定し、育成する」ことが掲げられている。ここで注目すべきは、「アフリカ系の児童・生徒・学生に質の高い教育を促進すること」として、同胞の教育の改善を中心に据えていることである(30)。また、「指導者となるアフリカ系の教師やその他の専門家を特定し、育成する」ために、年次総会の前に、校長志望者アカデミー、行政官志望者アカデミー、教育長志望者アカデミーなどが開催され、教育長をはじめ教育行政官に就くための支援を実施している[(31)]。

4. マイノリティ教育長の現状

マイノリティ教育長についての体系的な最新のデータは、2010年のアメリカ学校行政職協会（American Association of School Administrators：AASA）の調査である。この調査は10年ごとにサンプル調査として実施されている。同調査において教育長の人種・民族別の構成は以下の通りとなっている。

図表1　2010年教育長調査の人種・民族別の構成

調査対象の教育長のサンプル数	1800名
白人の割合	94%
黒人の割合	2%
ヒスパニックの割合	2%
ネイティブ・アメリカンの割合	1.5%
アジア系アメリカンの割合	0.3%
その他	0.2%
総　計	100%

出典）Theodore J. Kowalski, Robert S. McCord, George J. Petersen, I. Philip Young, and Noelle M. Ellerson, *The American School Superintendent 2010 Decennial Study,* PEARSON, 2011, p.103の表をもとに筆者が作成

これをみると現在でも、教育長職は、白人の占める割合が圧倒的に多いことがわかる。一方で、マイノリティの割合は合わせても６％であり、それでも2000年にグラスら（Glass, Björk・Brunner）による報告では５％であったのでわずかに増加している。

さらに、前出のAASAの調査をもとに、コミュニティの人種・民族構成ごとのマイノリティ教育長と白人教育長の比率を示したのが図表２である。

これをみると、マイノリティ教育長は、マイノリティの住民や児童生徒の割

図表2　学区の児童生徒の人種・民族構成ごとにみた白人教育長とマイノリティ教育長の比率

マイノリティ児童生徒の比率	マイノリティ教育長	白人教育長
51%を超えている学区	61.7%	11.4%
26%以上51%未満の学区	20.6%	11.6%
16%以上26%未満の学区	6.5%	9.2%
6%以上16%未満の学区	6.5%	18.2%
6%未満の学区	4.7%	49.6%
総　計	100%	100%

出典）Theodore J. Kowalski, *op. cit.*, p.104をもとに筆者が作成.

合が過半数の学区に集中し、白人の住民と児童生徒が圧倒的に多い学区には、マイノリティ教育長はわずかしかいないことがわかる。

図表3は、CGCSが都市学区の教育長の人種・民族・性別の構成を調査した2003年と2014年の結果を比較したものである。非白人の教育長の割合についてみていくと、2003年が45%なのに対して2014年は53%となり、非白人が過半

図表3　CGCS加盟の都市学区教育長の人種/民族・性別：2003年と2014年

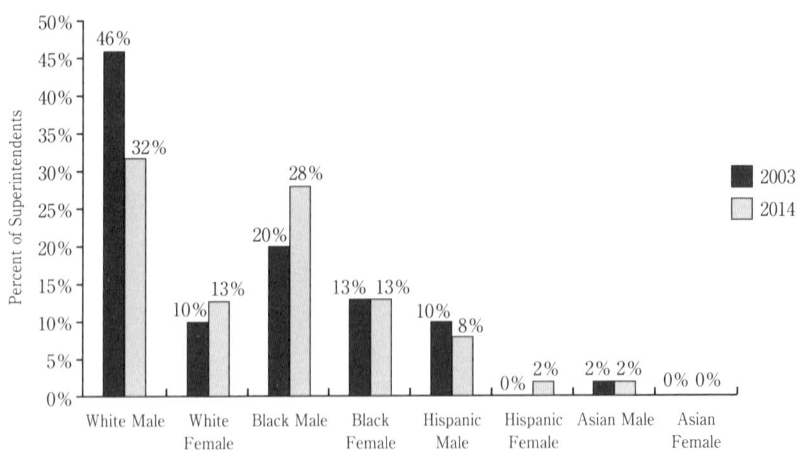

出典）Council of the Great City Schools, *Urban Indicator* Fall 2014, p.5.

数を超えており、都市学区におけるマイノリティ教育長の割合が一層高くなっているといえる。非白人の割合の内訳をみると、黒人が33％から41％に、ヒスパニックが10％で横ばい、アジア系も2％で横ばいとなっており、黒人の占める割合が高くなっており、性別も併せてみると、黒人男性の伸びが著しい。全米でのマイノリティ教育長の割合が微増に留まっていることと併せて考えると、マイノリティ教育長の都市部への集中は一層進んでいることがうかがえる。

また、NABSEの報告をもとに、2001年時点での州別の黒人教育長の人数を多い順に挙げたのが図表4である。

これをみると、黒人教育長は、大都市を抱えるニューヨーク州とカリフォルニア州以外は、黒人人口が多い南部に集中しており、北部や中西部には数名か0名となっている(32)。

以上まとめると、マイノリティ教育長の割合は全体の6％で、米国全体の人口構成からみて極端に少ないといえる。しかも、黒人の例をみても、少数の黒人教育長は、黒人の集中した大都市部の学区や南部に集中している。現状では、マイノリティ教育長はマイノリティの住民や児童・生徒の多い学区を担当するという構図がはっきりと示されている。

図表4　州別黒人教育長の人数一覧

ミシシッピ州	42人
サウスカロライナ州	17人
ジョージア州	17人
ニューヨーク州	17人
アーカンソー州	16人
アラバマ州	15人
カリフォルニア州	15人
テキサス州	15人

出典）Simmon, *op. cit.*, pp.275-276をもとに筆者が作成。

小括

居住地域の人種分離が進んでいく中で、黒人教育長は、マイノリティが集中している学区に就任し、決して十分ではない社会経済環境のなかで同胞の教育の改善に熱心に取り組んできた。今後、マイノリティ教育長を増やし、教育長職の人種・民族的多様性を確保するためには、学区内の児童生徒の人種・民族構成に関わらず、マイノリティ教育長が採用される必要がある。

しかし黒人教育長と白人教育長のキャリアパスを比較したヒルは、「教育委員会であろうと臨時の採用委員会であろうと、すべての採用機関は、ベルが『人種的えこひいき（racial nepotism）[33]』と呼ぶものを実践する白人ばかりで構成されている。白人の採用担当者は、白人の候補者が黒人の候補者よりも「適任である」と感じ、より迅速かつ頻繁に採用されるのだ。」と述べ、採用機関の人種的偏見を批判している。

ヒルは黒人に教育長としてのキャリアを広げていくために、次の３点を挙げている[34]。

第一は、人種的アフィニティグループ[35]の奨励と形成である。様々なキャリア段階にある黒人教育者が集まり、教育行政関係者と交流をはかることで、教育長として成功し、進歩するための情報と知恵をグループ内で共有することの必要性を挙げている。

第二は、前述のアフィニティグループの集団としての力を生かして、黒人の教育長志願者と白人教育長の間のメンタリング関係を発展させることである。白人教育長は、地域社会の規範と期待に精通し、政治家に志願者を紹介することが可能であり、定期的なやりとりは人種的偏見や誤解を和らげるのに役立つとしている。こうして、白人教育長との交流を通じて、人種的偏見を低減し、信頼関係を築くことが重要となってくる。

第三は、州教育省が、教育委員会に対して雇用慣行の詳細な報告を要求するポリシー作成を義務付けることである。具体的には、教育長職の応募者の人数や資格、人種、性別の情報の他、選考のために行った面接シートを州に提出させる。そうすることで、採用候補者を選択した理由についての論理的根拠を州に提供し、公正さを確保することにつながるとしている。

一方で、サイモンズは、教育長の人種的・民族的多様性を確保していく上で、採用前の養成教育にも目を向ける必要性を指摘している。養成機関は、これまで行われた不公正な実践を是正すべく、マイノリティの実務家教員を雇用すること、養成プログラム開発において、教育委員会、教育長採用斡旋会社、様々な政治団体の代表者、コミュニティ開発の仲介者、奨学金団体など関係機関が、公正性を確保するモデルづくりに継続的に参画していくことを挙げている(36)。

以上のように、マイノリティの少ない学区においてマイノリティ教育長が増えること、すなわち、これまでのようにマイノリティの集中した学区の教育長からカラーラインを超えて多様な学区でマイノリティが教育長職に就くことが、教育長職の人種的・民族的多様性を実現していくことにつながるといえよう。

〈注および参考文献〉

（1） 矢部東志、2018年、「〈文献レビュー〉アメリカの多文化教育改革—J.A.バンクス『文化多様性と教育—基礎・カリキュラム・指導（第六版）』—」京都大学教育学部教育社会学・生涯学習計画・社会教育・図書館学研究室編『教育・社会・文化：研究紀要』第18号、52頁。

（2） 拙稿、2015年、「ジョージア州における黒人リテラシー教授禁止法制の展開」『宮崎公立大学人文学部紀要』第22巻第1号、76-80頁。

（3） Wright, R. R., 1894, *A Historical Sketch of Negro Education in Georgia*, Robinson Printing House, pp.18-20.

（4） Simmons, Juanita Cleaver, 2005, "Superintendents of Color," Björk, Lars G., and Kowalski, Theodore J., *The Contemporary Superintendent*, Corwin Press, pp.253-254.

（5） William, Heather Andrea, 2005, *SELF-TAUGHT African American Education in Slavery and Freedom*, The University of North Carolina Press, p.82.

（6） Anderson, James D., 1988, *The Education of Blacks in the South*, The University of North Carolina Press, p.5 ; Simmons, Juanita Cleaver, "Superintendents of Color," Björk, Lars G., and Kowalski, Theodore J., *op. cit.*, p.253.

（7） Simmons, *op. cit.*, p.254.

（8）Amie B. Revere, 1988 ,"Pioneer Black Woman Superintendent Velma Dolphin Ashley, 1944-1956," *Equity & Excellence in Education* vol.24, pp.62-63.

（9）Moody, Charles D., 1973, "The Black Superintendent," *The School review : a journal of secondary education* 81 (3), pp.375-376.

（10）松平光央、1978年、「教育における平等」『別冊ジュリスト』№ 59 (May)、136頁。

（11）Gong, Weiling, 1992, "Race, Class, and Atlanta Public School Integration, 1954-1991," Ph.D. Diss. Emory University, pp.52-53.

（12）*Ibid.*, pp.73-74.

（13）児童生徒の人種とは関係なく、児童生徒に白人学校と黒人学校のどちらかを自由に選択させる制度。

（14）中島和子、1989年、『黒人の政治参加と第三世紀アメリカの出発』中央大学出版部、26頁。

（15）伊東理、1994年、「アトランタ大都市圏の発展と郊外化」、『地理』Vol.39 № 7、48頁。

（16）Gong, *op. cit.*, pp.73-92

（17）Fleishman, Joel L., 1980, "The Real against the Ideal Making the Solution Fit the Problem," Goldmann, Robert B. ed., *Roundtable Justice: Case Studies in Conflict Resolution*. Colo.: Westview, pp.129-133；ブラウン判決後のマイノリティのあいだで人種分離撤廃に対する問題点を指摘する声は各地で上がっていた。たとえ人種統合がなされても、マイノリティ児童生徒の多くは、白人教師と白人行政官が、社会的・学力的パフォーマンスについて低い期待しか感じていなかったし、また、「白人教師が奴隷制によって安易に培われた黒人について間違った、邪悪な考えを吹き込まれすぎている」として白人教師の人種的偏見について非難する者もいた。こうした人種統合に対する不信も、人種間の教育の平等を求める上で、分離撤廃以外の方途を探る背景になった。(Simmons, *op. cit.*, p.255.)

（18）Research Atlanta, *Analysis of Atlanta Compromise School Desegregation Plan*. (ERIC Number: ED074203)；「アトランタの妥協」については拙稿「アメリカ合衆国ジョージア州における黒人公教育制度の成立過程に関する研究」広島大学、2016年、博士論文（未公刊）を参照のこと。

（19）Fleishman, *op. cit.*, pp.133-162.

（20）*Ibid.*, p.162.

（21）Simmons, *op. cit.*, pp.271-274.

（22）*Ibid.*, p.256.

（23）McGrath, Susan Margaret, 1992, "Great Expectations: The History of School

Desegregation in Atlanta and Boston, 1954-1990," Ph.D. Diss., Emory University, p.462.

(24) Crim, Alonzo A., 1981, "Community of Believers," *Daedalus* 110 no. 4. Fall, pp.151-158; Scott, Hugh J., 1980, *The Black School Superintendent Messiah or Scapegoat?*, Howard University Press, pp.73-87.

(25) Orefield, Gary & Ashkinaze, Carole, 1991, *The Closing Door Conservative Policy and Black Opportunity*, The University of Chicago Press, pp.117-118.

(26) Sizemore, B. A., 1986, "The limits of the black superintendency: A review of the literature," *Journal of Educational Equity and Leadership* 6, pp.180-208.

(27) Scott, *op. cit.*

(28) Simmons, *op. cit.*, pp.260-266.

(29) https://www.nabse.org/about/our-history/(最終アクセス日：2020年10月13日)

(30) Scott, Hugh J., *op. cit.*, pp.163-181.

(31) https://www.nabse.org/virtual-48th-conference/(最終アクセス日：2020年10月13日)

(32) Simmons, *op. cit.*, pp.275-276.

(33) 白人は、すくなくとも彼らかわれわれを選ぶとなると、家族同士でやるようなやり方をする…(中略)…黒人を雇用したり、部屋を貸したり、取引したりするのに差し迫った理由がなければ、ほとんどの白人は白人を雇用し、白人に部屋を貸し、白人にものを売る—客観的にみて黒人がその資格があろうがなかろうがね（デリック・ベル著・中村輝子訳、1995年、『人種主義の深い淵 黒いアメリカ・白いアメリカ』朝日新聞社、76-77頁。(原題：Bell, Derrick, 1992, *Forces of the Bottom of the Well The Permanence of the Racism,* Basic Book.))

(34) Hill, Terrell Melvin, 2018, "Get in Where You Fit in: The Career Paths for White and Black Superintendents," Ph.D. Diss., University of Massachusetts Amherst, pp.130-131.

(35) 直接行動で共に行動する少数の活動家（通常3人から20人ほど）の、小集団のことである。ある問題への共有された関心、あるいは共通の活動、役割などにもとづき形成される。

(36) Simmons, *op. cit.*, pp.270-271.

第９章　女性教育長の位置とキャリア支援

成松　美枝

はじめに

日本においては、2020年６月の文部科学省の調査報告で、都道府県教育委員会の委員のうち女性の割合が過去最高の43.2%となり、市町村教育委員会でも過去最高の39.8%を占めるようになったことが報告された。しかしながら一方で、事務局のトップである教育長を見ると、女性は圧倒的に少なく、都道府県教育委員会で46人中（1人は空席）女性は４人で8.5％、市町村教育委員会でも1724人のうち女性は87人（5.0%）に留まると報告されている[(1)]。

一方でアメリカにおいても、教育長職に女性の割合が少数であるのは同様で、2020年にアメリカ学校行政職協会（American Association of School Administrators 以下、AASAと略す）が全米の教育長職について調査を行った結果報告では、全米のK-12（初等中等教育）の教員の約76％が女性であるのに対して教育長職の女性は全体数の24%しかいない事実が、USA Today 誌で報じられた。教育長の候補者でもある教員数の４分の３が女性である学校教育でありながら女性が教育長職から後退している理由について、同誌は「①女性は緊張感の高い報酬の大きい仕事に応募したくないから、②採用決定を下す側に無意識の偏見があるから、③強力な教育長候補者のパイプラインが女性の間に不足しているから、④女性の間で教育長の役割のモデルが不足していること、⑤ネットワーキングの不足等」を理由に挙げている[(2)]。ブラウント（Blount, J.）によれば、1800年代にはじめて教育長職が創設されて以来、教育長職全体の82～99%が白人男性であり、「教える（Teaching）のは女性の仕事で、行政（Administration）は男性の仕事だった」と言われた[(3)]。米国で最初の女性教育長は、1909年にシカゴ市教育長になったエラ・フラッグ・ヤング（Ella Flagg Young）であったが、2人目の女性教育長の誕生は1980年代まで待たねばならなかった[(4)]。このように米国でも教育長職が女性少数であるのは日本と変わらないが、本章では、これまで米国にて多くの研究者によって分析されてきた、「教育長職に女性が少数である要因」について、その分析結果を検討する。その上で、女性少数の現実に対して、数の不均衡を是正するためにどのような支援策が提案・実施されているのかを検討することを課題とする。

1. グラスによる女性教育長少数の要因分析

教育長数のジェンダー間の不均衡に関する議論に関しては、2000年にAASAが全米の教育長を対象とする調査を行った際に、当調査の責任者であったグラス（Glass, Thomas E.）が女性少数の理由に関する分析結果を発表している。グラスによれば、米国内で女性教育長数が少ないのは以下の7つの理由によるものと指摘された(5)。

1. 女性は通常、教育長に繋がる地位にない。また、小学校教師に女性が多いことは、教育行政への入り口となる機会が少なくなることに繋がっている。
2. 女性は、教育長準備プログラムで教育長資格を取りたいと思わない。教育行政職の養成の為の大学院に行く女性の10%しか、教育長職の資格プログラムを履修しない。
3. 女性は男性ほど、学区全体の財政管理に経験と関心がない。
4. 女性は、仕事以外の時間には家族と過ごしたいが、男性はリーダーになるために、あるいは家族を養うために社交的になる。
5. 教育委員会は女性教育長を雇うことに消極的である。例えば、女性教育長の82%が「教育委員会は女性を強力な管理職として評価していない」、女性教育長の76%が「教育委員会は女性を財政の管理能力が欠如していると見做している」と答えた。また、男性教育長の43%は、女性が学区を管理する能力がないと見做す傾向がある。
6. 女性は男性とは最初から異なる目的で教育の世界に入職し、管理職ではなく教員になりたかったと答えた。
7. 女性は教育行政職員になるのが男性と比べて遅すぎる。教室で教える時期が長く、子育てで職を離れたりして、教育行政職員になる頃には退職まであと何年という時期になっており、新しい職を得ようと思わなくなる。

2. ブルナーとキムによる「女性少数要因」分析

これに対して、2010年にAASAが再度実施した「全米の教育長職に対するアンケート調査」結果を分析したブルナー(Brunner, C. C.) とキム (Kim, Y. L.) は、前掲のグラスの「女性教育長が少数である理由」は、正確な事実・データに基づいたものではなく、女性教育長に関する神話と誤解に依存した報告に過ぎないと、Educational Leadership 学会誌に提言した(6) (Brunner and Kim, 2010)。２人は、前掲のグラスによる「７つの理由」を、教育長に必要とされる準備:(1) 形式的 (formal) (2) 経験的 (Experimental) (3) 個人的 (Personal) な準備の３点に分類して検証しているが、検証の結果は以下の通りである。

(1) 形式的な準備 (Formal Preparation)

「形式的な準備」とはブルナーによれば、女性が教育長になるための資格を持っているか、大学・大学院で教育行政職員を養成するための教育課程を受講し、教育行政職としての訓練を受けているか否かに関する準備と定義される(7)。グラスの2000年の調査報告では、「女性は、養成機関で教育長資格を取ろうとしておらず、男性と比較して教育長の資格を持っていない」と明言された。これに対してブルナーとキムは、「グラスは、女性は博士課程プログラムに在籍しても在籍女性総数の10%しか教育長資格を他の専門職資格と一緒に取ろうとしないと述べるが、このグラスの報告には引用がなく、どこから10%の数値データを得たのかがわからない」と指摘する(8)。また、2007年のブルナーの新たな調査データでは、教育長資格取得の養成プログラムに在籍する者の半数以上は女性であった。教育の専門職資格に必要な博士号の取得を目指す者についても同様であるが、専門職資格に必要な「博士号」と「教育長資格」の両方を求める女性の数は2000年調査時のグラス、2007年調査時のブルナーは共に把握していない。そして、ブルナーは以下の追加情報からグラスの2000年の言説を問題視できるとする。

一つ目に、大学における教育行政職の養成プログラムは近年の20年間、専門職・博士学位のプログラムを教育長資格取得のプログラムと分けて運営してきているため、博士号と教育長認定資格の同時取得は不可能である。グラスの2000年報告では、その点を考慮せずに統計を取っており不適切であると指摘する。また同報告では、「教育行政職養成プログラムの在籍者の50％以上を女性が占め、博士号取得プログラム在籍者の50％が女性である」と報じているのに、「どうして女性は教育行政に興味がないし、教育を高めようと思っていないと言えるのか」と疑問を呈している(9)。その上で、「博士号取得候補者の中で教育長職の資格取得を目指す者」の性別の数値データも示さず、「女性は教育長職に興味がない」と呈するのは、不確かな情報に基づく言説にすぎないと訴える(10)。例えば、博士号を必要とする専門職プログラムに在籍する男性についても10％しか教育長職資格の取得をめざしていないことも有りうるだろうに、グラスの報告には男性の数値との比較が無いと批判する。これらの視点からブルナーは、グラスの「女性教育長の少数要因」の分析は極めて不確かな情報に基づく所説であり、誤った解釈を導く報告であると批判している。

２点目に「形式的な準備」としてブルナーは、2007年の調査では40％の女性教育行政職員が「教育長職の任務に興味がある」と答えたこと、女性教育長の57.6％は「博士号（doctorate degree）」を持っており、男性教育長の43.4％（2000年調査）を上回るものであること、女性教育行政職員で教育長を志す者の93.5％は既に「博士号を取得している」という事実を主張した。ブルナーはこれらのデータの下に、「女性が教育長職に興味が無く、教育の上でも準備が為されていない」というグラスの主張は否定し得るものであることを指摘した(11)。さらに、2000年の米国国勢調査（Census Bureau）では60.7％の教育行政職員が女性であり男性は39.3％であったこと、女性教育政職員のうち39.3％が教育長になりたいと思っていたことを強調する。これらの調査結果からブルナーは、女性行政職員のうち４割が教育長職にもなりたいし、85.4％が既に教育長資格を取得しているのであるから、女性たちの多くは教育長になるための「形式的な準備」を既に十分に得ているものと結論づける[12]。

(2) 経験上の準備（Experimental Preparation）

教育長に必要とされる「経験上の準備」に関して、ブルナーはグラスが2000年の調査報告で述べた「女性は普通、教育長に繋がる職位にいない」という主張に対して、以下の4点の議論を基に再検討を行った。a.「普通の（Normal)」経験という概念を問題視すること、b. 男性と女性のキャリアパス（出世コース）の比較、c. 男性と女性の財務経験の比較、d. 女性のメンター利用の経験である。その上で、e. 女性の男性よりも遅い教育行政職への入職が、どのように教育長職就任に影響するか、について検討を行った[13]。

a.「普通（Normal)」という仮説

ブルナーはまず、「女性は教育長職につながる職位にいない」というグラスの主張を問題視する。キャリアパス（出世コース）の議論では、特別な経験がもたらす知識と能力が教育長としての成功と業績を生み出すという仮説がある。それ故、グラスはキャリアパスの議論において「女性が教育長につながる地位にない」と述べた際、女性が「教育長職に就くための普通の知識を得ていない」と示唆しているとブルナーは理解する。ブルナーによれば、グラスの仮説には、①教育長につながる「普通の」知識と準備が存在する。②「普通の」キャリアパスが高い資質を持つ教育長を育てる。なぜなら、キャリアパスの過程にこそ質の高い経験的知識が集積されているからである。③「普通の地位」は男性によって占められている。その地位に就けば容易に教育長になれる、という理解が有る。確かに男性は女性よりも圧倒的に多く教育長に選ばれていて、男性のキャリアパスが教育長職に就くための「成功のテンプレート」になっている。この仮説に基づいてグラスは、女性が「教育長となって普通に成功するためには、男性がやることを同じ様にしなくてはらない」と主張しているのだが、グラスの調査での「成功している」という言葉は、教育長の高い資質や業績を証明するものではない、と強調する。何故なら現時点では、教育長候補者・現職者の資質の評価基準は構築されていない、それ故にブルナーはグラスの「普通」という仮説に反論している。教育長になるために、グラスが仮定する「正しい道（right way）」は、女性・男性共に教育長の新たな役割やビジョンを構築する際に有益でなく、「普通ではない」経験上の準備によって新たな教育長職の役割・ビジョンを構築していく際に、有害ですらあるとブルナーは述べる。例えば、Kowalskiは教育長としての役割として①幅広い経営者的な役割（a wide range of managerial duties）、②教育者としてのリーダーシップ（instructional leadership responsibilities）、③分析的な役割（analytical tasks）を挙げた[14]が、伝統的な男性中心のリーダーシップとしての教育長職の歴史において主要な役割とされてきたのは、経営者としての役割であった。しかし、現代の学校改革が社会的、経済的、教育改革的な要素を持つ点を考慮すると、現代の教育長職は「教育者のリーダー（Instructional Leader）」「コラボレーター（Collaborator）」「文化再構築者（Culture Reconstructionist）」として多方面でのリーダーシップの特徴を有するべきである、と主張する。実際に2010年のブルナーの調査では、両性含めた現職教育長の41.3％が、自分は「教育課程と指導（Curriculum Instruction）」部門での教育のリーダーとしての経験の強みで採用されたと回答している。学区・州が、生徒の成績向上を求めるのであれば、教育長採用にも「教育課程と指導」部門での経験の有無を反映させるべきであるとブルナーは主張する。そうした意味で、教育長職に繋がる「普通の」キャリアパスという言葉は新たな定義を必要としており、「教育課程と指導」部門の知識と経験をもっと重要視するべきであると強調している。

b．男女のキャリアパス（出世コース）の違い

ブルナーとキム等は、男女別に教育長までのキャリアパス（出世コース）を以下（図表1参照）の様に作成している。まず男性は、全体の80.2％が、①中等教育学校（Secondary School）の教員 ②コーチ職（運動部のコーチCoaching）③中等教育学校の副校長 ④中等教育学校校長 ⑤教育長のキャリアパスを取るのであるが、女性は全体の58.2％が、①小学校または中等教育学校教員 ②クラブア

図表1

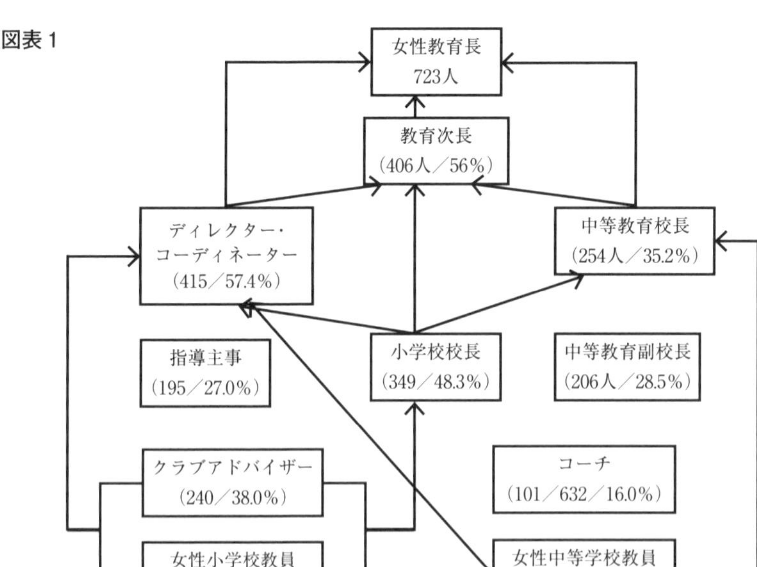
女性教育長
723人
教育次長
（406人／56%）
ディレクター・
コーディネーター
（415／57.4%）
中等教育校長
（254人／35.2%）
指導主事
（195／27.0%）
小学校校長
（349／48.3%）
中等教育副校長
（206人／28.5%）
クラブアドバイザー
（240／38.0%）
コーチ
（101／632／16.0%）
女性小学校教員
（421／58.2%）
女性中等学校教員
（472／65.3%）

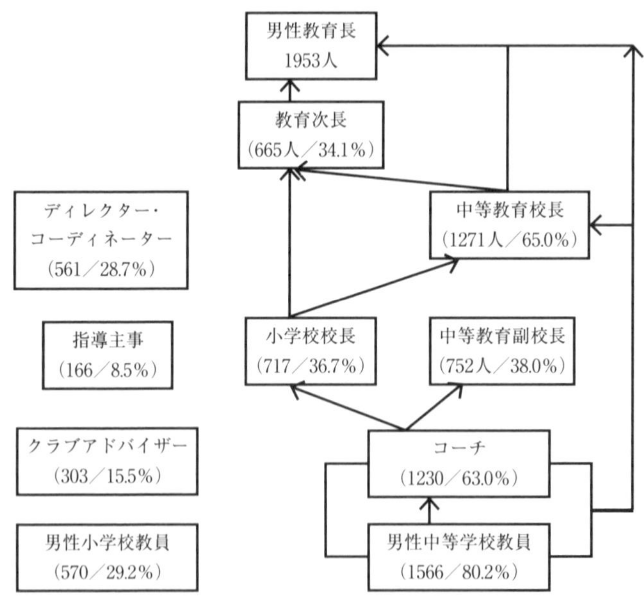
男性教育長
1953人
教育次長
（665人／34.1%）
ディレクター・
コーディネーター
（561／28.7%）
中等教育校長
（1271人／65.0%）
指導主事
（166／8.5%）
小学校校長
（717／36.7%）
中等教育副校長
（752人／38.0%）
クラブアドバイザー
（303／15.5%）
コーチ
（1230／63.0%）
男性小学校教員
（570／29.2%）
男性中等学校教員
（1566／80.2%）

ドバイサー ③小学校校長 ④コーディネーター（Coordinator:教育行政職員）⑤副教育長職 ⑥教育長のキャリアパスを取っている(15)。

殆どの女性はキャリアを小学校教員で始めるが、教育長になった女性の65.3%は、小学校と中等教育学校の両方の教員経験がある。最初の教育行政職員としての職位は、48.3%が小学校校長で57.4%がコーディネーターである。教育行政局では、女性の48.9%が「教育課程・指導課（Curriculum Instruction）」の行政職である。副教育長のポストは小規模の学校区には無いため、女性副教育長の数は学区により異なるとされる。

ブルナーは、女性のキャリアパスは男性に比べて複雑であるが、その理由として、小学校では中学校の様にコーチ職や副校長のポストが無いため、高い教育行政の職位に着くまで複雑な動きをするからであると述べる。一方で、63%の男性教育長がキャリアパスとして経験する「コーチ職」は可視性に富み、自己の存在を学区内で知らしめるのに有益な職位であると位置づける。

他方、女性は教育行政職になっても、男性の就く最前線の職位（Line position）ではなく行政職員（Staff position）の職位に留まる。これについては、「女性は小学校教員出身者が多いから」という理由づけがなされるが、「なぜ女性行政職員は最前線の職位でなく職員に留まるのか」という質問に対してさらに調査が進められるべきである、とブルナーは訴える(16)。最終的に、出世コースにおいて女性は男性よりも複雑で多様な道のりを経る。それ故に、女性はキャリアコースにおいて多様な経験を得ており、教育行政職としては「教育課程と指導（Curriculum and Instruction）」部門を担当することが多い。しかし、こうした女性の出世コースは、長い目で見ると、時短で副校長、副教育長に昇進する男性の出世コースよりも「準備」の上では優れているものであるとブルナーは強調する。

c．財務経験の欠如

グラスは、女性教育長が少ない理由の一つに「教育行政職員として財務管理の経験がない」ことを挙げているが、そもそも「財務管理能力が教育長になるのに重要な要素」であるか否かについて、ブルナーは疑問を呈している[17]。ブルナーは、「教育行政職員として女性は財務経験が男性よりも劣る」のは事実である。しかし、2000年と2007年のAASAによる教育長対象の調査では、男性・女性共に「財政管理経験が、教育長に採用された理由であるとは、述べていない」点を強調している。

一方で、教育委員会は自分の「教育課程、指導部門」での勤務経験を評価して自分を教育長として雇用したと思う、と答えた女性教育長は、2000年には51.2%、2007年に46.3%存在した。また、現職の男性教育長は、2000年の調査では37.5%しか「教育委員会は財務経験も含めた経営のリーダーシップの能力を評価して雇用した」と思っていないとブルナーは強調する。

その上で、教育長職の雇用における性別の格差は、「キャリアパスから得られた経験による知識と技術による」ものである、とブルナーは結論づける。例えば、女性教育行政職員のうち「教育長の財務アシスタント」として勤務経験があるのはわずか6.4%に過ぎないが、77%の女性教育行政職員が、「教育委員会の委員たちは、女性は男性よりも財務の能力がないと思っている」と回答したという。グラスが指摘したように、教育行政職員としての「財政や会計予算の経験」の欠如は、女性を教育長職から遠ざける要因となっていることが推測される。しかしながら、ブルナーは、女性の財務経験の欠如は、教育長職に就くに際してグラスが指摘するほど、大きな障壁（バリア）になっているとは思わない。現在は、教育委員会の施策が及ぼす学力テストや成績の向上の効果に国内の人々が注目しているため、教育委員会も理想的な教育長の資質に「教育課程・指導部門」でのリーダーシップを求めているものであること、今後は「児童生徒の学業の達成の能力」に比重を置いた教育長の選出が為されるべきであることをブルナーは強調する[18]。

d. メンタリング（Mentoring）

ブルナーはここで、メンタリングを「教育長になるために必要な効果的な学習」として捉えている。一方でグラスは、メンターは、「教育長の候補者と教育委員会の間を行き来する人物」として定義している。2000年と2007年の調査では、女性教育長の70%が、男性教育長も56.3%がメンターを持っており、女性教育行政職員の60%がメンターを持っていると答えた。これらの調査では、女性の方が男性よりも多くメンターを活用しているという報告がなされたが、ブルナーは、メンタリングから得られた経験において両性間に「質的な違いがあるか否かについて」の調査が重要であり、今後のリーダーシップの準備と開発において役立てることが肝要であると指摘している[19]。

ｅ．遅すぎる教育行政職への入職

2007年のブルナーとグローガン（Grogan, M）の教育長を対象とする調査では、80.6％の男性が36歳以前に最初の教育行政職に就いていた[20]。一方で、女性教育長で36歳以前に行政職に就いたのは50%しかいなかった。明らかに、女性は教育行政職員になる年齢が男性よりも上であった。しかしながら、2009年にブルナーが発表した調査結果では、男性が教育長になった平均年齢は42.7歳であるのに対し、女性が教育長になった平均年齢は47.3歳である。殆どの男性は女性よりも行政職に就くのが早いが、教育長になるのは５歳しか早くない[21]。５歳の違いは依然考えたよりも大きいものではなく、むしろ５年の遅れが教室での指導経験と、「教育課程と指導部門」の行政職員としての役割で過ごした期間の違いによるものであったとすると、女性教育長としての業務にも役立ち、入職の遅れはむしろ有益なものである、とブルナーは訴えた。

(3) 個人的な準備（Personal Preparedness）

女性教育長不足の要因としてグラスが挙げた、ａ～ｅの「個人的な準備」の不足に関して、ブルナーはその有無を2007年の調査結果から検証した。

ａ．女性は財務に興味がない。

まず、女性行政職員のうち、財務アシスタントの担当者は6.4％しかいない。しかしながら、この事実は「女性が財務に興味がない」からそうなるのではなくて、男性が「教育長の財務アシスタント」に就くのが先だった、ということだけに過ぎない。キャリアパスでも示したように、男女とも複雑な理由で各職位に就いており、例えば男性が財務アシスタントに就くと主張するのは、教育長職に就くことに繋がることが多いからという理由に過ぎない。教育長職に就く人は、どんな人でも財務に興味があるとブルナーは訴える(22)。

2007年のブルナーの調査では、女性教育行政職員の40％が教育長になりたいと答えているが、60％の女性は志望しない理由として最も多いのは「教育長職の役割は政治的な面があり、それが嫌である」という回答であり、財務に興味がないからではないと提示する。これは男性行政職員にも選ばれている志望しない理由であり、グラスの「性別による志向の違い」の主張は説得力のないものとブルナーは訴える。また、教育行政職は全職員の職務の要素に「財務の管理」が含まれるため、財務に関連した経験上の準備の機会を有している。したがって、「女性教育行政官が財務に興味がない」という報告の根拠のなさをブルナーは強調する(23)。

b．女性は小学校の学級指導に快適さを感じる。

グラスによる、「女性は子ども中心の小学校の学級指導に快適を感じるから」という理由についてブルナーは、2007年の調査では、多くの女性教育行政職員が行政職に移った後も小学校教員には戻っていないのだから、この報告も根拠がないと述べる。また、2007年のブルナーとグローガンの調査では、現役の教育行政職員に「もう一度キャリアを選択するとしたら?」と尋ねたが、73％が同じままか今より高い位置に就きたい、2.4％だけが学級担当の教員をしたい、9.2％が教育とは別の職業で働きたいと答えた。これらの結果から、女性行政職員もリーダーシップの職位に強い興味があり、「個人的に行政職員として準備をしている」とブルナーは結論づける(24)。

c．労働時間が家族生活を妨害する

ブルナーは自身の2007年の調査では、教育長職を志望しない女性行政職員のうち11.3％しか、「教育長になると家族生活を妨げるから」という理由を回答しなかった。それ故に、グラスの「教育長職としての労働時間が家族生活を妨害する」という分析報告を否定した。さらにブルナーは、「女性が家族生活の支援を他人に頼ることでさらに多くの女性が教育長をやれるようになるだろう」と述べる。その上で、家族や子どもを持っていても女性に教育長の職位への関心があるかどうかが、課題であると指摘する(25)。

d．異動

異動の問題についても、教育長を志望しない女性行政職員のうち、4.7％しか「家族が異動したくないから」とは答えなかった。したがって、ブルナーはグラスが挙げた「異動」による女性少数の要因を否定している(26)。

e．女性は男性とは異なる目的で教員になっている。

グラスは、「現在の女性は、過去よりも多くの職業上の選択肢があり、本当に教えたい人だけが教員になっているから、教育行政職を志望しない」という見解を示した。この点に関してブルナーは、過去よりも職業選択肢が多いのは男性も同様であり、根拠のない報告であるとして反論した上で、2007年のブルナーの調査では、女性行政職員の殆どが「教員には戻りたくない」と回答した点を強調する(27)。

このようなグラスの2000年報告に対する批判を踏まえ、ブルナーは、「女性教育行政職員は、形式的にも、経験の上も、個人的な経験の上でも充分に教育長になる準備ができている」と結論づける。しかしながら、事実として女性教育長が少数であるのは、「女性教育長職に関する神話と不理解」によって「女性への偏見（Bias）」が引き起こされ、それが教育長になるにあたっての障害（Barrier）となっているからであると論じる。

例えば2000年の調査では、女性教育長は「教育委員会メンバーの女性職員への偏見」が最大の障害であると捉えている。38パーセントの女性教育行政職員は、教育委員会の委員の間に「女性は管理者として有能ではない」という認識、偏見がある事実を肯定した(28)。

3. 2010年代の「女性教育長少数要因分析」

前掲のグラスとブルナーが、2000年代の「全米教育長調査」を基に「女性教育長少数の要因分析」を発表してから約10年を経た2010年代後半に、ウェブ（Webb, C. C.）とケルシー（Kelsey, C. C.）がケンタッキー州とテキサス州の女性教育長を対象にした「少数要因分析」を行い、増加のための支援策を発表した。以下にウェブとケルシー等の新たな「女性教育長少数の要因分析」を報告する。

(1) ウェブによるケンタッキー州の女性教育長調査

ウェブは、2018年、ケンタッキー州の29人の女性教育長から得たアンケート及びインタビュー調査の結果を基に、「女性教育長職の少数の理由」を、①男女間で異なるリーダーシップのスタイル・様式、②女性の役割と社会における「性の偏見」の問題にあると指摘した。その上で、「女性少数」の現状への支援策として、③女性教育長が誕生する過程でのメンターの必要性を提案している[(29)]。

まず、①男性と女性教育長の異なるリーダーシップの様式についてウェブは、男性と女性のリードの仕方は異なっており、女性教育長は自分のリーダーシップのスタイルを協同的（collaborative）で共感的（empathetic）であるとして男性と異なる表現が見られたこと[(30)]。女性は「力（power）という言葉を自分の形容詞として使いたがらず、多くの女性教育長が「自分が自信を持ち強く見えるように」する一方で、「ビッチ（bitch意地悪女）」に見られないように努力していること、昔は男性が主導する様に自分の本性に逆らって教育長職を務めていたが、現在は「男性と異なるようにリーダーを務めることについて大変快適さを覚えている」と答えていること。そして、自分のリーダーシップのスタイルは「共感的、協力的」で教育長としても必要とされるものであり、教育長の職責に真に役立つものとして捉えていることが指摘された[(31)]。

②女性の役割と社会における「性の偏見（Gender Bias）」に関しては、ケンタッキー州の女性教育長へのインタビュー調査から、ウェブは、以下の事実を明ら

かにした。まず、「女性の役割」については、伝統的な社会では、男性が導き、女性はついていくという役割がある。このモデルは学校や政府でも普遍化しており、ケンタッキーの田舎の方では特に「男性と女性の階層」が教会でモデル化されているため、学校でも女性は「従順な行動、うるさすぎない行動を褒められる」ことが多い。このような「性の役割と行動のパターン」は根深く、女性ですらそれに気づかないことが多い。また、男性は自分に自信があるのに対して、女性は自信を持てないことも多い。これは女性が若い時から自分自身に批判的であるからだ。数年教育長職で成功してきた女性ですら、「いつか他人から自分が何も知っていないといわれるのでは」と不安を漏らすと述べる。また、ウェブのインタビュー調査では、女性は他人から「自分が能力ある候補者だ」と勧められない限り、教育長選挙に立候補しないことが証明された(32)。

「社会における性の偏見」については、インタビューで答えた女性教育長たちからは「リーダーシップをとる際に不安の要素である」と回答された。具体的な「性の偏見」の事例は、女性が話すときに受ける「アイコンタクトがない」「敬意がない」などの行為に現れる。また、学閥主義の男性教育長の集団（Old Boys）からは隔離され、女性は不平を言わず利潤を求めずハードワークをこなすことを求められる(33)。

他方、こうした「性の偏見」は、教育長を選出する「教育委員会の委員」の間にも存在するとウェブは報告した。2016-17年度にケンタッキー州内の教育委員841名中447名が男性であったが、女性教育長の回答からも、「委員会のメンバーは、強いリーダーとはどういう者かについてステレオタイプの考えに陥っており、自分たち（男性教育委員）の様な候補者を探すことが多い」ことが分かったという。

(2) ケルシーらの2014年の「少数要因分析」

一方でケルシー(Kelcey, C. C.) らは、2014年にテキサス州の現職の女性教育長20名に対して、教育長になるために「障害」となったこと、「教育長になるまでの戦略（Strategies）」と「キャリアと経験」を尋ねる、自由回答方式の質問紙調査を実施した。具体的には、女性教育長になるために、どうやって自分のキャリアパスを導いたのか、多くの女性教育長を誕生させるために、いかにしてキャリアの機会を促進し、支援すべきかに関する質問が為された[(34)]。

調査の結果、「少数要因」の基である「障害」としてテキサス州の女性教育長が挙げたのは、①女性自身のステレオタイプの発想、②男性教育長の卒業学校による派閥（Old Boys）、③短期的・長期的な目標である、であった[(35)]。

さらに、こうした障害を克服し、「女性教育長へのキャリアパス」を創るために提案されたのは、「現職の女性教育長をシャドウイング（仕事の様子を追跡）し、現職教育長にメンターになってもらうこと」であった。特に、大学での教育長の養成教育プログラムにおいては、①女性教育行政職員が遭遇する問題に対処できるように、「女性教育長の特質」が大学での教育長の養成教育プログラムで扱われるべきである ②高等教育機関も、教育長資格を得る女性の為に奨学金制度を出すべきである ③インターンシップの補助金を女性教育行政職員に提供し、教育長職をめざすように促す ④専門職の開発機関や専門職調査会社が教育委員会のメンバーに対して、女性が教育長になることによる専門職としての資質の変化に関する調査結果を提示すること、またロールモデルを提示したりして教化していくべきである、とケルシーは推奨する[(36)]。

4. 「女性教育長の少数問題」に対する支援策

「女性教育長少数」の現状を改善するためにはどのような支援が有効かに関して、前掲の「少数要因分析」を行ったブルナー、ウェブ、ケルシーらは自ら支援策を提示したが、以下にそれらを整理する。

(1) 教育長養成のプログラムの改善

まずブルナーは、女性少数の教育長職の現状を打破するために、教育長養成プログラムの改善を以下の視点から提案している。まず一つ目に、性的な偏見の問題が明確に根底にあるような、「会話」の実践を授業内容に導入することである。この種の「授業での会話（coursework-conversation）」は、リーダーシップを学ぶ学習者や教授の間では避けられることが多いものだが、匿名による会話参加で苦手意識は克服できるものと訴える[37]。

二つ目に、教育長職の養成プログラムにおいては、「経験的な準備」の知識の獲得を含めて、創造的なアプローチによるストラテジー(戦略的な教育方法)を用いるべきであると述べる。例えば、「経験的準備」としての養成プログラムは「インターンシップ」を取ることが多いが、創造的アプローチの教育方法で教育長職の現状を変えようとするならこのモデルはもう限界であるとする。なぜなら、生徒は現職教育長の真似をしているだけでは新しいやり方は学べないからである。教育長職の養成コースは、現職上がりの男性教育長が教授となるため男性教員であることが多く、そのことも女性教育長を増やすための障害となっている。「仮想的な空間（Virtual Spaces)」を使用して、性差を生かした教育長職の在り方を実践するようなプログラムを提供すべきであると提言する[38]。

さらに、教育長の養成プログラムでは、現在のスキル養成の教育内容に多様な価値観を含めて再構成すべきと訴える。教育長の任務の複雑さと多様性を考えるとするならば、多様なキャリアパスが教育長職の養成を支援するものであることをもっと重要視するべきであり、現在教育長職に就くのには重視されていない、「教育課程と指導部門」の職務内容を教育長職の職務内容として重要視すべきである。それによって、現在多くの教育行政職の女性たちによって選択される職務経験が教育長職としても活かされることに繋がるのでは、とブルナーは提案する[39]。

一方、ケルシーも大学での教育長養成プログラムにおいて、女性教育行政職員が教育長をめざす過程で遭遇する問題に対処できるように、「女性教育長の特質」などを教育プログラムに含めるべきと訴え、大学などの養成機関も教育長資格を得る女性の為に奨学金を出すべきであると提言している。また、教育行政機関も女性職員に対して、教育長職のインターンシップに必要な補助金を提供するなどの施策を提案している[40]。

(2) メンタリングプログラムの形式化

ウェブは、「メンタリング提供の機会」を形式化することを提言している。ウェブは自身のケンタッキー州内の教育長を対象とする調査で、「女性教育行政職員が教育長になるために、メンターの存在が重要な役割を示している」ことを解明した。メンターが、女性教員が教育行政職となるために背中を押してくれたこと、他の女性リーダーが自分のリーダーシップ能力を指摘してくれ、行政職に行くようにと促してくれたこと、中でも女性リーダーによる「メンタリング」の重要性を訴えた[41]。そして、リーダーやメンターの言葉が将来のリーダーに与える影響力は甚大で、彼らは意図的に女性たちを励まし、刺激してくれたと明示した。また、「メンターによる訓練」の機会でリーダーシップのスキルを磨くだけでなく、他の女性リーダーと連絡を取ったり、ネットワークを広げることができたと報告している[42]。

さらに、ウェブの調査では、全米の公式メンタリングプログラムで、成功した女性教育長に助言をもらうことにより教育長職応募への自信を持った女性がいること、校長・管理職育成に関するメンターとしての能力のある女性も多いこと。多くの女性がメンターとしての職位を得ることができるので、女性たちは自分も将来同じようにメンターに就くことを想像できるようになり、勇気づけられるとウェブは報告する。リーダーとして適性のある女性に対して、現職の女性教育長がメンターとして出会う機会を提供することが益々重要となっている。したがって、「メンタリングプログラム」が形式的に地方学区や州で開かれることは女性教育長を増やす効果的なステップとなるはずである、とウェブは訴える[43]。

(3) 教育委員と社会全体への「性偏見（Gender Bias）」防止の教化

ウェブによれば、2016-17年度、ケンタッキー州の教育委員の841名中447名が男性だった。教育長を選出する教育委員会の委員たちは、強いリーダーシップとはどういうものか、ステレオタイプの考えに陥ることが多く、自分たちの様な男性の教育長候補者を探す傾向にある。グローガン（Grogan, M.）が提唱したように、「女性は男性とは異なる様式・方法でリーダーを務めることができる」と理解すれば、教育委員会や学校は大変成功するだろうし、さらに女性に教育長職の扉を開くであろう。ウェブは、女性偏見（Gender Bias）の防止の教化に関しては、教育長採用のプロセスに含まれるべきであって、ケンタッキー州のすべての教育委員に必携のトレーニングプログラムとして一般的に実施されるべきである、と訴える(44)。これに関しては、ケルシーも、人材開発・研修機関や専門職調査会社が教育委員会のメンバーに対して、女性が教育長に就くことによる専門職としての資質の変化について実際に調査結果を指示したり、ロールモデルを提示したりして、教育委員会を教化するべきと訴える。

さらにケルシーは、社会全体に対しても、女子生徒にリーダーシップの機会を幼少から与え、女性が学区または州の学校行政職員の地位に就き、行政職を女性たち自身の可能性として捉えられるよう促すこと、公的なリーダーシップやメンタリングの機会を提供して、女性を対象としたリーダーシップの訓練の機会が増やされるべきであることを提言している。

小括

本章で検討したように、米国においても女性教育長少数の事態はわが国と同じであり、初等中等教育段階での教員の７割が女性であるのに対して、女性教育長の数は２割ほどでしかない。本章では、文字通り女性にとって「ガラスの天井」となった教育長職の少数要因に関して、2000年と2007年にグラスとブルナーがAASAによる全米教育長調査を下に行った要因分析を基に検討した。これらの調査結果によれば「女性少数の要因」は、①家庭・子育てを優先にする女性自身が課した障壁（バリア）、②教育長を選出する教育委員と教育行政職全体の女性偏見（バイアス）、③社会全体、学校教育における「女性のリーダーシップ」に対する偏見の問題が複雑に絡み合って生じているとされた。

こうした偏見や問題を打破するために、現在、ブルナー、ウェブ、ケルシーらによって、①大学における教育長養成プログラムの内容と方法の改善、②現職女性教育長による「メンタープログラム」の形式化、③教育長を選出する教育委員のメンバーに対する「女性によるリーダーシップに対する偏見防止」のの教化策が提案されている。また、男性と女性のリーダーシップの取り方に違いを考慮した教育長選出の過程や、女性教育行政職員の「教育課程・指導」部門における豊富な経験を生かして生徒の学力向上政策を実施することで、これまでのステレオタイプの男性教育長像を脱して、新たな教育長像を構築していくことが肝要であるとブルナーらは訴えている。

日本における「女性教育長少数」の現状を脱する方法を検討していくためにも、今後米国における①～③の支援策がどのように実施され、効果をもたらしていくのか、注目していきたい。

〈注〉

（1）『日本経済新聞』2020年6月18日付。

（2）USA Today, Gender Gap in School superintendents: What's holding women back? February 20, 2020.

（3）Blount, J. 1998, Destined to rule the schools: Women and the super-intendency, 1837-1995, State University of New York Press, Cited in Webb, Ginger, 2018, *Perceptions of Gender Equity in Educational Leadership in Practicing female superintendents in Kentucky,* Dissertation, Doctoral Degree of Northern Kentucky University, p.16.

（4）Shakeshaft, C., 1987, Women in educational administration, Sage Publication, Cited in Webb, Ginger, 2018, *ibid.*, pp.17-18.

（5）Glass, T. E., Björk, L. G., and Brunner, C. C. 2000, *The Study of the American Superintendency 2000 : A look at the superintendent in the new millennium.* : American Association of School Administrators, pp.16-18.

（6）Brunner, C. C., and Kim Y. 2010, "Are women prepared to be school superintendents? An Essay on the Myths and Misunderstandings", *Journal of Research on Leadership Education*, August 2010, vol.5, No.8, pp.276-309.

（7）Brunner and Kim, 2010, *ibid.*, p.277.

（8）Brunner and Kim, 2010, *ibid.*, p.282.

（9）Brunner and Kim, 2010, *ibid.*, pp.282-283.

（10）Brunner and Kim, 2010, *ibid.*, pp.283.

（11）Brunner and Kim, 2010, *ibid.*, pp.283.

(12) Brunner and Kim, 2010, *ibid.*, p.284.

(13) Brunner and Kim, 2010, *ibid.*, p.285.

(14) Kowalski, T., 1999, *The School Superintendent: Theory, Practice, and Cases,* Prentice Hall, Cited in Brunner, 2010, p.285.

(15) Brunner and Kim, 2010, *ibid.*, pp.288-289.

(16) Brunner and Kim, 2010, *ibid.*, pp.290-291.

(17) Brunner and Kim, 2010, *ibid.*, pp.291-292.

(18) Brunner and Kim, 2010, *ibid.*, p.292.

(19) Brunner and Kim, 2010, *ibid.*, pp.292-293.

(20) Brunner, C.C., & Grogan, M. 2007, *Women Leading School Systems: Uncommon roads to fulfillment,* Rowman and Littlefield, Cited in Brunner & Kim, 2010, *ibid.*, p.293.

(21) Brunner and Kim, 2010, *ibid.*, pp.293-294.

(22) Brunner and Kim, 2010, *ibid.*, p.295.

(23) Brunner and Kim, 2010, *ibid.*, p.295.

(24) Brunner and Kim, 2010, *ibid.*, p.297.

(25) Brunner and Kim, 2010, *ibid.*, p.297.

(26) Brunner and Kim, 2010, *ibid.*, p.298.

(27) Brunner and Kim, 2010, *ibid.*, p.298.

(28) Brunner and Kim, 2010, *ibid.*, pp.301-302.

(29) Webb, C. C., 2018, pp.109-112.

(30) Webb, C. C., 2018, p.109.

(31) Webb, C. C., 2018, p.109.

(32) Webb, C. C., 2018, pp.111-112.

(33) Webb, C. C., 2018, pp.112-113.

(34) Kelsey, C., Allen K., Coke K., and Ballard G., 2014, "Lean in and Lift up: Female superintendents share their career path choices", *Journal of Case Studies in Education* Vol. 7. December 2014, p.5.

(35) Kelsey, *ibid.*, p.8.

(36) Kelsey, *ibid.*, p.9

(37) Brunner and Kim, 2010, *ibid.*, p.302.

(38) Brunner and Kim, 2010, *ibid.*, p.302.

(39) Brunner and Kim, 2010, *ibid.*, pp.300-303.

(40) Kelsey, *ibid.*, p.9.

(41)　Webb, C. C., 2018. pp.109-110.

(42)　Webb, C. C., 2018, pp.109-110.

(43)　Webb, C. C., 2018, pp.112-114.

(44)　Webb, C. C., 2018, pp.112-113.

第10章　2015年NPBEA専門職基準の教育行政専門職力量形成への反映

津田　昌宏

はじめに

1980年代からはじまり、いまなお続く一連の教育改革の中で、教育長や校長を含むスクールリーダー[(1)]に多様で複雑な能力と役割を期待し、学校教育に対する説明責任への要求が膨らんでいく社会情勢の変化を受けて、2015年に全米教育行政政策委員会（National Policy Board for Educational Administration）（以下、NPBEAと称す）によって、「教育上のリーダーのための専門職基準（Professional Standards for Educational Leaders)」（以下、PSELと称す)」が発表された。本章の目的は、PSELが教育長の力量形成にどのように反映されて行くのかを考察することであり、以下３点から検討する。

第一は、連邦教育省の諮問委員会による『危機に立つ国家』と題する報告書の発表から始まった「波」にも例えられる一連の教育改革の中での教育長の役割期待の変容と、それに対応して取られた施策の全体像を明らかにする。

第二は、PSELについて分析し、そこで求められる教育長や校長のリーダーシップ像を明らかにする。PSELは、専門職によって、教育長や校長など専門職のためにつくられた、初めての専門職基準であるとされる。

第三は、NPBEAは、PSELの内容に準拠して教育長と校長向けに、それぞれ異なる、その養成者向けの基準を作成した。教育長の場合、それは学区レベル全国教育リーダーシップ養成プログラム基準（National Educational Leadership Preparation Program Standards-District Level）（以下、NELPと称す）であった。NELPの内容分析と、PSELとの関連性を明らかにしていく。

1. 教育長の役割期待の変容と、それに対応した施策の全体像

1983年に発表された『危機に立つ国家』は、教育基盤の凡庸性を指摘し、アメリカとその国民の将来のための対策として、各州、各学区が定める卒業要件を厳しくするなどの推薦事項を示し、教育長と校長にその実現のために指導的な役割を果たすことを求めた。そのために必要な能力とは管理（managerial）や監督（supervisory）の能力ではなく、「説得力、目標設定力、地域内の多様な意見をまとめていく能力」とされた。リーダーシップの力点が、長年伝統的となっていた組織的な効率性やマネジメントから生徒の学習、教師の専門職性などへ移行したのである[(2)]。しかしそのための具体的な活動が行われたのは、1985年に新設された教育経営の卓越性に関する全米委員会（National Commission on Excellence in Educational Administration）（以下、NCEEAと称す）において研究者・実践者たちによって行われた議論が初めてであった。

本節では、1985年のNCEEAの設立から、2015年にPSELが、2018年にNELPが新しいリーダーシップ像を示すまでの研究活動や政策を、以下4つに時代区分して整理を試みる。その全体像を示したのが次頁の図表1である。

第一は、1985年から1994年で、寄せては返す波にも例えられている種々の教育改革や、リストラクチャリングが展開された時代である。NCEEAでの議論とその結果を中心に整理する。第二は、1995年から2001年まで教育長や校長のリーダーシップ像が、整備・提言されて、各州の政策にも取り入れられた時代である。第三は、2002年から2008年まで、「どの子も置き去りにしない法（No Child Left Behind Act 2001）」（以下、NCLB法と称す）が、数値のみで測れる子どもの成績を重視し、その向上が強く求められた時代である。そこで生じた問題を指摘しておく。第四は、2009年から2018年まで、新しい時代の要請に対応する教育長や校長のリーダーシップ像が専門職基準として、提示された時代である。

図表１　教育長・校長の専門職基準の変容

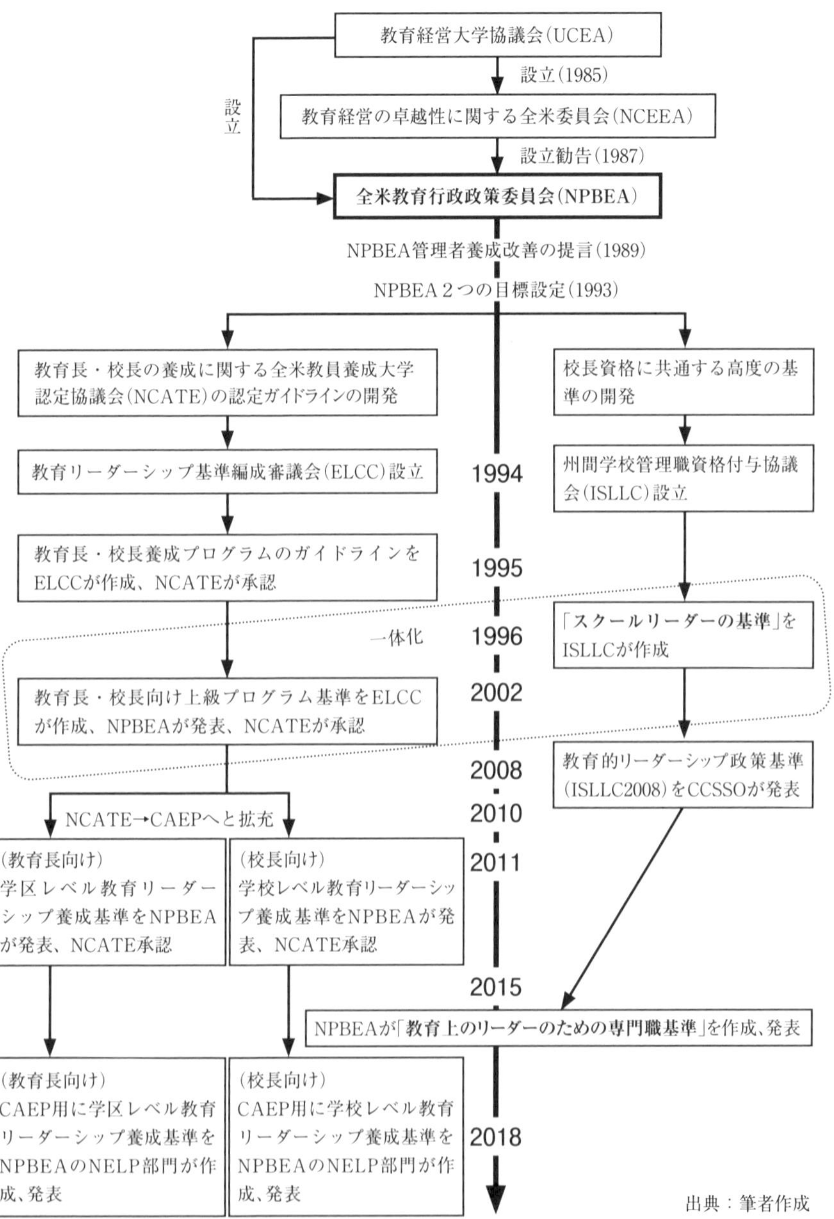

出典：筆者作成

(1) 教育改革の中におけるNCEEAでの議論とその展開（1985年〜1994年）

教育長や校長や、彼らの教育に関わる関係者たちが抱いていた危機感は、NCEEAの委員長となったダニエル・グリフィス（Griffiths, D. E.）[(3)]がアメリカ教育学会（AERA）で行った講演での次のような発言に示されている。

> 私は、徹底し、かつ完全に確信するものであるが、根底的（radical）な改革が展開され、成功を収めなければこの会場にいるほとんどの人が専門職としての教育行政職の末路を見ることになるだろう[(4)]。

NCEEAでは、グリフィスを含め、研究者、実践家、教員組合委員長、政治家など多様な分野の人材を委員として、教育行政の研究者26人から提出されたスクールリーダーの養成の現状分析や問題点に関する論文をたたき台として、2年間の議論を行い、1988年に「アメリカの学校のリーダー（Leaders for America's School）」（以下、「報告書」と称す）を発表した[(5)]。そこでは、教育経営・行政の分野にわたる10項目の問題点が指摘された[(6)]が、中でも、「良好な教育上のリーダーシップの定義がない」と、「学校のリーダーを養成するための国家的協力体制が少ない」という2項目が重要と考えられる。

「良好な教育上のリーダーシップがない」という意味を「報告書」は説明していないが、「報告書」の文脈から、それはリーダーシップ論の根底には哲学的な論争があり、リーダーシップ論のあるべき姿の方向性が固まっていないことを意味すると理解できる。すなわち、1950年代から教育行政学を席捲してきた実証主義的な考え方と、それに対抗して1970年頃から台頭してきた現象学や批判理論など主観主義的傾向の強い哲学との論争である[(7)]。前者は、現状維持を重視し、現状をあるがままに見て、価値問題を重視せず、現状がどうあるべきかを考えていないとされる[(8)]。一方、後者は、価値問題を重視し、教育経営は道徳的であるべきで、これからの管理職は、公平性と民主主義に関わる諸問題に取り組まなければならないとする[(9)]。

この理論的対立は、「報告書」の中でグリフィスらが、組織を理解するためには今や伝統的と見られるようになった実証主義的理論と、主観主義的な理論を融合させ、複数パラダイム（multiple paradigm）あるいはパラダイムの多様性（paradigm diversity）に基づいて諸アイデアを探求することが有用である[(10)]、と述べ、今後の論争の在り方に一定の方向性を示すこととなった。

「報告書」が指摘したもう一点の重要項目は、「学校のリーダーを養成するための国家的協力体制が少ない」というものであった。「報告書」の勧告を受け、教育経営・行政に強い関心を持つ合計10の団体[(11)]によって、NPBEAが1987年に設立された。NPBEAの目的はその定款に、「集合的な行動[(12)]によって、教育行政における専門職基準を進展（advance）する」と記載されていたとされ[(13)]、それは図表1に示すような活動として展開されていく。

NPBEAは2年の研究を経て、1989年にその成果を「学校管理者養成の改善：改革への検討課題（Improving the Preparation of School Administrators: An Agenda for Reform）」（以下、NPBEA 1989と称す）を発表した。この研究成果は、後述する1996年に発表されることになる「スクールリーダーの基準」をはじめ、教育長、校長の基準に大きな影響を与えることになるので、次項で述べることとする。

NPBEAは次に1993年7月の役員会で以下2点の重点目標を設定した[(14)]。

第一は、図表1の右側の一連の活動で示すものであるが、校長の州免許のための、各州に共通し、高度な基準を策定することである[(15)]。この活動のために、州間学校管理職資格付与協議会（Interstate School Leaders Licensure Consortium）（以下、ISLLCと称す）が設立された。その主体となったのは、全米レベルに対する教育政策の方向性に対して重要な役割を担っている州教育長協議会（Council of Chief State Officers）（以下、CCSSOと称す）であった。CCSSOの呼びかけに応じてカリフォルニア州など合計24州の代表者と、11の専門職団体[(16)]らの代表者によってISLLCが組成された。中でも、州行政の代表者が参画したことは、ISLLCが作成する基準が、州の基準として採用される可能性が高まることを意味し、実践的な意味を持っていた。

第二は、図表1の左側の一連の活動で示すものである。教員養成機関のアクレディテーション（accreditation）を行う連邦教育省に認証された機関である全米教員養成大学認定協議会（National Council for the Accreditation of Teacher

Education)（以下、NCATEと称す）のために教育長や校長などスクールリーダーの養成の基礎となるガイドラインを開発することであった。そのために、教育リーダーシップ基準編成審議会（Educational Leadership Constituent Council）（以下、ELCCと称す）が7専門職団体[(17)]によって組成された。

(2) 教育長・校長のリーダーシップ像の整備と提言（1995年〜2001年）

NPBEA 1989と、NPBEAの2つの目標設定は、図表1の中央線で示したように、教育長、校長を含むスクールリーダーの基準作成の背骨となっていく。

(イ) NPBEA1989の内容とその意義

NPBEA 1989は、「この報告書は、全国の小・中学校とその学区をリードする管理者の養成法を改善する9つの検討課題を述べるものである」[(18)]と述べており、主として教育長、校長の養成方法の改善勧告をしているものである。

9つの勧告には、優秀な人材を募集すること、養成プログラムを高度化すること、養成プログラムには最低5名の教授を擁すること、学校と学区の管理者には教育専門職博士（Doctor in educational administration: Ed. D.）を免許条件とすること、臨床的研究や現場実習等のために大学と学区との協働関係を構築すること、全米の統一的資格試験を創設し、その基礎となる専門職基準開発委員会を設立すること、養成プログラムの全国的アクレディテーションを構築することなど、養成制度の設計に関して勧告されている。筆者がこれら制度上の課題よりもより重要と考えるのは、専門職にとって重要な要件と考えられる知識基盤（knowledge base）に関する諸問題を解決する次の勧告である。

養成プログラムには、以下7項目の共通の核心的課程が不可欠であるとされた[(19)]。1）学校教育に対する社会的、文化的な影響、2）教授と学習のプロセスと学校改善、3)組織理論、4)組織研究と政策分析の方法論、5)リーダーシップとマネジメントの諸課程と諸機能に関する基礎知識、6）政策研究と教育の政治学、7）学校教育における道徳および倫理的な次元、である。

なぜ、知識基盤が問題となり、上記のような観点が養成プログラムの重要課題となるのか、その一つの見方として、ロバート・ドンモイヤーら（Donmoyer et al.）の見解を見ておこう。彼らによれば、これまでの専門職性の概念には、学習され、理解され、専門家のレベルの知者として付与される、非専門職には入手不可能な一体的な知識が存在するという前提があった。しかし、今日、そのような実証主義的な概念ではなく、知識は（主として社会科学において）決して知者から独立して存在するものではないという認識が高まりつつある、とされる[20]。例えば、上記7項目の「1）学校教育に対する社会的・文化的な影響」だけを見ても、多文化が進む中で、固定的な知識基盤を作ることには、強い拒否が示される可能性があり、ここに大きなジレンマが生まれる。このジレンマを乗り越えて、これがスクールリーダーの知識基盤である、と世間に示すことが出来るのか、これが大きな課題となるのである。

⑽ NCATEのための養成基準の作成

1995年、ELCCは構成団体の研究成果なども組み込んで、教育長・校長の養成プログラムのガイドライン（Guidelines for Advanced Programs in Educational Leadership）を作成し、NCATEがこれを承認して1995年版NCATE基準を作成した。浜田博文の研究によれば、それは領域1、戦略的リーダーシップ、領域2、教授上のリーダーシップ、領域3、組織的リーダーシップ、領域4、政治的リーダーシップと地域に対するリーダーシップ、領域5、インターンシップからなっている[21]。

⑾ ISLLCによる「スクールリーダーのための基準」の作成

1996年、ISLLCが作成した「スクールリーダーのための基準（Standards for School Leaders）[22]」（以下、ISLLC基準と称す）がCCSSOによって発表された。

ISLLC基準は、6基準とそれを補足する知識、性向、行動に関する182項目の指数項目で構成されている。このうち、「性向」が、後述するように2006年に問題を引き起こすことになる。基準の詳細は、浜田博文のISLLC基準の解題[23]を参照願いたいが、6基準の要点だけをまとめると、基準1、ビジョン、使命、目標、基準2、教職員の指導と生徒の学習、基準3、組織的システムと安全性の管理、基準4、家族や利害関係者との協働、基準5、尊厳、公平性、倫理性、基準6、教育システム、である。

ISLLC基準は、「専門職の質を常に高めるという長期にわたって受け継がれてきている取り組みの一部である」[24]とされる。この対象となるのは、「すべての公式のリーダーシップポジション」[25]であるとされており、校長はもとより、教育長から教員のリーダーまですべてのリーダーと呼ばれる人々が対象となっている。また使用目的は、ISLLCの名称が示すように免許状に関連する養成から、「学校リーダーの診断・評価システム」[26]と幅が広い。

ISLLC基準は、学校管理職のリーダーシップスキル像の再定義された内容を予言するものである、とされ、以下の３点がその核心であるとされる[27]。第一は、すべての若者たちを教育の過程へと成功裏に刺激し引き付けるために、これまで長い間支配的であった知識、知性、評価、教授に関する見方を再検討することである。第二は、コミュニティに焦点をあて、ケアを中心とする学校教育の概念を強調する。第三は、学校の外側にいる関係者らが、教育において重要な役割を果たすと考えられ、彼らとの関係構築が重要となる。

㈡ 教育長・校長の養成プログラムの作成、ISLLC基準との一体化

ISLLC基準は、各州政府に順調に受け入れられ、2003年現在では40州において、ISLLC基準をそのまま、あるいは修正して州の管理職基準となっていた[28]。しかし、管理職養成プログラムを持つ多くの大学院で、内容の異なるISLLC基準と前述のNCATE基準が併存することが問題となった。そこでELCCは、二つの基準を統合することとし、2002年に、ELCCが「教育リーダーシップにおける上級者のための基準（Standards for Advanced Program in Educational Leadership)」を作成し、NCATEが承認し、NPBEAによって発表された。この上級者（教育長・校長を対照とする）基準は、基準７でインターンシップが加えられている他は、ISLLC基準の内容に準拠して作成されたものであった。「準拠する」とは次のような用語の入れ替えが行われたということであり、実態的には全く同じ内容となっている。例えば、ISLLC基準１の一部がELCC基準では、以下の括弧で示した部分の用語となっている。即ち、基準１は、「学校管理職（このプログラムを終了する志願者）は、学校コミュニティによって共有され支えられる（学校あるいは学区の）学習の理想像を作り出し、それを

明確に表現し、実行、管理執行することによって、すべての生徒の成功を促進する教育的リーダーである」となっているのである。

この基準の一体化によって、全国的に、州の制度においても、大学院の養成教育においても相互に矛盾のない体制が構築されたことになる。

(3) NCLB法制下でのISLLCとNCATEの苦難（2002年～2008年）

第43代ジョージ・ブッシュ大統領が立法化したNCLB法の特徴について、ダイアン・ラビッチ(Ravitch, D.)は、「テストの結果に基づくアカウンタビリティが国家の教育政策となった。そこには、教育とはどのようなものであるべきか、あるいは、どうすれば学校を改善することが出来るのか、といった根本的な見方は存在しなかった。（中略）測定できないものは、いかなるものであれ、考慮されなかった」(29)、と批判的に論じている。子どもたちが行う学習に力点を置き、ケアに基づく学校教育を志向するISLLC基準を採用してきた40州以上の州では、NCLB法の要求との間にジレンマが生じていた。そこで、州の教育政策に強い関心を持つCCSSOの呼びかけで、ISLLC基準は改訂されることになり、2008年に、「教育的リーダーシップ政策基準」(30)(以下、ISLLC2008と称す)が作成された。それはスクールリーダーのための基準ではなく、政策決定者が、スクールリーダーが学力向上基準を満たすために何を理解する必要があるのか(31)、を決定する指針とするものであった。

NCATEも大きな問題に遭遇していた。教員養成用のNCATE基準2000年版は、ISLLC基準の影響を受けていたものと考えられ、そこには、「教員志望学生が教員養成機関での教育を経て身に着ける知識、性向（disposition)、スキル、が基準1に規定されてい」(32)た。そして「性向」とは、「生徒、保護者、同僚、コミュニティに対する教員の行動に影響を与え、教員自身の成長だけでなく、生徒の学習・動機付け・成長にも影響を及ぼす価値、コミットメント、専門職倫理である。これは、ケアリング、公平性、誠実さ、責任、そして社会正義のような価値と関係する信念や態度によって導かれるものである」と、同基準の用語集で定義されていた(33)。これが問題にされたのである。

2006年、NCATEはアクレディテーションを行うための連邦政府からの認証許可更新のために、公開ヒアリングを受ける予定であった。その場で、全米学者協会（NAS）から、「社会正義」が政治的なイデオロギィを促進するものだとの批判を受ける懸念があった。NCATEは事前に2008年基準には、「社会正義」を含む「性向」を記載しないと明言し、この問題を乗り切った(34)。

同じ問題が、コロンビア大学でも起こっていた。NCATEの基準にもとづいて定めている同大学の、「大学の方針」に「社会正義」があり、それは表現と良心の自由に対する挑戦であると、教育における個人権利協会（FIRE）から2年間に亘って公開のネット上で、批判を受け続けた。コロンビア大学は、私学であることから批判に対して強く反論し、解決をみた(35)。

(4) PSEL及びNELPの作成へ（2009年～2018年）

2010年には、NCATEは他のアクレディテーション団体との合併が進み、教員養成認定協議会（Council for the Accreditation of Educator Preparation: CAEP）となっている。この間の事情は、佐藤仁、2012(36)を参照されたい。

また2011年には、ELCCが、合併手続き中のNCATEの基準に適用するための基準をISLLC 2008に準拠して作成した。その基準は、学校管理者向け（building level）養成基準(37)と、学区管理者向け（district level）の養成基準(38)とに分けて作成されることになった。分けることになった理由は、リーダーのレベルによって、リーダーシップの対象が異なり、また役割も異なるからであると説明されている(39)。

その後、PSELとNELPが作成され、公表されるが、その詳細や、関係などについては、第2節と第3節で述べることとする。

2. 「教育上のリーダーのための専門職基準（PSEL）」の公表

(1) PSELの概要

ISLLC 2008がPSEL（NPBEA 2015）(40)に改訂される背景には、ブッシュ大統領から第44代バラク・オバマ大統領に政権交代したことがあると考えられるが、

PSELは次の３点がその背景にあると説明している。第一は、グローバル経済の進展による、学校を運営している環境が激変したこと。第二は、教育上のリーダーは一人ひとりの生徒の学習に役立つケアや支援の条件を作り出すことによって、生徒の成績向上に影響力を行使できることを理解するに至ったこと。第三は、教育上のリーダーシップの専門職性を向上させるために専門職団体の協働が一段と強化されたことである。

PSELは専門職によって、専門職のために作成される初めての専門職基準である。PSELは教育上のリーダーたちが専門職として、現在の職務と、今後、教育・学校・社会が変革し続けるのに伴って受ける挑戦と機会とに対して、効果のある対応ができる準備が出来ていることを保障することが出来るようにデザインされている、とされる(41)。

なお、PSELは、学校リーダーと同じ領域の仕事をする学区のリーダーにも適用されるが、その細目は学校レベルを指向しており、学区レベルのリーダーシップについては第３節で述べるNELPで論じられる。

PSELを構成する10基準は、図表２の左側に見る通りである。

これらの基準は、調査及び実践によって、生徒の学習上の成功に不可欠であると示唆されたリーダーシップ職務の相互依存領域、品質及び価値を反映したものであるとされ、それぞれが独立して機能しているのではなく、一人ひとりの生徒の学習上と個人的な成功を促進させる相互依存的なシステムとして機能しているとされる(42)。

(2) ISLLCとPSELの本質の変容

PSELの概要は上記の通りであるが、PSELが(深く関わり合うNELPについても)何を強調し、何に焦点化しようとしたかを把握するために、ISLLCからの変容を見ておくことが適切であろう。そこで、PSEL執筆の中心となった二人の研究者、スマイリーとマーフィー(Smylie, M. A. and Murphy, J.)の論述(43)に依拠して、彼らが指摘する４点から変容を把握しよう。

第一は、生徒の成功を促進する、良い学校や学級に関する理解が進んだこと

図表2　「教育上のリーダーのための 専門職基準(PSEL)」と「学区レベル全国教育リーダーシップ養成基準(NELP)」の比較

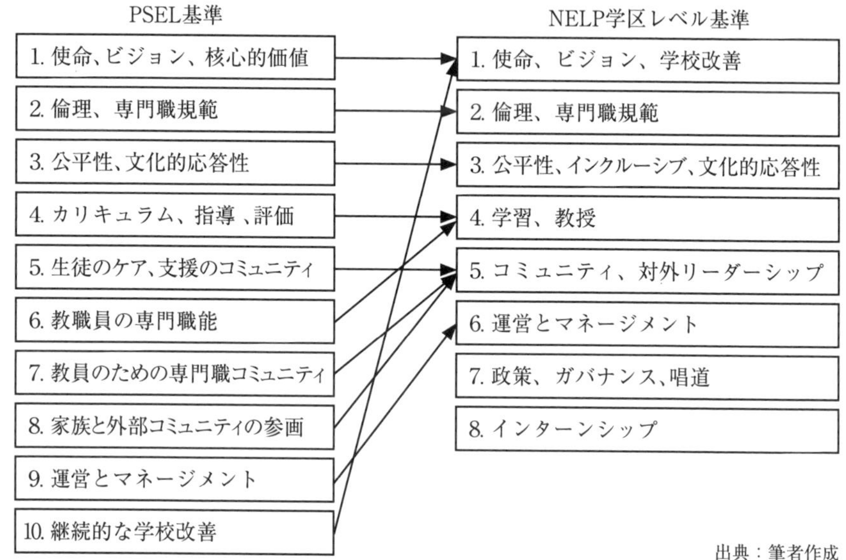

出典：筆者作成

である。それは、既述の実証主義的なマネジメント科学が捉えてきたリーダーシップ固有の機能（個人の管理、予算管理、施設管理など）から、調査研究と実践による知識の蓄積によって、学校教育の核となる機能、すなわち生徒の教授へとリーダーシップの本質がシフトしたことである。マーフィーは、PSELで次の4つの学習理論を展開していると説明している(44)。①知的な刺激や参画的で応答的な「参画的教授」、②生徒中心で、知的・挑戦的で、意味がある真正の勉強に向かわせる「構成された学習」、③「学習への圧力（academic press）」とよぶ、学校全体で生徒の成績向上の圧力をかける環境の力の総体である。④「ケアする支援」である。支援すること自体が目的ではなく、学習への圧力と一体となった支援が必要である。リーダーには、このような学習の展開のために、10の基準のネットワークを構築し促進することが求められる。

第二は、学校のリーダーシップのビジョンの変化である。それは、学校教育の基礎が負債ベースから資産ベースに変化したことである。負債ベースとは、欠損思考（deficit thinking）[45]とよばれ、学習できない子には生来的な原因があり、それは改善できるものではないという差別的な考え方である。一方資産ベースとは、「すべての生徒は学べる（All children can learn）」という考え方である。これは、ケアと支援を伴って、生徒の意欲を高めながら、教授すればすべての生徒は学べると考える。なお、これは誰でも学べるのだから、教えこめばよいという考え方[46]にもつながることに注意が必要である。

第三は、PSELは、基準1、2、3で述べられているように、専門職的価値を表現したものである。価値、倫理、公平性などが上位に置かれるようになっていることは、PSELの特徴を示すものである。

第四は、PSELは生徒の成功を強調していることである。ISLLCでは、すべての（all）生徒の学習上の成功を目的としていたが、PSELでは、一人ひとり（everyあるいはeach student）の学習上の成功と人生の幸福を支援することがリーダーの役割であるとしている。言葉上の小さな変化であるが、allは、「全体の集合的なすべての生徒」、あるいは、「平均してすべての生徒」と理解され、学校や教室で実践される可能性がある。PSELはその考え方を否定し、一人ひとり、すべての子どもたちという考え方を採用したものである。

3.　NELPの公表、その内容とPSELとの関係

NCATEの管理者養成用の基準は、2011年までELCCによって作成されてきたが、NELPはNPBEAによって作成された。その変更理由は説明されていないが、専門職団体の傘的な存在であるNPBEAが、PSELとNELPを一体的に捉え、主として既存の校長向けの基準と教育長の養成用の基準とに、本質的な同一性と、関連性を持たせることにより、基準を社会からも専門職の基準として正当性を持ったものとして評価されることが狙いであったと考えられる。

PSELとNELPの同一性は図表2で見るように、NELPの基準7および8を除いて、類似する表現で示されている。NELPの基準7は、教育長として、校長とは異なる役割に対する基準であり、また基準8は、現職の教育長は定期的な評価を受けることがないので、養成の段階でインターンシップによってその

能力を身に着けておく必要があることから設定された基準であると考えられる。

改めて、NELPの各基準を図表3で見てみよう。その特徴は、第一に、PSELと同様に、全ての基準が、「一人ひとりの生徒の現在および将来の成功と幸福を促進すること」を目的としていることを明記していることである。成功と幸福とは何を意味するのであろうか、NELPの序章では、「教育長たち管理者がケアする子供たちが、大学進学、その後のキャリアー、および人生に向けて、いまよりもより良く準備ができていること」(47)と述べている。第二に、「核となる一組の価値」(基準1)、「倫理的な意思決定」(基準2)、「公平性、インクルーシブ、文化応答的である」(基準3)などの価値を重視するものとなっている。第三は、コミュニティの価値を重視した、教授的リーダーシップを強調していることである(基準4,5)。特に学習については、すべての(every)生徒たちの学習とその発育を支援することが、基本的な教育長の挑戦であると述べている(48)。PSELで示されているように、学習への圧力と、支援とを同時に行っていくという考え方を述べていると考えられる。

小括

本章では、2015年に公表されたPSELが、教育長の力量形成にどのように反映されていくかを三点から考察した。その結果、以下のような内容を把握することが出来た。

第一点は、1985年から始まる、校長や教育長の基準を作成していく歴史的な展開を概観した。NCEEAでは、良いリーダーシップ像の構築には実証主義か、主観主義かという哲学的な議論の重要性が強調されていた。また、NPBEAを多数の専門職団体の傘的な存在として位置づけ、集合的な行動を行うことが強調されていた。日本において、管理職の基準を考える場合には不可欠な視点であると考えられる。

NPBEAが1987年に設立されて以降、NPBEAは、校長や教育長を含むスクールリーダーたちの力量形成に一貫して貢献してきたことは図表1が示す通りである。また、NCATEとの連携で、スクールリーダーの養成の体制を構築

図表 3　NELP学区レベルスタンダードの 8 基準

下記８基準は、「学区レベルの教育リーダーシップ養成プログラムを成功裏に修了した教育長の志願者は、一人ひとりの生徒の現在および将来の成功と幸福を促進することのできる能力が何であるかを理解し、その能力を証明する。それを可能とする方法は、以下のような行為に必要な知識、スキル、コミットメントを適用することである」とし、その行為内容を以下に示している。
基準１：使命、ビジョン、学校改善
核となる一組の価値と、データの使用、技術、諸価値、公平性、多様性、デジタル技術を駆使する市民性、コミュニティなどの優先事項を反映させ、協働的にリードし、企画し、学区の使命、ビジョン及び継続的な学校改善をおこなう。
基準２：倫理と専門職の規準
倫理的な意思決定、専門職規範と文化を唱道する能力を理解し提示する。
基準３：公平性、インクルーシブ、文化的応答性
支援的で、公平性があり、文化的に応答することができ、インクルーシブな学区文化を開発し、維持する。
基準４：学習と教授
カリキュラム、教授法、データシステム、支援、評価、教授的リーダーシップについて一貫性のあるシステムを評価し、デザインし、洗練し、実施する。
基準５：コミュニティ、対外リーダーシップ
学校と学区の業務において、家族、コミュティ、及び他の利害関係者を理解し、彼らと関与し合うために、また学区、生徒、コミュニティのニーズのために唱道する。
基準６：運営とマネジメント
運営、資源、テクノロジー、人材マネジメントのために、情報に基づいた公平性のある学区のシステムを開発し、モニターし、評価し、運営する。
基準７：政策、ガバナンス、唱道
重層的で多様な利害関係グループとの関係性を構築し、協働的な意思決定とガバナンスを先導し、広い政治対話において、学区のニーズを代表し、唱道する。
基準８：インターンシップ
教育長の志願者は、知識豊富で、専門的な実践家の指導下でインターンシップを成功裏に完遂する。彼ら実践家は、志願者を重層的で多様な学区の環境の中に参画させ、学区のリーダーに求められるおよそすべての領域と考えられる上記基準1-7で述べた基準で明らかにされた知識とスキルを統合し適用するような、一貫性があり、真正で、持続的な機会を提供してくれるのである。

出典：National Policy Board for Educational Administration (2018) pp.10-29, から筆者が作成。

してきたことが重要であると思われる。

第二は、PSELの分析であった。PSELは、生徒一人ひとりが学習上の成功と、人生での幸福を追求するできるような力をつけさせるために、学習への圧力と支援をもって、参画的な教授や、構築的な学習のシステムを構築し、実践することがスクールリーダーの専門職としての役割であることを示した。筆者は、PSELに示された理論が現代におけるリーダーシップ論の到達点であると理解している。

第三は、NELPの分析とPSELとの関係である。NELPは、NPBEAによって作成された。PSELのリーダーシップ論を基盤にして、教育長の養成理論として再構築されたものと考えられる。なお、図表4は、ELCC、NELP、ISLLC、PSELの4つのスタンダードを分析しその鍵概念を見いだそうとした研究の成果(49)である。これによれば、NELPは、公平性、インクルージョン、多様性、文化、学習機会などを強調したスタンダードであることが理解される。

図表4　4つのスタンダードにおける鍵概念の変化

概念・その関係用語	養成スタンダード		実践スタンダード	
	ELCC	NELP	ISLLC	PSEL
公平性・正義概念（Equity & Justice concepts）				
公平性（Equity/equitable）	27	174	1	14
平等（Equality）	0	6	0	0
正義／社会正義（Justice/social justice）	19	0	0	2
インクルージョン（Inclusion/inclusive）	5	72	0	2
独自性・文化概念（Identity & Cultural Concepts）				
多様性（Diverse/diversity）	47	59	4	3
人種（Race/racial）	3	1	0	1
文化（Culture/cultural）	36	83	2	18
ルーツ・イデオロギー（Root causes/ideologies）				
人種差別（Racism）	0	0	0	0
抑圧（Oppression）	0	0	0	0
学業成績（Achievement）	35	5	0	5
学習機会（Opportunity）	29	59	0	13
資産ベース／負債ベース（Asset/deficit）	1	4	0	2

出典：Farley, A. N. & Childs, J. 2019, *op. cit.*, p.13.

〈注〉

（1）「州教育長協議会（Council of Chief State School Officers）」に見るように、教育長はschool officerと呼ばれており、「スクールリーダー」に教育長を含めることは一般的であると理解している。

（2） Brunner, C. C., Grone, M., Björk, L., 2002, "Shifts in the Discourse Defining the Superintendency: Historical and Current Foundations of the Position", in Murphy, J.（ed）*The Educational Leadership Challenge: Redefining Leadership for the 21st Century,* The University of Chicago Press, p.224.

（3） グリフィス（Griffiths, D. E.）は、本論で議論することになるアメリカにおける実証主義的な理論運動のリーダーであった。

（4） Griffiths, D. E. 1988, *Educational Administration: Reform RDQ or RIP,* A UCEA Occasional Paper, UCEA, p.1.

（5） NCEEAの委員の明細や、議論の経緯や、26本の提出論文については、「報告書」に詳述されている。なお、その内容の分析については、津田昌宏、2020、『アメリカの学校管理職の専門職基準―生徒の学習を核とする専門職への展開―』未発表、学位請求論文で行われている。

（6） 10項目の問題点は以下の通りである。①良好な教育上のリーダーシップの定義がない、②学校にリーダー採用のプログラムが少ない、③学区と大学との間に協働関係がない、④教育上のリーダーにマイノリティや女性が極めて少ない、⑤（教育長や校長を含む）学校の管理者のための系統的な専門職開発システムが少ない、⑥学校の管理者養成プログラムを受けようとする優秀な候補者が少ない、⑦学校管理という職務に結び付いた養成プログラムが少ない、⑧養成プログラムに連続性や現代的文脈、臨床的経験が少ない、⑨卓越性を推進するような教育長や校長の免許システムが少ない、⑩学校のリーダーを養成するための国家的協力体制が少ない。

（7） この論争については、河野和清、1995、『現代アメリカ教育行政学の研究』多賀出版、に詳しい。

（8） Greenfield, B., 1988, "The Decline and Fall of Science in Educational Administration", UCEA（eds）*Leaders for America's School,* p.146.

（9） Foster, W., 1988, "Educational Administration: A Critical Appraisal, UCEA（eds）*Leaders for America's School,* pp.68-81.

（10） Griffiths, D. E., Stout, R. T., Forsyth, P. B., 1988, "The Preparation of Educational Administration", UCEA（eds）*Leaders for America's School,* pp.284-304.

（11） 10の団体は以下の通りである。アメリカ教員養成大学協会（American Association of College for Teacher Education: AACTE）、アメリカ学校行政職協

会（American Association of School Administrators: AASA）、指導助言・カリキュラム開発協会（Association for Supervision and Curriculum Development: ASCD）、学校事務職員協会（Association of School Business Officials: ASBO）、州教育長協議会（Council of Chief State School Officers: CCSSO）、全米初等学校長協会（National Association of Elementary School Principals: NAESP）、全米中等学校長協会（National Association of Secondary School Principals: NASSP）、全米教育経営学教授会議（National Council of Professor of Educational Administration: NCPEA）、全米教育委員会協会（National School Board Association: NSBA）、州間新任教師評価支援協議会（Interstate New Teacher Assessment and Support Consortium: INTASC）。

(12) 10の団体が協働して一つの目的のために傘的な組織を構築したことが重要であると筆者は考えている。その理由は、学校管理職基準の策定のように多数の利害関係者に影響を与える行動には、多数の関係者が協働することが望ましいことは言うまでもない。しかし、例えば、日本教育経営学会は2009年に『校長の専門職基準』を策定し発表しているが、協働した団体名は記されていない。

(13) National Policy Board for Educational Administration, 2002, *Standards for Advanced Programs in Educational Leadership*, NPBEA, p.5.

(14) *Ibid.*, p.5.

(15) 校長のためのとなっているが、実際に1996年に発表された「スクールリーダーとしての基準」は、その適用範囲に、学校を指導するあらゆるレベルのリーダーを含めており、教育長もその対象となっていたと考えられる。

(16) 11の専門職団体は以下の通りである。AACTE, AASA, ASCD, 教師教育協会（Association of Teacher Educators: ATE）, NAESP, NASSP, 全米州教育委員会協議会（National Association of State Boards of Education: NASBE）, NCPEA, NPBEA, NSBA, UCEA.

(17) 7団体は以下の通りである。AACTE, AASA, ASCD, NAESP, NASSP, NCPEA, UCEA. なお、AACTEはNCATEの母体である。

(18) National Policy Board for Educational Administration, 1989, *Improving the Preparation of School Administrators: An Agenda for Reform,* NPBEA, p.5.

(19) *Ibid.*, pp.20-21.

(20) Donmoyer, R., Imber, M., Scheurich, J. J., 1995, "Introduction: Knowledge Base Problems in Educational Administration", in Donmoyer, R., Imber, M., Scheurich, J. J. (eds) *The Knowledge Base in Educational Administration: Multiple Perspectives,* The State University Press, pp.1-13.

(21)　浜田博文、2007、『「学校の自律性」と校長の新たな役割』一藝社、129頁。

(22)　Interstate School Leaders Licensure Consortium, 1996, *Standards For School Leaders,* CCSSO.

(23)　浜田博文、1999、「アメリカにおける学校管理者のための資質能力基準—ISLLC スタンダード—」小島弘道編『外国における学校経営改革の動向』筑波大学教育学系、3-11頁。

(24)　Interstate School Leaders Licensure Consortium, 1996, *op. cit.*, p.6.

(25)　*Ibid.*, p.7.

(26)　*Ibid.*, p.7.

(27)　*Ibid.*, p.6.

(28)　Murphy, J. 2003, *Reculturing Educational Leadership: The ISLLC Standards Ten Years Out,* NPBEA, p.19.

(29)　D. ラビッチ著、本図愛実監訳、2013、『偉大なるアメリカ公立学校の死と生』協同出版、33頁。

(30)　Council of Chief State School Officers, 2008, *Educational Leadership Policy Standards: ISLLC 2008,* CCSSO.

(31)　*Ibid.*, p.5.

(32)　佐藤仁、2012、『現代米国における教員養成評価制度の研究』多賀出版、186-187頁。

(33)　同上書、189-190頁。

(34)　以上の事情は、同上書、189-192頁に詳しい。

(35)　この間の事情は津田昌宏、2020、前掲書、266-269頁を参照されたい。

(36)　佐藤仁、2012、前掲書。

(37)　Educational Leadership Constituent Council, *Educational Leadership Program Standards: Building Level,* NPBEA.

(38)　Educational Leadership Constituent Council, *Educational Leadership Program Standards: District Level,* NPBEA.

(39)　*Ibid.*, pp.5-6.

(40)　National Policy Board for Educational Administration, 2015, *Professional standards for Educational Leaders,* NPBEA.

(41)　*Ibid.*, p.1.

(42)　*Ibid.*, pp.3-4.

(43)　Smylie, M. A. and Murphy, J., 2018, "School Leader Standards From ISLLC to PSEL: Notes on Their Development and the Work Ahead", *UCEA Review,* Fall,

2018, pp.24-28.

(44) Murphy, J. 2017, *Professional Standards for Educational Leaders: The Empirical, Moral, and Experimental Foundations,* Corwin A Sage Publishing Company, pp.55-105.

(45) Deficit thinking については、Valencia, R. R. 1997, *The evolution of deficit thinking: Educational thought and practice,* Falmer Press に詳しい。

(46) 例えば、NCLB法の実施手法はこの考え方に基づくと考えられる。

(47) NPBEA, 2018, *National Educational Leadership Preparation* (*NELP*) *Program Standards-District Level,* NPBEA, p.1.

(48) *Ibid.*, p.1.

(49) Farley, A. N. & Childs, J. 2019, "Preparing School Leaders for America's Wicked Problem? How the Revised PSEL and NELP Standards Address Equity and Justice", *Educational Policy Analysis Archives,* Vol. 27, No. 115, Arizona State University, pp.1-30.

終章　アメリカ教育長職の総括―日本への示唆―

八尾坂　修

終章では１章から10章までの総括として、「教育長職への役割期待」、「教育長のリーダーシップ実践と優秀教育長施策」、「教育長養成・免許資格、職能開発、採用・評価」、「民族的多様性とジェンダー」の４つの視座から知見を集約する。そしてそこから日本における教育長職の養成と研修の現状を踏まえつつ、今後の教育長職の役割と力量形成のあり方を探ることにしたい。

1.　教育長職への役割期待

アメリカでおよそ１万４千の公立初等中等学校を管轄する地方学区が設置され、管轄する学校数は約13万校、生徒数は約５千万人である。これらの学校の統制と責任を負う行政機関は連邦、州、学区からの三層構造をなす。

この点、学区教育長に関しては、教育委員会制度が設置された後に業務の複雑化に応じて素人教育委員ではなく専任職の教育長が設置されていったのであるが、教育長の果たすべき重点的・中心的役割（力点）に関しては歴史的に変遷を経ており、次の５つの役割が提示されている。

最初の４つの役割は、1960年代までの研究で明らかにされており、「教師―学者（teacher-scholar、教育者）」が1850-1900年代初期、「組織管理者（organizational manager）」が1900年代初期-1930年代、「民主的・政治的指導者（democratic-political leader）」が1930-1950年代半ば、応用社会科学者（applied social scientist）が1950年-1970年代半ばである。そして特に2000年代以降の研究で付け加えられたのが、第５番目の役割である「効果的なコミュニケーター（effective communicator）」であり、1970年代半ば-2010年代である。

そこでまず第１に、「教師―学者（教育者）」の役割として当時の教育長は、学校の行財政的業務を教育委員や場合によっては教育委員会の事務局の部下に任せたりして、教育活動面に注力した「指導的教師（master teacher）」としての役割が期待されていた。

第2に、19世紀末から20世紀の1930年頃にかけては、従来の教育長の役割である教授面を重視した都市学校の運営に加え、都市化、産業化した社会における大規模な組織の運営に科学的な管理の手法の導入が強く求められた。教育においては、時間と業務の効率的運営によって学校の管理運営の効率化を図るべきとの考えが広まり、「組織管理者」としての教育長観が優勢となった。教育予算の編成と管理、人事行政の標準化、施設設備の管理などの職務を教育長が中心的に担う体制が構築されていったのである。

第3に、その後1929年に始まった株価の大暴落に端を発した経済恐慌によって、教授の側面のみならずビジネスマネージャーとして学区の行財政管理運営の全般にわたって権限を掌握していた教育長に対しても、その権限や権威に対して批判的なまなざしが注視されるとこになった。教育長は自らの職務遂行に関して教育委員会や保護者からは無論、学区民全体からの支持や支援も不可欠となった。20世紀の半ばにおける教育長は民意をくみ上げながら意思決定を行っていく「民主的・政治的指導者」としての役割を期待され果たすことになった。

第4に、1950年代前後から1960年代は、都市教育問題の深刻化、公民権運動、アメリカの宇宙開発の遅れの懸念等の社会変動の渦中で、民主的・政治的指導者としての教育長の役割に対して異議申し立てがなされるようになった。つまり一方で社会変動への教育面での対応、つまり新しい時代に即応した教育改革・学校改革、他方で平等で公正な社会の実現、つまり“社会正義”を実現するという両面での改革の実現である。

そのため1950年代から1970年代にかけて教育長は教育の直面する課題を調査し、課題解決のための必要な社会科学の専門知識や、人権差別問題、貧困問題、犯罪や暴力対策などの社会問題などの理解なども含めた幅広い知識を持ち活用できる、「応用社会科学者」として強く要請されたのである。

第5に、1983年の連邦政府の報告書『危機に立つ国家』に特徴づけられるように、1980年代以降のアメリカの教育課題は学力の向上に特徴づけられる。教育長には幅広い利害関係者とコミュニケーションを図り、教育の内容と方向性を人々に理解してもらう必要性を生起した。このコミュニケーションは、トップダウンモデルではなく、オープンで双方向で相互に利益を生み出すことを特徴とするリレーションモデルであり、組織メンバーの信念、行動、態度などを調整して全体的な傾向を方向付け、新たな文化の構築を期待するものである。教育長は有効な「コミュニケーター」としての役割を果たすべきとの考えが1980年代以降強くなっている。それゆえ、今日アメリカの教育長にとって何よりも重要な能力はコミュニケーション力であり、ガバナンス、アドミニストレーション、アカウンタビリティ、レスポンシビリティを促進するためにも不可欠な能力なのである。

上記のごとく歴史的変遷から教育長職への役割期待を５次元から捉えることができたが、これらの次元は以下の図表１に示すように現代の教育長の職務実践の側面としても適用し得る。とりわけ専門サポートスタッフが少ない小規模学区の教育長はほとんど選択の余地はなく、５次元領域に直接関わっていると考えられる。

図表１　現代における教育長行動の役割概念

役割	現代の重要性の例
教師―学者	学校改善のために教育リーダーシップを発揮、カリキュラムや指導の評価
組織管理者 (ビジネス・マネージャー)	法令・財務・団体交渉・施設管理の知識と運営、学校安全の確保
民主的・政治的リーダー	戦略計画、特にビジョン設定における利害関係者の参画、学校の不足資源を確保
応用社会科学者	量的質的データに基づく意思決定、複雑な問題点の確認と解決
効果的なコミュニケーター	効果的な対話による対人関係の構築、公衆の参加や支援

（出典） Kowalski, Theodore J., *The School Superintendent Theory, Practice, and Cases*, 3edition, Sage, p.26 に基づき筆者が作成。

2. 教育長のリーダーシップ実践と優秀教育長施策

(1) サーバント、教育的、変革的、政治的、社会正義リーダーシップ

リーダーシップの実践哲学としてサーバント・リーダーシップの概念がある。

サーバント・リーダーシップは1970年にアメリカのグリーンリーフ(Greenleaf, R. K.)によって「組織としてのビジョンを達成することを目的として、フォロワーのために奉仕、貢献すること」と発表された。

このようなサーバント・リーダーシップの哲学のもと、スピアーズ(Spears, L. C.)はグリーンリーフの見解に依拠しつつ、以下の10の属性にまとめている。組織運営のみならず、日常の生活にも生かせる広義の内在的コーチングであり[(1)]、教育長のリーダーシップ実践行動の基本的スタンスとしても適用できる。

ア.「傾聴」(Listening) 自己の思いを意図的に聞き出す。同時に自己の心にも耳を傾け、自己存在意義を考えることができる。

イ.「共感」(Empathy) 他者の気持ちを理解し、共感する。

ウ.「癒し」(Healing) 安心できる。

エ.「気づき」(Awareness) 自己と組織を十分に理解する。倫理観や価値観とも関連する。

オ.「説得」(Persuasion) 権限や服従によらず、説得できる。言行一致。

カ.「概念化」(Conceptualization) 業務上の目標を超えた自己啓発能力を育てようとする。リーダーとして未来図を示す。

キ.「先見性」(Foresight) 過去の教訓、現実を注意深く精査することによって、学校がこれからどのようになるかを明確に捉える。

ク.「信頼できる人と思われる人」(Stewardship) 重要な業務を任せられる執事のような人。

ケ.「人々の成長への関与」(Commitment to the Growth of People) 人々への貢献、内在的価値の信頼、一人ひとりの成長にコミットできる。

コ.「コミュニティの創造」(Building Community) 組織の中で同僚性、革新性、自律性を作り出す。

ところで本書ではアメリカにおける教育長のリーダーシップ実践を対象とする研究の動向を次の４つの教育長のリーダーシップ次元の視点から検討した[(2)]（図表２参照）。

図表２　教育長のリーダーシップ４次元

①教育的リーダーシップ
・児童生徒の学力向上や学力格差の抑制を目指すもの。カリキュラムと授業実践に焦点。
②変革的リーダーシップ
・現状維持志向の対象概念であり、教育政策の変革実践と効果的な実践に焦点をあてたもの。「信頼と対話」が基本。
③政治的リーダーシップ
・教育長の説明責任の遂行、地域の利害関係調整、対立葛藤調整、資源配分等の意思決定過程の公開性と透明性に焦点をあてたもの。
④社会正義リーダーシップ
・社会の多様性の拡大のなかで新たな価値の共同構築、包括的変革の提唱、人種・民族・社会階層・障がい・ジェンダー・性的志向についてのオープンで率直な議論の持続によって、支配的な信念に挑戦する包括アプローチの創造を志向する態度。

まず教育的リーダーシップは2002年のNCLB法によってその価値を高める契機となった。ただし、教育長の教育的リーダーシップは、子供の学力水準に直接影響を及ぼすのではなく、校長や教員リーダーへのリーダーシップの分散化を通して間接的に影響を及ぼすのである。行動様式（コンピテンシー）として、学区全体で専門的学習コミュニティの形成を支援、協働的な目標設定とカリキュラム作成、対話（コミュニケーション）を通しての授業改善と学力向上への期待伝達[(3)]、目標達成のための資源の配分、スタッフの人材育成、授業改善と学力水準のモニタリングが析出される。つまり中留武昭氏が提唱するような教師の教育実践力を高めるポジティブな学校文化、学校の雰囲気を高められる[4]かが要因となる。

次に、変革的リーダーシップは、「信頼と対話」によって醸成される関係的信頼（変革実践のための組織内部の資本）と互恵的信頼（変革実践のための組織間の資本）が教育長による「変革実践リーダーシップ」の基盤であった。

また教育長は、日常的に、学校管理職、保護者、教員団体、メディア、地域住民、首長部局、議会等多数の利害関係者と直接的・間接的に関与している。教育長にとって説明責任の遂行、地域の利害関係調整、対立葛藤調整、資源配分等の意思決定は重要な「政治的職務」である。政治的リーダーシップとして教育長は、多様な教育関連団体に所属・参加し、多様な人々の間にネットワークを張り巡らし、それを葛藤局面に活用していたのである。

さらに、社会正義リーダーシップでは、地域における人々の多様性が進展し、分断が生じやすい現代だからこそ、地域における信頼とネットワークの醸成を基盤として困難を抱えた人々の「包摂」を促進するリーダーシップ実践が展開されていた。

このように、変革的・政治的・社会正義リーダーシップでは、社会関係資本を基盤とする「変革」「調整」「包摂」が教育長のリーダーシップの特徴と考えられる。

(2) 優秀教育長表彰

ところでアメリカでは優秀な教育長を認定し、表彰する取り組みが見られる。優秀な教育長が求められる背景としては、『危機に立つ国家』やNCLB法にみられるような連邦政府主導の教育改革への対応や、1990年代頃からの経済の悪化・停滞のなかで地方教育委員会や教育長に効率的・効果的な施策を進めることが重視されたことにある。また、優秀教育長に求められる行動特性としては、前述の教育的・変革的・政治的・社会正義リーダーシップに合致しているように考えられる。例えば児童生徒の学力向上を促進するため、学区全体で専門的な学習コミュニティの形成を支援し、利害関係者と教育的価値やビジョン等を共有すること、さらに学習コミュニティを通して、学校管理職や教職員の専門的成長を促進し、提供することが求められているからである。

全米や州レベルの優秀教育長施策についてはAASAやカリフォルニア州のACSAといった教育長団体が優秀教育長表彰プログラムを行っているが、AASAの選考基準では学習のためのリーダーシップ、コミュニケーション、プロフェッショナリズム（経営知識とスキルの絶え間ない改善、教育チームメンバーに職能開発の機会とモチベーションの提供）、コミュニティへの関与の4基準が示されている。実際の最優秀教育長表彰は具体的な教育改革の取り組みと成果、学区やその地域への貢献度（例えば学区の学校教育における公平性、困難校から上位校への転進、財務面での優秀性）などが評価されている。

また、AASAやACSAでは、現役や退職した教育長自身が教育長の養成や研修プログラムにも評価者や指導者として積極的に関与する仕組が構築されており、教育長の質の維持や確保、教育長同士の専門的職能成長にも連結しているのが特徴である。

3. 教育長養成・免許資格、職能開発、採用・評価

(1) 免許資格と養成、更新、上進制

アメリカにおける教育長の養成・研修に着目すると、校長、教員の場合と同様、歴史的に免許資格と養成・研修、更新・上進制の連結が特徴的である。ちなみに1935年当時ピターソン（Peterson, B. H.）の研究（修士論文）によれば、1854年にペンシルベニアで最初に教育長の免許状が発行され、その後ほぼ半世紀唯一の州であったことが示されている(5)。ただし当時郡・市の教育長のみならず州教育長をも含めた全教育長に対する免許制度は、1930年代後半に始まりつつあったのである。

今日的特徴として、発行される免許状は包括的な行政免許状あるいは教育長の固有の免許状である。教育長職に対して学位は教育的リーダーシップの単位を含む修士号以上であり、通常教育スペシャリスト学位（Ed.S.）を求める州が大半である。教育スペシャリスト学位相当が標準化しているが代替として博士

号を要求する州も14州存在し、高度化しつつある。

また、教職経験重視の歴史的推移の中で、まず学校経験し、その後学校管理職あるいは中央の教育行政当局で実務経験をするのが教育長としてのキャリアパターンである。教育長免許資格としてインターンシップやフィールド経験を規定する州は９州存在するに過ぎないが、免許規定に関わらず、各大学院の教育長養成プログラムにおいて職務実態に則したインターンシップ（レジデンシー）の充実が求められる。この点、2015年のNPBEA専門職基準（PSEL）の内容に準拠して、新たに2018年に教育長向けに作成された学区レベル全国教育リーダーシップ養成プログラム基準（NELP）は８つの基準の基準8においてインターンシップを明示していることから、教育長養成プログラムにおけるインターンシップのあり方（例えば女性教育長養成において）が検討されてくるのは確かである。

教育長の継続職能開発として更新制（30州）、上進制（16州）を要求する州が存在し、その場合主に州教育長会AASAなどの専門職団体が州教育委員会とともに歴史的に重要な役割を果たしている。

教育長養成プログラムの質保証として、入学についての公正性とともに、プログラム目標、哲学として2015年NPBEA基準のようなリーダーシップ・スタンダードの重視、課題に焦点を当てた明白なビジョン、さらにはコースカリキュラム内容における協働的、省察的な実践重視のエビデンスが得られるような観点が一層望まれている。

(2) 教育長の離職と職能開発

教育長にとって現在の職を離れることを意味する離職は、新たな教育長ポストなどへの異動と職を辞することの側面があるが、平均6－7年の在職期間である。ただし、都市教育長の在職期間は郊外や村落学区よりも短いという合意がある。教育長の回転ドアのような離職は学区マネジメントの崩壊、職員のモラール、業務の財源、コミュニティサポートの低下、学校風土、生徒の学力へのネガティブな影響を及ぼす可能性があることが指摘されるのである。

離職の構造要因を「学区の特徴」、「教育委員会の特徴」、「教育長の特性」、「教育長の職務遂行能力」の４つのカテゴリーから捉えられるが、複合的に教育長自身の離職の決断、あるいは教育委員会による雇用満了の決定という、離職をもたらす。

このような課題のなかで教育長のキャリア定着とともにリーダーシップ能力向上、社会的役割の促進、学区の改善効果をねらいとして、現職教育長、特に新任教育長の職能成長の機会が図られてきたが、通常は教育長免許状の更新・更新制と連結して大学での単位取得や州・学区主催の研修会と連結している。その際、州・学区主催の研修会は、教育長の自主的参加のもとAASAの州支部と連携して実施される場合が多い。

ただし、マサチューセッツ州、テキサス州、ケンタッキー州のインダクションは新任教育長の免許資格との関わりでの義務的な職能開発プログラムである。

この点、ケンタッキー州が画期的な試みと評されるのは、"次世代リーダーシップシリーズ" というインダクションプログラムが体系的に構造化されている点である。特に、新任教育長の個別学習計画（ILP）をサポートするため、主としてエグゼクティブリーダーシップコーチ、メンター教育長、教育委員会リエゾンから成るILPチームの協働的役割があげられる。また、新任教育長の学区改善経計画、新たな学区課題を踏まえた年間スケジュールに基づく専門学習（14項目）などの個別学習計画のパフォーマンス状況について、ケンタッキー州独自のリーダーシップに焦点化した７つの有効性基準（戦略的、指導的、文化的、人事、管理面、協働的、影響力）に基づき、新任教育長が自己評価を行い、自身のパフォーマンスのエビデンスを提供する点にある。

しかもインダクション実施方法も伝統的な対面式による研修、個別のメンタリングのほかに、遠隔操作によるオンラインコミュニティ内での参加者間の交流、ライブでのウェブセミナーなどの情報活用は新たな研修方法の在り方を考える手がかりとなる。

このケンタッキー州のインダクションプログラムはILPメンバーの意見を踏まえ実施内容・方法の改善が図られているとともに、参加者である新任教育長のインダクション満足度は高い。

⑶ 教育長の採用と教育委員会による評価

教育委員会において、優秀な教育長の確保と維持は必要不可欠な任務であり、その任務に関係する教育長の採用と評価は、重要である。特に、教育長の能力や業務に対する評価は、公平で公正な評価であれば、教育長と教育委員会の共同性を促進させ、学校改善の達成の鍵となる。このような点からも、1980年代のアカウンタビリティとスタンダード改革以降、2000年代に入り、AASA、州教育委員協議会などによって、教育長の能力基準の設定や評価モデルの作成など、教育長評価システムの整備が進められてきた。また、マサチューセッツ州の事例で示したように、各州も、これらの基準やモデルを参照に、公平で公正な教育長評価システムの創設を進めてきたのである。教育委員会は、教育長の評価システムのメリットとして、ア.教育長と教育員会メンバーの役割の明確化、イ.役割期待の伝達、ウ.職能開発の強化、エ.説明責任の提供、オ.法的要件の履行、およびカ.適切な雇用決定などをあげているが、これらが、学区・学校改善を促進する要素となることを期待している。

4. 教育長の民族的多様性とジェンダー

⑴ カラーラインを超えたマイノリティ教育長の就任

文化的多元主義や機会均等を原則としているアメリカにおいて、教育長についてもその職務に適した人材が採用されるべきと考えられる。しかしブラウン判決以前の分離教育制度のなかで黒人学区を対象にマイノリティ（黒人）教育長が若干ではあるが存在したが、マイノリティ教育長の人数は今日においても全教育長の６％に過ぎず、マイノリティの人口比に照らしても極めて少数に留まる。その数値のなかで、マイノリティ教育長は、非マイノリティの住民や児童・生徒の割合が過半数の大都市部の学区に集中し、白人の住民と児童・生徒が圧倒的に多い学区にはマイノリティ教育長がわずかにしかいないのが現状である。

マイノリティ教育長に求められる役割期待（主として大都市学区などの役割）は本章1節で述べた5つの役割やリーダーシップ実践と同様に考えられるが、さらに特徴的なのは、「市民としての能力開発（市民が必要に応じて信頼関係や協力関係を築けるようになること）」が位置づけられていることである。

教育長の人種・民族的多様性を確保するためには、学区内の児童生徒の人種・民族構成に関わらず、カラーラインを超えて多様な学区にマイノリティ教育長が採用されるようになる必要がある。その方策として、人種的アフィニティグループの奨励と形成とともに、黒人（マイノリティ）志願者と白人教育長の間にメンタリング関係を発展させることにより、交流を通して人種的偏見を低減し、信頼関係を築くことが枢要となる。また教育長養成によるこれまでの不公正な実践を明確に認識することを前提に、マイノリティ実務家を雇用することや養成プログラム開発における関係団体による公正性を確保するモデルづくりへの積極的な参加が期待されてくる。

(2)　女性教育長キャリア支援

今日アメリカではK-12の教育職の約76％が女性であるのに対して教育長職の女性は全体の24％ほどである。

「ガラスの天井」となった教育長職の少数要因として、①家庭・子育てを優先にする女性自身が課したバリア、②教育長を選出する教育委員と教育行政職全体のバイアス、③社会全体、学校教育における「女性のリーダーシップ」に対するバイアスの問題が複雑に絡み合って生じているとされる。

このような偏見や問題を突破するための方略として、第1に、大学における教育長養成プログラムの内容と方法の改善が肝要となる。例えば男性優位の教育長の現状を変えるには、「経験的な準備」としての知識を含めて、創造的なアプローチの教育方法で「女性教育長の特質」や多様性に価値を見出すプログラムの再構成、女性のための奨学支援が必要となる。

第2に、現職女性教育長による「メンタリングプログラム」の形式化である。このプログラムが女性たちを励まし、刺激して、女性教育長職を増やす効果的なステップになると考えられている。

第3に、教育長を選出する教育委員メンバーに対する「女性によるリーダーシップに対する偏見」防止の教化策である。「女性は男性とは異なる様式・方法でリーダーを務めることができる」との理解に立てば教育委員会や学校は大変成功すると位置づける。女性教育長の意識としてリーダーシップスタイルには、“共同的で共感的なスタンス”が立場上必要とされており、女性教育長の職責に真に役立つものとして捉えられている。また教育委員に女性偏見（Gender Bias）防止の教化、トレーニングプログラムを実施すべきとの考えもある。さらに女性教育行政職員の「教育課程・指導」部門における豊富な経験を生かして学力向上施策を実施することで、ステレオタイプの男性教育長像を脱して新たな教育長像を創造していくことを重視している。

5. 日本における教育長職の役割と力量形成のあり方

(1) 日本おける教育長の位置と役割機能

わが国において教育長職とは、一般行政の地方公務員上位ポスト、または退職校長のセカンドキャリアポストとしての色合いが濃い。概して地元の名士（男性、大学卒、異動・処遇配慮なし）として位置づく。アメリカの場合、一般的に教育長は大学院での養成を経て学区単位での採用となる。教育長の60%が博士課程修了者であり、またほとんどが修士号以上の学位（教育スペシャリスト学位、Ed.S.）を持つ専門職として確立し、労働市場の変化により条件の良い職場へと教育長は異動する傾向がある。教育長の大学院養成の制度化によって、日米間の教育長を対象とする研究の蓄積量の差ともなっている。

このような差異は教育長の個人属性においても相違が見られる。平均年齢（日本63.4歳、アメリカ54-55歳）、平均在職年数（日本〔市町村教育長2.1年、都道府県教育長1.7人〕アメリカ5-6年）、女性割合（日本〔市町村教育長87人・5.0%、都道府県教育長4人・8.5%〕アメリカ約25%）、平均報酬（日本〔市レベル約1,008万・町レベル約848万〕、アメリカ1,364万）である[(6)]。

1・2・3章で教育長職の役割機能・リーダーシップ実践機能についてみてき

たが、兵庫教育大学教育政策トップリーダー養成カリキュラム研究開発室が全国市町村教育長に対して行った、求められる職務タイプについてみると「維持・調整」の教育長（2012年調査）から「変革・調整」型の教育長（2017年調査）へと変化しつつあることが見いだされる(7)。また日本においても前述の図表1でみたように、日本の教育長の行動役割は「教師－学者」「組織管理者」「民主的・政治的リーダー」「応用社会科学者」「効果的なコミュニケーター」としての志向は重要なのである。

このことは教育長のリーダーシップ実践においてもサーバント・リーダーシップの基本的スタンスを保ちつつも、教育的リーダーシップ、政治的・組織的リーダーシップに加え、今日ではいじめ、不登校問題、学力格差、子どもの貧困等一つ取り上げても変革的リーダーシップや社会正義リーダーシップの行動姿勢が不可欠といえる。

(2) 教育長の養成・研修の現状と今後のあり方（提言）

本章1節でみたようにわが国の教育委員会制度のもとで教育長の任期は3年（更新可）であるが、平均的在職年数は3.5年で（ただし前述のごとく文科省の2019年5月調査では市町村教育長2.1年、都道府県教育長1.7年）短期であること、また新任教育長は2年間で1,200人強（教育長全体の7割）ほど存在することから、学び続ける教育長の意識には個人的差異があるかも知れないが、職能開発は必要であろう。

実際の教育長を対象とした研修の状況をみると、文部科学省では、教育長、教育委員、あるいは教育委員会事務局職員を対象にした3つの研究協議会を開催している。ただしア.都道府県・指定都市教育委員協議会、イ.市町村教育委員研究協議会は教育委員（教育長を除く）を対象にしており、教育長が参加できるのは、ウ.市町村教育委員会研究協議会のみである（開催都道府県教育委員会との共催）。教育長、教育委員、教育委員会事務局職員を対象とし、毎年8～12月までの2日間、東日本ブロック、西日本ブロックの各1カ所で開催されている。「重点事項説明」（文科省)、「講演」、「パネルディスカッション」、「事例発表」、「研究協議」である。

教育長のみを対象とした研修を実施していないのは、教育長のキャリアや経歴が多様な中で一律に実施することが困難であると捉えられている。

またこれまで独立行政法人教職員支援機構（旧教員研修センター）が中心に研修を行ってきたが、2019年度からは兵庫教育大学が主体となって「教育行政トップリーダーセミナー」を市区町村教育長等幹部職員及び学校管理職等を対象に実施してる。

このセミナーは、地方分権化の進む教育行政において重要な役割を担うトップリーダーのマネジメント・リーダーシップを支援することと情報交換（ネットワーク）を行うことを目的にしている。2019年度は5会場で（第1回、第2回の計4日）で実施しており、テーマは「マネジメント（「情報収集」「分析」「構想」「企画」「実行」「判断」）に関する講義、演習であった。また2020年度は新型コロナウイルス防止の対応状況のなかで「リーダーシップ（「組織・人事」〔組織をみる、チームをみる〕、「理念・浸透」〔理念・浸透の考え方、対話する力〕）」に焦点を当て2会場で2日間（札幌11月7日（土）～11月8日（日）、神戸12月12日（土）～12月13日（日））実施する予定であったが、コロナ禍で中止となった。

任意団体である次のア～ウによっても教育長・教育委員を対象に研修会が行われている。ア.全国都市教育長会（約802の都市が加盟。政令指定都市・特別区を含む）、イ.全国市町村教育委員会連合会（都道府県を単位とする市町村教育委員会の連合機構をもって組織。約1600の市町村が加盟）、ウ.全国町村教育長会（926の町村が加盟）。またイの全国市町村教育委員会連合会では、全国8地区でも研修が行われている。ただしいずれも教育長のみを対象にした研修会は皆無に近く、あるとしても年度当初に県内の市町村教育長が参加し県の教育振興基本計画といった施策方針などの説明を受ける程度のようである。管見するに唯一福岡県では、毎年県内の市町村教育長が1泊2日の研修会で研究交流を図り、情報ネットワークを構築しているとのことである（2020年10月担当者への電話インタビュー）。

いずれにしても、国の最新の政策動向を把握し、それを受けて各地域の状況に根ざした教育行政の展開に活かせるような情報や知見の“学び”の機会、各地区・県内ブロック単位での“学び”の充実・活性化が国レベルでの財政支援のもと求められているとえよう[8]。

さらにアメリカにおける免許制度・学位取得と連結した教育長養成と異なり、わが国では教育長養成として位置づくのは新教育委員会制度化で2016年度から兵庫教育大学大学院学校教育研究科教育実践高度化専攻の「教育政策リーダーコース」（修士課程、定員７名）が唯一である。このコースは、現職教育長や将来の教育長候補、および教育行政の幹部養成コースであり、日本の新しい地方教育行政をリードする人材育成を意図している。

修学形態のユニーク性として、教員が出向いて行う授業（地元で学べる授業スタイル）、VOD（ビデオ・オン・デマンド）による授業、半期に数日程度の神戸ハーバーランドキャンパスにおける集中授業があり、受講者の業務影響の軽減を図り、学びやすい工夫が図られていることである。アメリカにおける新任教育長に対するインダクションプログラムの修学形態と類似するものがある。

カリキュラムは将来の教育長や教育委員会のシンクタンクとなる者に必要な変革型の実践的応用力を育成することをねらいとして、以下に示す①共通基礎科目（12単位）、②専門科目（24単位）、③実習科目（10単位、現職・実務経験のある受講者は、最大８単位まで免除する制度あり）のほかに、④修了年度に、特定の課題についての学修の成果物（研究レポートや報告書）の提出となっている。

〈①共通基礎科目〉

	領域	授業科目名	単位数
共通科目	教育課程の構成・実施に関する領域	カリキュラム・マネジメント	2
	教科等の実践的な指導方法に関する領域	多様な授業方式・形態とその支援体制	2
	生徒指導、教育相談に関する領域	生徒指導の学校体制と教育委員会の危機管理	2
		特別支援教育の実際と改善課題	2
	学級経営、学校経営に関する領域	地域教育経営と教育委員会の学校経営改善施策	2
	学校教育と教員の在り方に関する領域	現代教育の理念と背景	2
		地域と学校	2

〈②専門科目／③実習科目〉

	領域	授業科目名	単位数
専門科目	教育政策導入領域	教育行政マネジメント特論演習I（情報収集・分析・構想）	2
		教育行政マネジメント特論演習II（企画・実行・判断）	2
		教育行政リーダーシップ特論演習Ｉ（組織人事）	2
		教育行政リーダーシップ特論演習II（理念浸透）	2
	教育政策基礎領域	教育政策実践論	2
		教育財政の立案と分析	2
		地方自治体行政論	2
		教育法規の理論と実践	2
		生涯学習特論	2
		学校論	2
	教育政策研究領域	教育政策課題研究	8
実習科目	教育行政実践領域	教育政策トップリーダーインターンシップＩ（海外教育行政機関）	2
		教育政策トップリーダーインターンシップII（自自治体行政機関）	2
		教育政策トップリーダーインターンシップIII（自自治体教育機関）	2
		教育政策トップリーダーインターンシップIV（他自治体）	4
		教育政策トップリーダーインターンシップV（自治体等発展）	2

また実習科目の特色として次の点が見いだされるが、これまで特に４章、５章で考察してきたアメリカの教育長（スクールリーダー）養成に比肩する特徴を有していると察し得る[9]。特に他自治体での実習、教育長等の観察・類似体験、実習ポートフォリオ作成、メンタリングシステムが特徴的である。

以上、わが国の教育長等を対象とした力量形成の機会を取り上げたが、実際教育長はどのような研修内容、形態等を望んでいるのであろうか。この点、先

〈実習科目の特色〉

1.海外、自治体首長部局・教育機関、他自治体等で実習を行い、地域行政の変革を推進する上で求められる資質能力の獲得を図ります。

2.現職教育長については実務を通して実践の理論化を図り、教育政策のトップリーダーとして多様で幅広いリーダーシップ能力を形成し、より高度な実践につなげることを目的としています。また、教育行政の幹部職員等については教育委員会等の教育行政に一定期間関与し、教育施策の理念形成や構想・企画・実行等について教育長等の職務を観察・類似体験することを通して教育政策トップリーダーに向けた資質能力を養うことを目的としています。

3.実習記録については、日誌および全体を網羅したポートフォリオを作成し、実習中・実習後のリフレクションの資料とします。

4.教員と実習先の指導教員（メンター）が綿密に連携しながら指導します。

行調査研究からの知見として、一つは、1996年当時、ア.教育長には教育施策の立案能力が強く求められていることから、「教育政策の理論と技法」についての研修が強力に求められていること、またイ.教育長には出身キャリアの違いにより得意、あるいは不得意とする職務遂行能力があることから、総じて教育長は、自己の不得意な職務遂行能力を中心に力量形成を図ろうとする傾向があることが示されている。それゆえ、職業出身別、地域特性等を考慮に入れた教育長研修の必要性があることが示唆される(10)。

もう一つは、2004年当時の調査としてア.「教育長職のための研修」を必要とする者は90％を占めること、イ.教育長には「教育予算の確保と教育財政」、「教育行政と首長部局との連携」、「教育行政・政策評価と学校評価」の分野における力量向上が求められていること、ウ.大学院での研修に参加してみたいと思う教育長は64％を占めること、そしてエ.研修を「夏休みなど１週間」という回答が大半を占めることが見出される。このことは大学院において正規課程として教育長養成に関わる新たなコースを設置しても入学者は多く望めないこと(11)を示唆しているとも考えられる。

なお、今回の研究で第９章で考察したように、アメリカ以上にわが国では女性教育長の比率が極端に少ないことが明らかになった。アメリカで求められていたキャリア支援策の一つとして提示されていた、首長や教育委員会による女性のリーダーシップに対する偏見防止の奨励策が検討されてよいであろう。

最後に、これからの日本における教育長職の力量形成（育成）のあり方として例えば以下の「教育長履修資格制度」を提言しておきたい。

①すべての新任教育長に対してはインダクション（導入研修）として原則就任１年以内に「教育政策の理論と実践に関わる科目」、「学校教育の今日的課題に関わる科目」について、選択的に一定単位（30時間程度）取得させることを制度化すること。また就任１年間に自主的にベテラン・退職教育長からメンタリングを受ける機会を設定してはどうか。

②履修方法として、対面式を基本として、教育行政や学校マネジメントに実績のある大学教員（教育長実務経験者を含む）等による講義とともに参加型演習を行ってはどうか。

③履修地区を全国８ブロックとして、土・日といった休日を活用すること。その際、各ブロックにある教職大学院や教育行政・経営分野の教員が在籍する一般大学院が各ブロックを越えて連携して指導に関わること。受講の教育長は履修地区を選択できるようにしてはどうか。

④履修者に文部科学省から履修認定証（Certificate）を発行してはどうか。

⑤履修認定証で取得した単位を越えて、専門職としての修士学位等を望む者には、教職大学院等での学びの機会を開いてはどうか。

⑥国・教育長団体組織・大学との連携のもと教育長のための指標を作成し、自己リフレクションのための機会として活用を図ってはどうか。

⑦従来の文科省や教育長協議会等の現職教育長、教育委員、教育委員会事務職員を対象とした研修機会は継続、発展させてはどうか。

〈注〉

（1） 八尾坂修『学校開発と人（ひと）―人の存在・連携を重視した公教育の構築に向けて』（第6節人間味のある支援的・変革的リーダーシップの発信）ジアース教育新社、2015年。池田守男・金井壽宏『サーバント リーダーシップ入門』かんき出版、2007年。

（2） 図表2は国立教育政策研究所『「次世代の学校」実現に向けた教育長・指導主事の資質・能力向上に関する調査研究報告書』2019年、pp.5-6を参考にしている。

（3） コネチカット州、アイオワ州、オハイオ州、マサチューセッツ州、ケンブリッジ学区の教育長ネットワークは、教室で教授法と学習法の見学（ラウンド）を通して、実践のコミュニティによる子どもの学習の加速を認識している。エリザベス・A・シティ、リチャード・F・エルモア、サラ・E・フィアマン、リー・テイテル著、八尾坂修監訳『教育における指導ラウンド―ハーバードのチャレンジ―』風間書房、2015年。

（4） T・E・デール、K・D・ピターソン著、中留武昭、加治佐哲也、八尾坂修訳『学校文化を創るスクールリーダー―学校改善をめざして―』風間書房、2002年。

（5） Peterson, B. H., *Certification of School Administration in the United States* (Unpublished Masters Thesis, University of California at Berkeley, 1935), p.94.

（6） 露口健司「米国におけるリーダーシップ実践―教育・変革・政治・社会正義―」国立教育行政研究所、前掲(2)、p. 22。日本の教育長の基本属性は文部科学省の教育委員会調査（2019年5月1日現在）に基づく。

（7） 兵庫教育大学先進研究推進機構教育政策トップリーダー養成カリキュラム研究開発室『全国市町村教育長調査報告―教育長の人材要件に関するアンケート調査』(平成29年度研究報告書)、2018年3月、p.4、18pp。

（8） 川口有美子「(資料) 文部科学省（独）教職員支援機構、任意団体による研修」国立教育行政研究所、前掲(2)、pp.144-152。

（9） 兵庫教育大学大学院学校教育研究科教育実践高度化専攻「教育政策リーダーコース」パンフレット、「2020兵庫教育大学大学院案内」を参照している。

（10） 河野和清「市町村教育長の研修に関する一考察―全国市町村教育長の意識調査から」『広島大学教育学部紀要』第一部（教育学）、47号、1998年、pp.41-49。河野和清『市町村教育長のリーダーシップに関する研究』多賀出版、2007年。

（11） 阿形健司「市町村教育長はどのような研修を望んでいるか―質問紙調査結果より―」『アメリカ教育アカウンタビリティ制度化における教育長・校長の職能向上プログラム改善』（研究代表者坪井由実、科学研究費補助金基盤研究(C)(2) 研究成果報告書）、2005年3月、pp.368-399。

あ と が き

本書はアメリカ教育行政の研究に長年実績のある先生方、新進気鋭の先生方の御協力・創意によって刊行されたものです。小松茂久先生、西東克介先生、露口健司先生、藤村祐子先生、藤本駿先生、住岡敏弘先生、成松美枝先生、津田昌宏先生に感謝申し上げます。

私が本書を刊行しようとした契機は、たまたま個人研究として科学研究費補助金基盤研究(C)(2)2018-2020年度「アメリカ合衆国における教育長免許制度と養成・研修の対応関係に関する実証的研究」(課題番号 18K02343) のもと、アメリカの教育長養成・研修について研究を進めていたことにあります(その一環として本書の4章・5章を執筆)。しかしながら私の研究領域を越えて「アメリカ教育長職の役割と職能開発」について、広い視座から刊行することを思い立ったわけです。まさに2020年2月に新型コロナ問題が突入し始めた時期です。

また私が特に教育長の研究に関心を持ったのは2つのバックグラウンドがあります。一つは九州大学在職中、政令指定都市福岡市(人口159万人強)教育委員会の教育委員(2008-2015、2011-2016委員長)として務めたことにあります。その期間非常勤職の教育委員長として、有能な三名の教育長の方に関わりました。福岡市の場合、当時市議会には教育委員長も毎回出席することが義務づけられ、特に年度末(2月～3月)には3週間ほどの長期間、教育長とともに出席したこともあり、傍ら教育長の職務を垣間見ることが出来ました。まさに教育長は市長、議会、教育委員会内部、各学校地域団体等とのコミュニケーションのなかで、多忙を極めるなか、教育的・政治的リーダーシップを発揮しておりました。さらに特定地域課題にも教育委員会内部がチームとなって変革的・支援的リーダーシップを発揮していたと回想します。

もう一つは、国立教育研究所在職中の1990-1991年度文部省在外研究員制度のもと、ハーバード大学教育大学院客員研究員として、教育経済学で著名なマーネーン（Murnane, Richard M.）教授のもとで学びの機会があったことです。当時教育大学院には博士課程コースの「都市教育長養成プログラム」というユニークな専攻が開設されたばかりで耳目を集めておりました。私は担当主任教授で黒人のウィリアム（William, John B.）先生とインタビューの機会をいただきましたが、先生が「特に女性やマイノリティの学生の入学」を望んでいるとおっしゃったことが印象的で、その当時は深い意図は理解できませんでしたが、今回本書（特に８・９章）を読み進めるなかでダイバーシティ（diversity）について納得の感があります。

本書を刊行するにあたり、風間書房社長風間敬子様の御理解・御協力に厚く感謝申し上げます。私はこれまで風間書房から（単著）『アメリカ合衆国教員免許制度の研究』、（編著）『教員人事評価と職能開発―日本と諸外国の研究―』、（共訳）『学校文化を創るスクールリーダー―学校改善をめざして―』、（監訳）『教育における指導ラウンド―ハーバードのチャレンジ―』の四冊を刊行させていただき、長年お世話様になりました。今回私の研究視座を進展させる端緒となっております。

また、アメリカ教育長職関連の入手しにくい論文についても検索し、アメリカからも直接資料を入手し、多くの情報を与えて下さった開智国際大学図書館の職員の方にも感謝申し上げます。

本書は教育行政指導職（教育長、学校管理職、教育行政幹部職員）の方々、アメリカ教育に関心のある研究者、大学院生の方にお薦めいたします。アメリカの教育長職に関するわが国唯一の図書として、職務上、教育指導上、研究視座上、有益な図書であると信じております。

コロナ禍の星の下で

2021（令和３）年３月

八尾坂　修

事項索引

さ行

ま行

や行

ら行

わ行

A～Z・数字

人名索引

〈編著者紹介〉

八尾坂　修（やおさか　おさむ）　開智国際大学教育学部客員教授、九州大学名誉教授　博士（教育学）
九州大学教育学部長、福岡市教育委員会教育委員長、中央教育審議会教員養成部会委員を歴任。アメリカ教育学会代表理事。単著書に『アメリカ合衆国教員免許制度の研究』風間書房、1998年、『学校改善マネジメントと教師の力量形成』第一法規、2004年、『学校改革の課題とリーダーの挑戦』ぎょうせい、2008年、『学校開発力と人(ひと)』ジアース教育新社、2015年、ほか。

〈執筆者紹介〉（掲載順）

小松茂久（こまつ　しげひさ）　早稲田大学教育・総合科学学術院教授　博士（学術）
単著書『アメリカ都市教育政治の研究—20世紀におけるシカゴの教育統治改革—』人文書院、2006年、編著書『教育行政学—教育ガバナンスの未来図—【改訂版】』昭和堂、2018年、ほか。

西東克介（さいとう　かつすけ）　弘前学院大学社会福祉学部教授　修士（政治学）
「アメリカの教育長とその選出パターン」『現代行政国家と政策過程』早稲田大学出版部、2004年、「我が国公教育・就業組織と集団主義文化の再生・変容」『行政の未来』成文堂、2006年、「アメリカ教育長のアドミニストレーション能力」『弘前学院大学社会福祉学部紀要』第８号、2008年

露口健司（つゆぐち　けんじ）　愛媛大学大学院教育学研究科教授　博士（教育学）
単著書に、『学校組織のリーダーシップ』大学教育出版、2008年、『学校組織の信頼』大学教育出版、2012年、ほか。

藤村祐子（ふじむら　ゆうこ）　滋賀大学教育学研究科准教授　博士（教育学）
単著書『米国公立学校教員評価制度に関する研究』風間書房、2019年

藤本　駿（ふじもと　しゅん）　高松大学発達科学部講師　修士（教育学）
論文「全米教職専門職基準委員会（NBPTS）による資格認定システムの制度的位置づけとその課題」アメリカ教育学会『アメリカ教育研究』第29号、2019年

住岡敏弘（すみおか　としひろ）　大分大学教育学部教授　博士（教育学）
共著書に、尾上雅信編著『西洋教育史』ミネルヴァ書房、2018年、単著論文に「チャータースクールの法制化過程と地方学区の柔軟性確保の政策動向」西日本教育行政学会編『教育行政学研究』第41号、2020年、ほか。

成松美枝（なりまつ　みえ）　佐賀大学教育学部准教授　博士（教育学）
単著書『米国都市学区における学校選択制の発展と限界—ウィスコンシン州ミルウォーキー市学区を事例に—』渓水社、2010年

津田昌宏（つだ　まさひろ）　東京大学大学院教育学研究科　教育学研究員　博士（教育学）
論文「米国における『教育上のリーダーの専門職基準』2015年版の分析—改訂プロセスと内容を中心に—」『日本教育政策学会年報』第24号、2017年

アメリカ教育長職の役割と職能開発

2021年5月31日　初版第1刷発行

編著者　八尾坂　修
発行者　風間敬子
発行所　株式会社　風間書房
〒101-0051　東京都千代田区神田神保町1-34
電話 03（3291）5729　FAX 03（3291）5757
振替 00110-5-1853

印刷　平河工業社　製本　井上製本所

NDC分類：370

ISBN978-4-7599-2383-4　Printed in Japan